Une mythologie onusienne ?

Aurore Schwab

Une mythologie onusienne ?

Généalogie textuelle des droits humains relatifs aux femmes et aux religions

PETER LANG
Lausanne · Berlin · Bruxelles · Chennai · New York · Oxford

Information bibliographique publiée par « Die Deutsche Nationalbibliothek »
« Die Deutsche Nationalbibliothek » répertorie cette publication dans la « Deutsche Nationalbibliografie » ; les données bibliographiques détaill-ées sont disponibles sur Internet sous ‹http://dnb.d-nb.de›.

Correction: Céline Richardet

Publié avec le soutien de la Branco Weiss Fellowship, de la Société suisse de sciences des religions, du Global Studies Institute et du Fonds général de l'Université de Genève. L'étape de la prépresse de cette publication a été soutenue par le Fonds national suisse de la recherche scientifique.

ISBN 978-3-0343-5581-0 br
E-ISBN 978-3-0343-5786-9 eBook
E-ISBN 978-3-0343-5787-6 ePub
DOI 10.3726/b22815

Publié par Peter Lang Group AG, Lausanne, Suisse

info@peterlang.com www.peterlang.com

Cette publication a fait l'objet d'une évaluation par les pairs.

A Armand, Laélia, Livvy et Maylan

For thought is a bird of space, that in a cage of words may indeed unfold its wings but cannot fly – Khalil Gibran

Je tiens à exprimer ma profonde gratitude à mes compagnes et compagnons de réflexion, et tout particulièrement à Isabelle Schulte-Tenckhoff, qui a suivi de près l'évolution de l'ouvrage, ainsi qu'à Didier Wernli. Je remercie également Nicolas Levrat, Antoine Eichelberger, Ozcan Yilmaz, Stéphanie Perazzone, Aline Nanko Samaké, Salomé Okoekpen, Federico Carducci, Hasni Abidi, Aline Helg, et Bruce Lincoln, pour les échanges stimulants et enrichissants que nous avons partagés. Mes sincères remerciements vont aussi aux archivistes Patrick Fahy (Franklin D. Roosevelt Presidential Library and Museum), Paul Johnson (British National Archives) et Katharine Thomson (Churchill Archives Centre) pour leur aide remarquable, ainsi qu'à Céline Richardet pour sa relecture attentive et rigoureuse et à Vincent Négri pour ses commentaires infiniment précieux.

Je remercie enfin les institutions qui ont contribué à créer un cadre propice à cette recherche et à soutenir financièrement la publication de cet ouvrage : le Global Studies Institute de l'Université de Genève, la Branco Weiss Fellowship de l'Ecole polytechnique fédérale de Zurich, le Fonds général de l'Université de Genève, ainsi que la Société suisse de sciences des religions. Leur appui a été déterminant pour mener à bien ce projet.

Sommaire

Avant-propos

Le champ des connaissances légitimes – la science – se structure au sein des universités modernes depuis le XVIIIe siècle autour de disciplines académiques. Si les échanges de connaissances entre les disciplines ont toujours existé grâce à l'engagement de certain-e-s savant-e-s, les questions posées et les réponses cherchées pour faire face aux problèmes urgents de la planète, de l'environnement et des sociétés humaines sont limitées, depuis le dernier quart du XXe siècle, par un manque de structures interdisciplinaires. Alors que l'interdisciplinarité est devenue une priorité des politiques scientifiques issues des organismes de financement de la recherche aux niveaux national, régional et international, les collaborations interdisciplinaires restent confinées dans des espaces et des temps universitaires en marge des disciplines académiques. Cet ouvrage vise à restituer, par une invitation au voyage interdisciplinaire, l'existence de ces territoires aux limites de deux disciplines : le droit et l'anthropologie.

Les confins, dans un sens figuré et non littéral, renvoient aux limites de la pensée, c'est-à-dire à des territoires qui ne sont, en fait, pas très éloignés mais qui, pourtant, se pensent distants car ils n'optent pas pour le même centre disciplinaire. Loin d'une forme « d'ethnocentrisme disciplinaire », les territoires limitrophes de la pensée scientifique concernent les discours sur l'altérité et sont rendus visibles par la comparaison, c'est-à-dire par la reconnaissance de similitudes et de différences. Si une image déformée de l'Autre n'est pas toujours évitable dans l'exercice comparatiste, la comparaison implicite ou explicite permet un regard critique de toute tradition disciplinaire qui consiste, trop souvent, à *rapporter* les conceptions des prédécesseurs en restant indifférent à leurs méprises ou inexactitudes. La tradition interdisciplinaire émergente dans laquelle nous nous situons[1] cherche non seulement à adapter des motifs passés à des critères présents, mais également à produire une combinaison nouvelle d'éléments anciens issus de diverses disciplines.

Si l'anthropologie se fonde, dès ses origines, sur l'étude des différentes communautés humaines à travers le monde, les sciences juridiques déploient le rapport à l'Autre principalement à travers le droit comparé. Ainsi, le droit international public s'empare du droit comparé pour dégager les « principes généraux communs aux nations [dites] civilisées »[2] alors que le droit international privé s'y réfère pour résoudre des conflits de lois. A l'ère de la gouvernance globale, c'est-à-dire dans les espaces de décisions qui traversent les échelles de gouvernance locale, nationale et internationale, s'intéresser aux territoires peu explorés au croisement du droit et de l'anthropologie engage à porter un regard curieux et critique sur les dynamiques contemporaines. Dans cet interchamp, parler de « mythologie onusienne » enjoint immédiatement le lectorat francophone à un décentrement. Emprunter la voie de l'*estrangement*[3], c'est-à-dire défamiliariser un objet pour mieux l'étudier, permet de franchir sans les nier, dans les deux sens, les frontières disciplinaires. Cet exercice audacieux (ou périlleux) nécessite des capacités de coopération en vue d'un but commun, soit la trouvaille de nouvelles et précieuses connaissances qui peuvent éclairer les problèmes urgents auxquels les sociétés et communautés humaines sont confrontées aujourd'hui. Il s'agit ainsi de favoriser une science de l'espoir qui subordonne l'esprit de compétition aux actions de coopération et d'émulation. Cela permet de contribuer, modestement, à la métamorphose des groupes humains en précisant les besoins et les volontés de différents acteurs.

---

1 A. Schwab, *L'émergence de la norme internationale sur le 'crime d'honneur'. Une analyse du discours onusien dans la perspective de l'histoire des religions*, Peter Lang, 2021a, p. 279–280.

2 Art. 38 du Statut de la Cour internationale de justice.

3 C. Ginzburg, « L'*estrangement*. Retour sur un thème de Carlo Ginzburg », *Essais. Revue interdisciplinaire d'Humanités*, 2013 : https://www.fabula.org/actualites/60361/essais-estrangement.html.

Extrait 1 : l'*estrangement* pour Carlo Ginzburg

Je m'arrêterai sur quelques exemples, en commençant par un célèbre texte de Montaigne. Ce dernier connaissait sûrement le Marc Aurèle de Guevara, l'un des ouvrages favoris de son père. Dans l'essai 'Des cannibales', Montaigne parle avec une stupeur incrédule des récits sur les indigènes brésiliens, dont la vie pacifique et innocente semble ressusciter le mythe antique de l'âge d'or. Mais la fin de l'essai ramène brusquement le lecteur en Europe. Montaigne raconte en effet l'histoire de trois indigènes brésiliens transportés en France. Quand on leur demanda ce qui les avait le plus frappés, ils mentionnèrent deux faits : d'abord et surtout, que des individus adultes et armés (les gardes suisses) obéissent à un enfant (le roi de France) au lieu de prendre l'un des leurs pour chef ; ensuite (dans leur manière de parler, explique Montaigne), ils disent de certains hommes qu'ils sont la 'moitié' des autres :

> *'Ils avaient aperçu qu'il y avait parmi nous des hommes pleins et gorgés de toutes sortes de commodités, et que leurs moitiés étaient mendiant à leurs portes, décharnées de faim et de pauvreté ; et trouvaient étrange comme ces moitiés ici nécessiteuses pouvaient souffrir une telle injustice, qu'ils ne prissent les autres à la gorge, ou missent le feu à leurs maisons [Michel de Montaigne, Essais, Edition J. Thibaudet, 1950 [1580–1588], p. 253, II, II, 'De l'yvrongnerie'].'*

[…]
L'éclaircissement de ce dernier point me porterait loin. Je préfère ici en souligner un autre, qui touche de plus près mon métier d'historien. L'estrangement me semble susceptible de constituer un antidote efficace à un risque qui nous guette tous : celui de tenir la réalité (nous compris) pour sûre. Les implications antipositivistes d'une telle observation sont évidentes. Mais en soulignant les enjeux cognitifs de l'estrangement, je voudrais m'opposer aussi avec la plus grande clarté à certaines théories en vogue, qui tendent à brouiller jusqu'à les rendre indistinctes les frontières entre l'histoire et la fiction. Une telle confusion aurait été rejetée par Proust lui-même. Lorsqu'il écrivait que la guerre pouvait être racontée comme un roman, Proust n'entendait nullement exalter le roman historique ; il voulait suggérer au contraire que les historiens comme les romanciers (ou les peintres) étaient animés par une même faim de connaissance. Je partage pleinement ce point de vue. Pour décrire le projet historiographique dans lequel je me reconnais personnellement, je reprendrai en la modifiant légèrement une phrase de Proust […] 'A supposer que l'histoire soit scientifique, encore faudrait-il la peindre comme Elstir peignait la mer, par l'autre sens.'

Dans son essai intitulé « L'estrangement », *in* : *A distance : neuf essais sur le point de vue en histoire*, Gallimard, Paris, 2001 [1998], p. 15–36, l'historien Carlo Ginzburg s'intéresse à la faculté de défamiliariser un objet pour mieux l'étudier. D'abord, il s'intéresse à l'*estrangement* comme procédé littéraire visant à créer une distance par rapport à la réalité, à dépasser les apparences et, ainsi, à saisir une vérité plus profonde. Ce procédé littéraire, notamment employé par l'empereur philosophe stoïcien Marc Aurèle, par Montaigne et par Tolstoï, peut être utilisé comme un instrument de questionnement ou même de délégitimation politique, sociale et religieuse. Enfin, Carlo Ginzburg s'intéresse à l'*estrangement* comme procédé artistique et esthétique en observant les œuvres de Marcel Proust. Dans ce sens, la réalité est regardée comme une devinette, soit une chose dépourvue de signification, une chose qu'il s'agit de comprendre. En rejoignant le critique russe Victor Chklovski qui considère que l'*estrangement* est un moyen pour lutter contre l'automatisme de nos perceptions et de nos attitudes, Carlo Ginzburg poursuit en concevant l'*estrangement* comme un procédé historiographique qui permet d'éviter de tenir la réalité pour sûre.

Source : C. Ginzburg, « L'estrangement », *in* : *A distance : neuf essais sur le point de vue en histoire*, Gallimard, 2001 [1998], p. 26 et p. 36.

Résumé

L'ouvrage questionne l'existence potentielle d'une forme de mythologie onusienne, soit un ensemble de vérités paradigmatiques, qui sémantise l'histoire globale en se fondant principalement sur les principes de dignité, d'égalité et de liberté. S'appuyer sur l'analyse de jalons textuels produits par l'Organisation des Nations unies pour retracer un canevas généalogique normatif rend visible l'émergence d'un réseau de sens à portée globale, le système métanormatif onusien. En particulier, les controverses autour des droits humains relatifs aux femmes et aux religions forment et structurent un socle de débats encore aujourd'hui à l'œuvre et qui traversent les échelles de gouvernance locale, nationale et internationale. L'ouvrage part du Discours sur les quatre libertés du président Franklin D. Roosevelt prononcé en 1941 peu avant l'entrée en guerre des Etats-Unis d'Amérique pour arriver à la Déclaration des objectifs de développement durable adoptée par l'Assemblée générale des Nations unies en 2015. Il est premièrement jalonné par l'analyse des principaux textes qui ont permis l'émergence du système onusien. Deuxièmement, les textes qui ont favorisé la construction des droits humains en son sein retiennent l'attention. Troisièmement, il s'arrête sur le façonnement des droits humains des femmes. Quatrièmement, il observe le façonnement des normes internationales sur les religions. Finalement, il s'intéresse au renouvellement des droits humains par l'intégration d'un potentiel nouveau sujet de droit, la planète Terre. Ce parcours, qui part d'une volonté de décentrement du regard porté sur les organisations internationales en général et l'Organisation des Nations unies en particulier, offre un panorama historique et culturel qui intéressera les chercheuses et chercheurs en études globales, à la croisée des sciences des religions, de l'anthropologie et du droit, ainsi que les praticiens ou militants des droits humains.

Liste des abréviations

AG	Assemblée générale des Nations unies
AID	Association internationale de développement
ASEAN	Association des Nations d'Asie du Sud-Est
BIRD	Banque internationale pour la reconstruction et le développement
CEDAW	*Convention on the Elimination of All Forms of Discrimination Against Women* ou le Comité à la *Convention*
CEDH	Cour européenne des droits de l'homme
CNRS	Centre national de la recherche scientifique
COP	Conférence des parties
CPI	Cour pénale internationale
ECOSOC	Conseil économique et social des Nations unies
FMI	Fonds monétaire international
NGO(s)	*Non-governmental organization(s)*
OCDE	Organisation de coopération et de développement économiques
OMC	Organisation mondiale du commerce
ONU	Organisation des Nations unies
OTAN	Organisation du Traité de l'Atlantique nord
PIB	Produit intérieur brut
SDGs	*Sustainable development goals*
SDN	Société des Nations
UNESCO	Organisation des Nations unies pour l'éducation, la science et la culture
UNFCCC	*United Nations Framework Convention on Climate Change*

Liste des extraits

Liste des figures

Liste des tableaux

Introduction

Depuis des temps immémoriaux et partout à travers le monde, les humains créent des systèmes régissant leurs relations avec des acteurs surhumains et/ou non humains (animaux, végétaux, minéraux…). Ces systèmes métanormatifs non seulement produisent des normes fondées sur des principes fondamentaux choisis par les groupes humains donnés, mais également des règles pour changer les principes sur lesquels elles reposent afin de les adapter au contexte constamment évolutif. Par le biais de discours et d'actions collectives, ces systèmes métanormatifs produisent des règles communes, façonnent des émotions partagées et jettent les bases de plusieurs fonctions sociales essentielles telles que la coordination, la justice et la survie. A partir de la moitié du XXe siècle, trois grands systèmes métanormatifs se superposent au niveau global : d'abord, les grandes religions, telles que le judaïsme, le christianisme, l'islam et l'hindouisme ; ensuite, les grandes idéologies, telles que le nationalisme, le socialisme, le communisme et le libéralisme ; enfin, les grands textes de l'Organisation des Nations unies, tels que la Charte des Nations unies, la Déclaration universelle des droits de l'homme et les deux Pactes internationaux relatifs aux droits civils, politiques, économiques, sociaux et culturels. Aujourd'hui, ces trois systèmes métanormatifs coexistent et se chevauchent non seulement au niveau individuel mais également au niveau collectif. Ils sont traversés par des liens de coopération et de compétition développés par les groupes humains et les acteurs individuels qui les constituent.

A l'aube du XXIe siècle, les grands textes onusiens des droits humains[4] demeurent l'approche dominante de la justice sociale au niveau global. Si les multiples versions ou traductions[5] locales et régionales de ces textes révèlent des contradictions et des ambiguïtés, ces disparités et incohérences n'enlèvent rien de leur force. Au contraire, cette ouverture[6] aux contextes locaux est un élément essentiel de leur dynamique vivante. Les textes onusiens véhiculent des symboles. Par exemple, l'emblème de l'Organisation – une carte du monde blanche entourée d'une couronne de branches d'olivier (initialement des feuilles de laurier) sur fond bleu pâle – est porteur d'une dignité qui ne doit subir aucun outrage selon l'Assemblée générale[7]. Ils produisent aussi des rites. Par exemple, le secrétaire général des Nations unies sonne la cloche de la paix[8] deux fois par an : le premier jour du printemps à l'équinoxe vernal pour célébrer la journée annuelle de la Terre et le jour d'ouverture de l'Assemblée générale en septembre qui coïncide avec la journée internationale de la paix. Les textes, les symboles et les rites onusiens participent d'une utopie[9] de la gouvernance globale portée par les acteurs onusiens[10] eux-mêmes, c'est-à-dire les représentants des gouvernements des 193 Etats membres, les bureaucrates et les représentants reconnus de la société civile (en particulier

---

4 La terminologie officielle est « droits de l'homme », cependant, lorsqu'il s'agit de nos propos, nous préférons la terminologie « droits humains », voir C. Chapdelaine-Feliciati, « Les droits de l'homme de la femme : Polysémie ou androcentrisme ? », *International Journal for the Semiotics of Law* 23 (4), 2010, p. 451–474.

5 Par exemple, la Charte africaine des droits de l'homme et des peuples (ou Charte de Banjul) adoptée le 27 juin 1981 par la Conférence des Etats de l'Organisation de l'unité africaine ou encore la Déclaration des droits de l'homme en islam adoptée au Caire le 5 août 1990 par l'Organisation de la coopération islamique.

6 M. Goodale & S. Merry, *The practice of human rights : Tracking law between the global and the local*, Cambridge University Press, 2007.

7 A/RES/107 ; A/RES/92 (I) ; A/RES/167 (II) ; ST/SGB/2020/4. La couleur est même codifiée ; le code couleur est Pantone Matching System 2925.

8 La cloche, offerte en 1954 par l'Association japonaise pour les Nations unies, porte l'inscription en japonais se traduisant par « Vive la paix mondiale absolue ». Située dans l'espace territorial de l'ONU à New York, elle est placée dans une structure en bois de cyprès japonais évoquant un sanctuaire shinto.

9 J. Billaud & J. K. Cowan, « The bureaucratisation of utopia : Ethics, affects and subjectivities in international governance processes », *Social Anthropology* 28 (1), 2020, p. 6–16.

10 T. G. Weiss, T. Carayannis & R. Jolly, « The 'third' United Nations », *Global Governance* 15, 2009, p. 123–142.

les organisations non gouvernementales). Malgré ses innombrables défauts, l'ONU se positionne encore aujourd'hui comme une actrice majeure et nécessaire, mais insuffisante, dans la promotion de la paix, de la sécurité et de la coopération au niveau global.

Si des différences notoires apparaissent entre, d'un côté, les grands textes onusiens des droits humains et, de l'autre côté, les grandes religions et les grandes idéologies – notamment à l'égard de l'absence de références directes à des acteurs surhumains (divinités ou humains quasi divinisés) –, des analogies subsistent. En effet, ces trois grands systèmes métanormatifs entretiennent avec les acteurs humains qui les portent un rapport prescriptif quasi mythologique qui se caractérise de quatre façons. D'abord, ils entretiennent un rapport immédiat avec la réalité sociale – ils sont utilisés avec sérieux et proposent des structures rationnelles qui les éloignent du rêve[11]. Ensuite, ils sont détenteurs à la fois de crédibilité et d'autorité, c'est-à-dire qu'ils sont considérés comme possédant une vérité paradigmatique[12]. Puis, ils entretiennent un lien quasi dogmatique et liturgique – c'est-à-dire qu'ils ne peuvent être ouvertement remis en cause et que leur invocation est codifiée et relève presque de la prière. Enfin, ils forment une base argumentative respective commune lors de délibérations diplomatiques ou politiques. Leur invocation amorce des discours et des actions qui, s'ils se voient relayés, produisent de nouvelles normes communes et coordonnées. Les grands textes des droits humains créent un sentiment d'affinité entre les acteurs onusiens et au-delà. Se rapportant à une forme de scrupule et une attention précautionneuse[13], ces grands textes nourrissent une disposition d'esprit, suscitent un ensemble de sentiments et d'attitudes et imposent des obligations à l'égard des objets mentionnés. Dans un sens étymologique, les textes onusiens pourraient relever de la *religio*.

Les grands textes onusiens des droits humains, s'ils entretiennent un rapport analogique avec les religions et les idéologies encore dominantes, présentent un important point de rupture. Visant à protéger les individus, les peuples et les groupes des discriminations produites notamment par les Etats membres

---

11 J. Rudhardt, « Une approche de la pensée mythique : Le mythe considéré comme un langage », *Revue suisse de philosophie* 26, 1966, p. 208–237.

12 B. Lincoln, *Discourse and the construction of society : Comparative studies of myth, ritual, and classification*, Oxford University Press, 1989, p. 23–25.

13 E. Benveniste, *Vocabulaire des institutions indo-européennes*, Editions de Minuit, 1969, p. 265–279.

de l'ONU, le système onusien, avec ses textes des droits humains, objective et, par là, tient à l'écart les deux autres grands systèmes métanormatifs. Ces textes classifient indirectement ce qui est (ou non) de l'ordre du religieux et du politique au niveau global. Reflet des approches parfois contradictoires des Etats membres, ils participent de l'évaluation entre pairs. Leur rédaction est le lieu[14] de production du sens commun continuellement négocié et toujours fragile. A cette occasion, les comportements discriminatoires des Etats membres envers leur propre population sont relevés par les représentants des autres Etats qui deviennent, par conséquent, juges et parties. Au sein de cette rhétorique collective du blâme et de l'éloge[15], les évocations du texte fondateur de l'ONU – la Charte des Nations unies – et du texte étiologique des droits humains – la Déclaration universelle des droits de l'homme – sont centrales. Elles permettent la rencontre de différents points de vue. Cependant, cet exercice entretient un point aveugle qui empêche de distinguer la dimension religieuse et politique du système onusien en tant que tel.

Si les principes sous-jacents aux droits humains pourraient être visibles dès les origines de l'histoire humaine, l'interprétation séculière dominante des textes onusiens évoque les mythologies religieuses et les idéologies politiques uniquement dans le but d'éclairer le présent des droits humains. Au contraire, l'évocation des droits humains par les mythes religieux et par les idéologies politiques vise généralement à commémorer leur propre passé idéal. Ainsi, le processus de traduction entre ces deux grandes approches interprétatives des droits humains implique des changements de cadres de référence. Au niveau international, les textes politiques et religieux ne sont pas reconnus comme source de droit international des droits humains. Au niveau local, les textes séculiers onusiens sont retravaillés, adaptés et transformés pour être plus aisément transposables et s'intégrer aux discours religieux et politiques. Tributaire d'un cadre libéral postkantien au sein duquel la victime des droits humains est généralement un individu ayant une valeur intrinsèque et non relative à ses proches (famille, tribu, clan, société), la traduction des droits humains rencontre, au niveau international comme au niveau local, deux écueils interreliés fondamentaux : la question des femmes et la question des

14 A. Riles, « Infinity within the brackets », *American Ethnologist* 25 (3), 1998, p. 378–398.

15 A. Schwab, *op. cit.*, 2021a.

religions. Etroitement dépendantes l'une de l'autre, ces questions touchent le cœur de la reproduction bioculturelle de tout groupe humain.

Nous préférons utiliser le terme « bioculture » plutôt que « sociobiologie » car le premier met l'accent sur l'interaction entre des facteurs biologiques et culturels dans la reproduction d'un environnement (y compris les groupes humains qui s'y trouvent) sans qu'un type de facteur puisse dominer par défaut, alors que la sociobiologie[16] considère le facteur biologique comme supérieur au facteur culturel ou social. En utilisant le terme « bioculture » dans une perspective interdisciplinaire, nous nous inspirons de l'approche des systèmes complexes[17]. A cet égard, la définition de la bioculture proposée par l'anthropologue Luisa Maffi[18] est éclairante : « *the diversity of life in all its manifestations : biological, cultural, and linguistic – which are interrelated (and possibly coevolved) within a complex socio-ecological adaptative system* ». Dans ce cadre, la notion de « culture »[19] permet de penser l'articulation dynamique entre l'unicité du genre humain (la culture est le propre de l'humanité) et la diversité des peuples et des individus (la culture marque les particularités et les différences). Un élément fondamental de cette articulation est la propension normative de la notion de culture, en particulier lorsqu'un sens juridique lui est attribué. Cette propension, qui s'inscrit toujours dans des rapports particuliers de pouvoir-savoir, permet de stabiliser partiellement un sens et, ce faisant, d'organiser, désorganiser et réorganiser les frontières physiques, émotionnelles et cognitives entre les groupes.

Alors que la reproduction biologique humaine est indexée au pouvoir procréateur féminin, la reproduction culturelle et sociale est tributaire des systèmes de croyances (mythes) et de pratiques (rites). Les rapports variables entre ces deux éléments fondamentaux de la reproduction bioculturelle sont généralement fixés par les coutumes et le droit. Si l'application des normes

---

16 Pour une critique de l'approche sociobiologique, voir M. Kilani, « La sociobiologie. Ou comment les gènes tiendraient en laisse la culture », *in* M. Kilani, Pour un universalisme critique, Paris, La Découverte, 2014, p. 232–247.

17 J. Liu, T. Dietz, S. R. Carpenter, M. Alberti, C. Folke, *et al.*, « Complexity of coupled human and natural systems », *Science* 317 (5844), 2007, p. 1513–1516.

18 L. Maffi, « Biocultural diversity and sustainability », *in* J. Pretty, A. Ball, T. Benton, J. S. Guivant, D. R. Lee, *et al.* (eds), The SAGE handbook of environment and society, London, Routledge, 2007, p. 269.

19 I. Schulte-Tenckhoff, « L'interculturel en contexte… anthropologique », *in* P. Suter, N. Bourdessoule-Gilliéron & C. Fournier Kiss (dir.), Genève, Mētis Presse, 2016a, p. 53–73.

coutumières ou juridiques aux niveaux local et national prédomine dans la vie des acteurs humains, les normes internationales contribuent à leur structuration. Ainsi, la Convention internationale sur l'élimination de toutes les formes de discrimination à l'égard des femmes (1967) et la Déclaration sur l'élimination de toutes les formes d'intolérance et de discrimination fondées sur la religion ou la conviction (1981) sont revendiquées au niveau global pour défendre et protéger les droits des femmes d'un côté et des groupes religieux de l'autre côté. Pour autant, les normes internationales sont souvent mises à mal par les acteurs centraux de l'ONU. Les Etats membres creusent en effet les écarts entre leurs actions et l'idéal onusien de promotion de la paix, de la sécurité et de la coopération dont la guerre en Europe orientale est l'une des actuelles violentes manifestations. Ces écarts, perceptibles dans les divisions au sein du Conseil de sécurité de l'ONU, semblent, aujourd'hui, restructurer en profondeur l'ordre global issu de la Seconde Guerre mondiale qui se polarisait entre d'une part l'Union soviétique et d'autre part les Etats-Unis d'Amérique. Les rapports entre les mégastructures politiques (les Etats), les mésostructures politiques (les peuples) et les microstructures politiques (les individus) sont rediscutés dans une volonté controversée et parfois ténue d'intégrer d'autres structures comme les religions ou la planète Terre.

Premièrement, construit sur les cendres de l'idéologie soviétique (et, de façon plus éloignée, de l'idéologie tsariste), le gouvernement russe a choisi d'attaquer l'Ukraine le 24 février 2022 avec l'appui de l'Eglise orthodoxe russe. Ce membre permanent du Conseil de sécurité[20] de l'ONU enfreint la Charte des Nations unies et les nombreux traités de droit international des droits humains et de droit international humanitaire (c'est-à-dire les lois de la guerre qui visent à protéger les civils). Notamment, l'article 2, paragraphe 4 de la Charte des Nations unies fonde les principes de l'inviolabilité des frontières, du respect de l'intégrité territoriale des Etats et de l'interdiction du recours à la force. Si le comportement du gouvernement russe questionne l'autorité du texte fondateur de l'ONU, entraîne le désordre et, ainsi, contribue à une possible transformation de l'architecture de la coopération entre Etats

---

[20] Pour rappel, les Etats membres permanents du Conseil de sécurité sont les suivants : Chine, Etats-Unis, Fédération de Russie (anciennement Union soviétique), France et Royaume-Uni.

membres, il n'est pas pour autant inédit[21]. L'appui de l'Eglise orthodoxe russe pour un projet qui semble pourtant la fragiliser ne l'est pas non plus ; il était déjà présent lors du conflit syrien.

Le patriarche Kirill, chef du clergé orthodoxe le plus riche au monde et de la plus grande communauté chrétienne orthodoxe, favorise une reproduction bioculturelle fondée sur une sacralité de la maternité qui contrecarre la gestion autonome des femmes et sur une sainteté des soldats russes qui deviennent des martyrs chrétiens s'ils meurent au combat. Le fait que cette position rejoigne les politiques familiales et extérieures du gouvernement de Vladimir Poutine permet, via l'utilisation massive des médias et de l'Internet, de propager une vision politico-religieuse commune qui mobilise des émotions et des actions collectives favorables au projet impérialiste russe. Pour autant, l'Internet est aussi utilisé pour tracer et répertorier les véritables actions sur le terrain et montrer l'écart entre le discours et la réalité. La guerre informatique ainsi menée s'ajoute aux opérations sur le champ de bataille et construit un canevas discursif, technique et militaire qui sémantise l'histoire globale. La publication immédiate de contenus entretenant un lien différencié à la vérité – même si celle-ci demeure toujours construite – restructure la liberté d'expression, la liberté de pensée, de conscience et de religion et les droits des femmes au niveau global.

Dernièrement, si les Etats-Unis ont largement contribué à l'émergence d'un cadre juridique international libéral en faveur des droits des femmes, depuis peu, la situation nationale en la matière pose question. Le mouvement social #MeToo, qui semble avoir connu son apogée en 2017, a encouragé les femmes à dénoncer les violences sexuelles structurelles et est parvenu à faire juger des hommes (et des femmes) au pouvoir jusqu'alors intouchables. Parti des Etats-Unis pour essaimer à travers le monde, ce mouvement s'est vu récemment contrecarré par la position fédérale américaine sur le droit à l'avortement. L'arrêt historique *Roe v. Wade* rendu par la Cour suprême des Etats-Unis en 1973 en faveur du droit à l'avortement au niveau fédéral, confirmé et précisé par l'arrêt *Planned Parenthood v. Casey* en 1992, a été infirmé le 24 juin 2022

---

[21] Rappelons, par exemple, l'expédition franco-britannique de Suez (1956), l'invasion de la République dominicaine par les Etats-Unis (1965), l'invasion de la Tchécoslovaquie (1968) puis de l'Afghanistan (1979) par l'Union soviétique, l'intervention de l'OTAN au Kosovo (1999) et l'intervention des Etats-Unis et de leurs alliés en Irak (2003).

par l'arrêt *Dobbs v. Jackson Women's Health Organization*. Ce dernier considère que « le droit à l'avortement n'est pas profondément enraciné dans l'histoire et la tradition de la nation [américaine] » (notre traduction)[22] et laisse à chaque Etat la liberté de promulguer sa propre loi en la matière, empêchant, de facto, une égalité de traitement et enrayant l'accès à une santé sexuelle des femmes fondée sur leur autonomie.

Par ailleurs, en mai 2022, les résultats d'un sondage effectué sur 13 659 Américain-e-s par l'agence gouvernementale YouGov[23] montrent que le facteur principal de la position des Américain-e-s en faveur ou opposé-e-s au droit à l'avortement est l'affiliation religieuse et non le genre[24]. Ainsi, si la reproduction d'une culture et d'une religion dépend de ses membres et, in fine, du taux de natalité, la reproduction sexuelle est elle-même structurée par les affiliations religieuses. La relation de dépendance entre ces deux éléments fondamentaux de la reproduction bioculturelle de tout groupe humain est donc à comprendre à double sens dynamique. Mieux saisir cette relation et préciser les liens entre les religions et les femmes par le biais de l'analyse de la production de coutumes culturelles ou juridiques vise à révéler les dynamiques constitutives de l'évolution de leurs configurations. Comme les interactions entre acteurs de la gouvernance globale fonctionnent dans le cadre du droit international des droits humains, il importe d'éclairer les débats sous-jacents aux textes onusiens majeurs qui concernent la question des religions et des femmes. Une telle connaissance permettra au lectorat francophone de penser à nouveaux frais l'articulation entre ces deux éléments fondamentaux dans le contexte qui lui appartient.

---

[22] « *The Court finds that the right to abortion is not deeply rooted in the Nation's history and tradition* », p. 2 de l'arrêt.

[23] Economist : Religion, not gender, is the best predictor of views on abortion, 7 mai 2022 : https://www.economist.com/graphic-detail/2022/05/07/religion-not-gender-is-the-best-predictor-of-views-on-abortion.

[24] Il est ainsi intéressant de noter que les Etats adoptant des lois contre l'avortement sont majoritairement des Etats du Sud, anciennement esclavagistes. Nous remercions ici Aline Helg de nous avoir rappelé cette particularité qui invite à réfléchir plus largement au lien entre hiérarchie sexuelle, hiérarchie raciale et hiérarchie entre espèces. Certains représentants d'Etats américains (gouverneurs, sénateurs ou parlementaires) légitiment les lois contre l'avortement comme étant données par Dieu, supérieures à la Constitution. Ces Etats forment, dès lors, des sortes de théocraties patriarcales.

La perspective interdisciplinaire des études globales à la croisée de l'histoire des religions et de l'anthropologie juridique qui s'accompagne de la méthode de l'analyse du discours permet de reconstituer une histoire généalogique des grands textes onusiens qui nous intéressent. Cette trajectoire vise d'une part une meilleure compréhension des dynamiques globales qui traversent le système onusien et, d'autre part, la production d'une connaissance fondamentale pour repenser les différents rapports qu'entretiennent les humains avec le(s) monde(s). En effet, si le contexte géopolitique actuel rend visibles les bouleversements au sein de la gouvernance globale, il s'inscrit dans un contexte de changement environnemental qui concerne la vie sur terre et l'espèce humaine dans son ensemble. Ce défi existentiel possible, résultat[25] d'une union entre des approches anthropocentriques scientifiques, techniques et religieuses dominatrices de l'environnement, exige à tout le moins une gestion commune[26] de la planète par le biais de nouvelles normes sociales et d'arrangements institutionnels qui respectent les limites planétaires[27]. Mais, comme les cas de la Fédération de Russie et des Etats-Unis préalablement mentionnés le rappellent, une telle coopération est confrontée à de nombreuses divisions qui touchent l'humanité en tant qu'ensemble de collectivités. Cette situation rend nécessaire une meilleure compréhension de l'articulation[28] entre l'espèce humaine qui agit sur la planète et l'humanité qui agit dans des mondes et des récits aux temporalités multiples et conflictuelles. Parce qu'elles constituent deux éléments fondamentaux de toute reproduction bioculturelle, les femmes et les religions forment un point de l'articulation entre l'espèce humaine et l'humanité qui mérite la plus grande attention.

---

25 L. T. White, « The historical roots of our ecologic crisis », *Science* 155 (3767), 1967, p. 1203–1207.

26 E. Ostrom, « Collective action and the evolution of social norms », *The Journal of Economic Perspectives* 14 (3), 2000, p. 137–158 ; E. Ostrom, *Gouvernance des biens communs, pour une nouvelle approche des ressources naturelles*, Editions De Boeck, 2015 [1990].

27 J. Rockström, W. Steffen, K. Noone, Å. Persson, F. S. Chapin, *et al.*, « A safe operating space for humanity », *Nature* 461 (7263), 2009, p. 472–475.

28 F. Hartog, *Chronos. L'Occident aux prises avec le temps*, Gallimard, 2020 ; D. Chakrabarty, *The climate of history in a planetary age*, University of Chicago Press, 2021.

Concepts, méthode, approche

Les deux termes qui constituent les fondements de notre recherche sont les religions et les femmes. S'ils sont appréhendés comme des concepts scientifiques (des signifiés), « religions » et « femmes » sont d'abord des mots (des signifiants) qui se réfèrent à des réalités sociales particulières (des référents) indexées à une réalité empirique à dimension biologique ou physique qui varie en fonction du contexte. Cependant, au-delà d'une certaine variabilité contextuelle, on peut considérer les femmes comme un groupe homogène[29] dont presque tous les membres perdent du sang involontairement pendant une partie de leur vie et peuvent potentiellement produire du même (des petites filles[30]) et de l'autre (des petits garçons). Dans le même ordre d'idées, on considère conventionnellement une religion[31] comme un système de conceptions (croyances), de récits (mythes) et de comportements (rites) qu'un groupe humain donné porte et qui lui permet de construire des relations avec un ou plusieurs acteurs perçus comme supérieurs. Pour les acteurs humains du groupe, ce système organisateur de la réalité bioculturelle ne s'appuie que sur le réel alors qu'il constitue, pour les observateurs externes qui le comparent à d'autres systèmes, un ensemble d'éléments empiriques variables. Si les religions structurent de façon dynamique les relations entre des acteurs humains, surhumains et non humains, les femmes, par le biais de leur pouvoir reproducteur, contribuent de façon centrale mais temporellement limitée à la reproduction bioculturelle du groupe. C'est la configuration à géométrie variable et constamment renouvelée de ces deux concepts qui éclaire les articulations possibles entre l'espèce humaine et l'humanité.

Si les femmes détiennent le pouvoir procréateur, contrairement aux hommes, les hommes se seraient constitués en groupe comme partie lésée, selon Françoise Héritier. Un sentiment d'injustice et de jalousie les aurait

---

[29] F. Héritier, *Masculin/féminin II : Dissoudre la hiérarchie*, Odile Jacob, 2002.

[30] De ce point de vue, il aurait été particulièrement intéressant de retracer l'histoire du droit international relatif aux enfants et en particulier aux filles. Pour des raisons de temps et d'espace, nous abordons cette question en filigrane et non de façon centrale, comme semble le faire si bien Özlem Lakatos dans sa thèse de doctorat en cours de rédaction à l'Université de Genève.

[31] V. Pirenne-Delforge, D. Barbu, D. Jaillard, Ph. Matthey, F. Massa, *et al.*, « Entretien avec Vinciane Pirenne-Delforge », *Asdiwal. Revue genevoise d'anthropologie et d'histoire des religions* 11, 2016, p. 15–31 ; J. Z. Smith, *Magie de la comparaison, et autres essais d'histoire des religions*, Labor et Fides, 2014.

poussés à hiérarchiser les rapports hommes-femmes en monopolisant le pouvoir culturel et religieux au détriment du pouvoir biologique. Dans ce sens, les règles de filiation patrilinéaires et les règles patrilocales de résidence familiale contribuent à une organisation sociale patriarcale. Les religions ont souvent joué un rôle dans la stabilisation, la perpétuation et la légitimation des organisations patriarcales en renforçant les normes sociales et les hiérarchies de genre qui accordent le pouvoir et l'autorité aux hommes aux dépens et au détriment des femmes. De nombreux systèmes de récit et de comportement ont établi des dogmes qui soutiennent la supériorité masculine – notamment via des normes coutumières, religieuses ou juridiques –, en considérant la soumission des femmes à l'autorité masculine comme étant divine et en assignant des rôles spécifiques et exclusifs à chaque sexe.

La religion (ou système métanormatif religieux) fixe des règles constitutives de la coordination du groupe humain qui les produit. Les coutumes et les normes, y compris juridiques[32], rendent possible la reproduction bioculturelle du groupe en agissant sur le réel social et biologique. Dans le but de maintenir le système en place, de poursuivre l'organisation qu'il produit et de conserver l'ordre ainsi établi, l'apprentissage des émotions collectives est central. Proposé dès le plus jeune âge, l'apprentissage se fait particulièrement prégnant lors de la mobilisation des mythes et des rites propres au groupe donné. Lors de l'évocation d'un mythe ou la pratique d'un rite, un réseau de sens partagé est activé et vivifié par la mise en mouvement des corps et des objets. Un des éléments puissants de l'apprentissage des émotions se situe dans la perméabilité (ou réversibilité) interprétative. Le mythe et le rite transforment le signifié en signifiant[33] et inversement. Ils permettent la création d'une mise en cascade ou d'une succession d'emboîtages de signes. Ainsi, lorsqu'un élément mythique ou rituel est évoqué, il renvoie simultanément à un signifiant et à un signifié. Par exemple, si un représentant religieux évoque son texte de référence, ce n'est pas uniquement le texte (le signifiant) qu'il rappelle à l'esprit des auditeurs, c'est la façon dont les rapports entre les acteurs religieux s'organisent et, in fine, le groupe religieux lui-même (le signifié). Pour autant,

---

[32] Le droit est ici pensé comme le cadre permettant de stabiliser partiellement le sens prescriptif de certains mots. L'anthropologie, de par la méthode de l'observation participante qui inscrit le discours, stabilise partiellement le sens donné aux mots au moment de leur évocation.

[33] R. Barthes, *Mythologies*, Seuil, 1957.

l'interprétation dominante d'un texte est variable, sujette à controverse et entre en concurrence avec les interprétations subordonnées qui peuvent, en fonction des circonstances, se substituer à la première.

Au niveau international, le système métanormatif religieux chevauche le système métanormatif onusien et se distingue du système métanormatif idéologique. Les systèmes métanormatifs ne sont pas seulement des systèmes normatifs dans le sens qu'ils prescrivent des normes, ce sont aussi des systèmes qui proposent les règles de production de nouvelles normes reconnues par le système lui-même, ce qui lui permet de s'adapter au contexte évolutif. La religion, l'idéologie et les textes onusiens peuvent donc être considérés comme porteurs de trois modèles différents de normativité qui se chevauchent, se concurrencent et parfois se renforcent mutuellement. Tous les trois font appel à des éléments mythologiques variés, comme le fait qu'il s'agit de discours pris avec grand sérieux, qui affirment une autorité, sont prescriptifs et dénotent une volonté de façonner la pensée et le comportement pour l'éternité. En suivant cette idée, vu leur rapport quasi religieux avec les acteurs onusiens, les textes onusiens pourraient former une sorte d'Ecriture sainte[34]. Mais, on ne peut qualifier les textes onusiens de mythologiques car ils ne suivent pas une structure narrative avec des personnages, une action, une intrigue et une résolution de l'intrigue avec des conséquences durables et ils n'optent pas pour un cadre temporel propre au mythe, soit dans un passé privilégié (*in illo tempore*[35]) avec des auteurs identifiables.

Cependant, questionner une potentielle mythologie onusienne, comme le titre du livre le suggère, permet de nombreuses découvertes intéressantes à son sujet, notamment les différences et similitudes entre les classifications heuristiques faisant référence à la mythologie, à la religion et à l'idéologie. Dans ce chemin du doute et de la curiosité que pose nécessairement la forme interrogative, on peut se demander si le rejet de considérer les textes onusiens comme une mythologie n'est pas le fruit d'une vision hiérarchisante entre, d'une part, la religion et la mythologie et, d'autre part, entre l'idéologie et la mythologie. Comparée à la religion, la mythologie serait moins

---

[34] Nous remercions ici Bruce Lincoln de nous avoir permis, à travers un échange fructueux, de préciser notre pensée.

[35] M. Eliade, *Le mythe de l'éternel retour*, Gallimard, 1949 ; M. Eliade, *Aspects du mythe*, Gallimard, 1963.

solide car non fixée par des textes et non institutionnalisée ; comparée à l'idéologie, la mythologie serait moins sérieuse car faisant appel à un imaginaire de divinités plutôt qu'à des principes politiques rationnels. Pourtant, par exemple, les divinités antiques grecques incarnent bien souvent non seulement des éléments de l'environnement mais également des principes politiques. Ainsi, pour Hésiode[36], la Terre (Gaïa) donne naissance à l'Equité (Thémis) (la loi divine) de laquelle peuvent descendre la Justice (Dikè) et la Paix (Eiréné). Peut-être existe-t-il une vision évolutionniste sous-jacente aux classifications modernes occidentales qui péjore la mythologie ? On pourrait assurément mobiliser une vision évolutionniste descriptive. Le mythe serait alors une forme de narration antérieure à l'écriture qui répond à des besoins humains que l'écriture ne parvient jamais à combler entièrement. Ces besoins, de l'ordre de l'imaginaire, du sens et de la critique détournée, restant actuels, la mythologie se verrait alors régulièrement reconfigurée et prendrait toujours des formes actualisées. Prise dans le sens d'un ensemble de vérités paradigmatiques[37], la mythologie onusienne[38] sémantiserait l'histoire globale. Sa principale composante, le mythe, en formerait la structure permanente, la charpente dogmatique et autoévidente.

Les textes onusiens globaux permettent – c'est-à-dire laissent libres – les interprétations locales. Une dynamique *bottom-up* plutôt qu'uniquement *top-down* est donc à l'œuvre. Celle-ci recycle ou métamorphose certaines interprétations et rend le discours onusien adaptatif et durable. Pour autant, les différentes interprétations de ces textes renvoient à des discours discordants sur l'altérité. L'interprétation dominante cherche à se reproduire en se donnant comme modèle et en construisant les interprétations minoritaires comme une forme d'altérité. Mais, toute interprétation relève d'un processus de discrimination. Dans ce sens, questionner une potentielle mythologie onusienne

---

36 Hésiode, *Théogonie*, 886–929. Voir J. Rudhardt, *Thémis et les Hôrai. Recherche sur les divinités grecques de la justice et de la paix*, Droz, 1999 et, pour la violence, A. Schwab, « Des violences cosmogoniques, divines et humaines », *Asdiwal. Revue genevoise d'anthropologie et d'histoire des religions* 5, 2010, p. 161–165.

37 B. Lincoln, *op. cit.* ; B. Malinowski, *Magic, science and religion, and other essays*, Beacon Press, 1948 ; C. Geertz, *The interpretation of cultures*, Basic Books, 1973.

38 Les termes de « mythologie onusienne » s'inspirent notamment de l'approche de D. Perrot, G. Rist & F. Sabelli, *La mythologie programmée : L'économie des croyances dans la société moderne*, Presses universitaires de France, 1992 et de P. Fitzpatrick, *The mythology of modern law*, Routledge, 1992.

enjoint le lectorat à un décentrement, à emprunter la voie de l'*estrangement*[39]. Pour éviter de tomber dans une forme d'aliénation de la pensée que pourrait produire un décentrement total ou un relativisme radical, il importe de mettre en évidence le lien étroit qui existe entre récits et émotions. Ainsi, les droits humains sont non seulement appréhendés comme une forme de récit, mais également comme une forme de pratique. La pratique de l'autonomie et l'apprentissage collectif des émotions, en particulier la faculté de « se mettre à la place de », c'est-à-dire l'empathie, sont, dans ce sens, largement tributaires de la diffusion de certaines formes de discours comme les textes prescriptifs onusiens ou même de genres littéraires comme le roman[40].

Les textes produits par l'ONU (traités, déclarations, résolutions, rapports...) constitueraient des jalons qui permettent la construction d'un discours et d'une pratique principalement fondés sur les notions de dignité, d'égalité et de liberté. Ces notions, au cœur de la Déclaration universelle des droits de l'homme, forment un socle sur lequel reposent d'autres textes fédérateurs globaux comme la Convention sur l'élimination de la discrimination à l'égard des femmes. Si leur interprétation dominante est issue principalement de l'histoire de la pensée occidentale, il importe de rappeler l'apport décisif des représentantes des pays dits du Sud dans la création et la reconnaissance des droits humains relatifs aux femmes[41] et aux religions. Ainsi, un engagement sans relâche a été nécessaire pour reconnaître l'égalité juridique entre femmes et hommes de la part, notamment, des représentantes de l'Inde, Mme Hansa Jivraj Mehta, et du Brésil, Mme Bertha Lutz[42], ainsi que de la part de la représentante du Maroc, Mme Halima Embarek Warzazi[43], pour reconnaître le problème des pratiques coutumières ou religieuses nuisibles aux femmes et aux enfants comme l'excision et le crime d'honneur. Si les normes juridiques onusiennes visent à gérer la reproduction bioculturelle au niveau global par une normalisation de certains rapports entre femmes et hommes d'inspiration occidentale et par une modélisation de ce que doit être une religion (toujours

---

39 C. Ginzburg, *op. cit.*

40 L. Hunt, *Inventing human rights : A history*, W. W. Norton & Co., 2007.

41 A. S. Fraser, « Becoming human : The origins and development of women's human rights », *Human Rights Quarterly* 21 (4), 1999, p. 853–906.

42 A. Schwab, *op. cit.*, 2021a, p. 80–90.

43 *Ibid.*, p. 111–142.

positive et en faveur des droits humains), leur contexte de production dépasse largement l'Occident. On ne saurait donc l'y réduire.

Si les notions de dignité, d'égalité et de liberté et leur articulation normative sont compliquées à appréhender au quotidien – à quel moment s'arrête la liberté individuelle ? à quel moment le bien commun est-il menacé ? – leurs contraires demeurent largement combattus prioritairement à travers des discours. Les droits humains sont bel et bien devenus, avec la création de l'ONU, un outil juridico-discursif global contre les inégalités et l'oppression. Toute personne se sentant victime d'une situation peut, selon ses moyens, s'emparer des droits humains pour penser sa condition et éventuellement tenter de transformer les relations de pouvoir qui l'oppriment. Les textes onusiens, comme ensemble de contre-discours protégeant les individus face aux potentiels abus des gouvernements, permettent ainsi aux plus faibles de critiquer l'ordre établi. C'est la raison pour laquelle le rôle de la victime et la rhétorique victimaire sont au cœur de ce discours. Cependant, le statut de victime dépend fortement de la perspective empruntée. Ainsi, les espaces fermés dans lesquels est placée une fraction importante de la population ouïgoure sont considérés comme des camps de rééducation par les représentants du gouvernement chinois (la victime est, par conséquent, la nation chinoise), alors qu'ils sont critiqués par de nombreux Etats et ONG comme étant des camps d'internement (la victime est, par conséquent, les individus internés sans procès équitable et, du fait de la systématicité, le groupe qu'ils composent).

Si le renversement victimaire – la victime n'a pas de valeur intrinsèque mais une valeur relative – est une stratégie d'évitement, un ressort fréquent pour échapper aux responsabilités qu'entraînent les droits humains, le recours aux droits comme canevas discursif et normatif postkantien demeure applicable globalement. En d'autres termes, les infractions au niveau international sont toujours évaluées dans le cadre des droits humains. Ainsi, ces derniers forment la structure principale du système métanormatif onusien. Par ailleurs, dans l'économie générale des droits humains, ceux relatifs aux femmes et aux religions cristallisent les plus importantes controverses. L'égalité de genre restructure les relations familiales et sociétales en profondeur et la liberté religieuse engage une gestion renouvelée de l'espace public par tous les Etats. Dans ce sens, contrairement à la conception des précurseurs du libéralisme classique comme John Locke, les femmes et les religions sont conceptuellement sorties de la sphère strictement privée dès la fin de la Seconde Guerre mondiale. Le néolibéralisme économique a favorisé la diversité culturelle et religieuse et, comme corollaire, les replis identitaires religieux et des formes d'anomie[44], c'est-à-dire la disparition des valeurs communes et une réduction de l'organisation. L'Etat et ses institutions sont ainsi ébranlés.

L'Organisation des Nations unies, dans sa dimension discursive, technocratique et administrative, participe d'une utopie liée à une situation potentiellement anomique des Etats. La production discursive de l'ONU s'ajoute à des mythologies religieuses et des idéologies politiques au niveau mondial. Alors que l'histoire globale[45] rappelle que l'autorité de l'oralité a été progressivement supplantée par celle de l'écriture tout en s'y superposant, la primauté des chiffres, et éventuellement des images mouvantes, est de plus en plus prégnante. Pour mieux comprendre les liens entre les religions et les femmes dans la configuration actuelle du monde, la méthode de l'analyse du discours développée par Michel Foucault[46] apparaît fructueuse. Retracer la généalogie textuelle des droits humains relatifs aux religions et aux femmes rend visible la partie immergée de toute norme internationale, soit le corps interprétatif sur lequel elle repose et se construit. Analyser ces jalons textuels onusiens permet de comprendre l'ancrage bioculturel du système métanormatif onusien.

Pour notre part, nous partons de l'idée émise par Claude Lévi-Strauss[47] – qui considère que les idéologies politiques contemporaines ont la même fonction que les mythologies anciennes – pour questionner les textes onusiens. Tout en nous inspirant de la méthode structuraliste, nous empruntons plus franchement l'approche foucaldienne relative au discours et nous la déployons dans l'analyse des textes onusiens. Dans ce sens, les normes écrites onusiennes présentent une structure apparente dont l'analyse révèle la structure profonde. Elles sont non seulement le résultat conscient des discours convergents et

---

44 G. Achcar, « La montée des mouvements religieux ne peut être dissociée de la mutation néolibérale », *Revue internationale et stratégique* 117 (1), 2020, p. 129–135.

45 J. Goody, *The logic of writing and the organization of society*, Cambridge University Press, 1986.

46 M. Foucault, *L'ordre du discours : Leçon inaugurale au Collège de France prononcée le 2 décembre 1970*, Gallimard, 2010 [1970] ; M. Foucault, *L'archéologie du savoir*, Gallimard, 1992 [1969].

47 Voir extrait 2.

divergents des multiples acteurs en présence ainsi que de l'enchevêtrement de hiérarchies qui structurent leurs relations, mais encore le résultat inconscient de catégories et de taxinomies différentes issues d'ordres sociaux parfois opposés. Le système énonciatif qui ressort de l'analyse des normes onusiennes est, de façon inhérente, fragmenté, partial et arbitraire. L'approche interdisciplinaire que nous favorisons, centrée sur les jalons textuels onusiens, nous permet d'abord de rappeler les fondements mythologiques onusiens lors de l'émergence de l'ONU. Ensuite, elle nous amène à appréhender les éléments discordants lors de la construction des droits humains. Puis, elle nous conduit à interroger le façonnement des droits humains des femmes. Enfin, elle contribue à mettre en évidence les éléments de controverses lors du développement des droits humains relatifs aux religions. Tout ce parcours nous invite ainsi à proposer une perspective aux confins scientifiques avec l'appui essentiel des outils de l'histoire des religions et de l'anthropologie juridique.

Organisation de l'ouvrage

Pour comprendre en profondeur les processus de rédaction des textes fondamentaux du système onusien concernant les femmes et les religions, plusieurs sources onusiennes de l'époque sont rendues visibles sous forme d'extraits, de figures ou de tableaux qui les présentent et les expliquent. Les sources sont toujours citées dans leur version originale qui varie entre le français et l'anglais. En cherchant à suivre au plus près la chronologie des textes en fonction de leur rédaction ou de leur entrée en vigueur, l'ouvrage est organisé de la manière suivante. Il part du Discours sur les quatre libertés du président américain Franklin D. Roosevelt prononcé en 1941 peu avant l'entrée en guerre des Etats-Unis pour arriver à la Déclaration sur les objectifs de développement durable adoptée en 2015 par l'Assemblée générale et actuellement en vigueur. Elle est jalonnée par l'analyse des principaux textes qui ont permis d'abord l'émergence du système onusien – la Charte de l'Atlantique, la Déclaration des Nations unies, les Accords de Bretton Woods et la Charte des Nations unies – et ensuite ceux qui ont favorisé la construction des droits humains en son sein – la Déclaration universelle des droits de l'homme, le Pacte international relatif aux droits économiques, sociaux et culturels, le Pacte international relatif aux droits civils et politiques. Puis, elle est jalonnée par le façonnement des droits humains des femmes, en particulier la Déclaration sur l'élimination de la discrimination à l'égard des femmes, la Convention sur l'élimination de toutes les formes de discrimination à l'égard des femmes, la Déclaration sur l'élimination de la violence envers les femmes et les résolutions sur les mesures à prendre en vue d'éliminer les crimes d'honneur commis contre les femmes. Mais encore, notre attention s'arrêtera sur le façonnement des normes internationales sur les religions avec la Déclaration sur l'intolérance religieuse, les résolutions sur la diffamation des religions et les résolutions sur l'incitation à la haine religieuse. Enfin, le dernier chapitre sera consacré au renouvellement des droits humains ; il sera l'occasion de montrer la vivacité du système onusien en rappelant la Déclaration des objectifs de développement durable acceptée par l'Assemblée générale en 2015. Mettre en évidence les liens entre femmes et religions dans un sens large vise à offrir des outils pour repenser sa propre manière d'interagir avec le monde ; démarche[48] qui apparaît devenir nécessaire au vu du changement environnemental global.

Extrait 2 : le lien entre la mythologie et l'idéologie pour Claude Lévi-Strauss

> On vient de distinguer la langue et la parole au moyen des systèmes temporels auxquels elles se réfèrent l'une et l'autre. Or, le mythe se définit aussi par un système temporel, qui combine les propriétés des deux autres. Un mythe se rapporte toujours à des événements passés : 'avant la création du monde', ou 'pendant les premiers âges', en tout cas, 'il y a longtemps'. Mais la valeur intrinsèque attribuée au mythe provient de ce que les événements, censés se dérouler à un moment du temps, forment aussi une structure permanente. Celle-ci se rapporte simultanément au passé, au présent et au futur. Une comparaison aidera à préciser cette ambiguïté fondamentale. Rien ne ressemble plus à la pensée mythique que l'idéologie politique. Dans nos sociétés contemporaines, peut-être celle-ci a-t-elle seulement remplacé celle-là. Or, que fait l'historien quand il évoque la Révolution française ? Il se réfère à une suite d'événements passés, dont les conséquences lointaines se font sans doute encore sentir à travers toute une série, non réversible, d'événements intermédiaires. Mais, pour l'homme politique et pour ceux qui l'écoutent, la Révolution française est une réalité

[48] Ph. Descola, *Par-delà nature et culture*, Gallimard, 2005.

d'un autre ordre ; séquence d'événements passés, mais aussi schème doué d'une efficacité permanente, permettant d'interpréter la structure sociale de la France actuelle, les antagonismes qui s'y manifestent et d'entrevoir les linéaments de l'évolution future. Ainsi s'exprime Michelet, penseur politique en même temps qu'historien : 'Ce jour-là, tout était possible... L'avenir fut présent... c'est-à-dire, plus de temps, un éclair de l'éternité.' Cette double structure, à la fois *historique* et *anhistorique*, explique que le mythe puisse simultanément relever du domaine de la *parole* (et être analysé en tant que tel) et de celui de la *langue* (dans laquelle il est formulé) tout en offrant, à un troisième niveau, le même caractère d'objet absolu. Ce troisième niveau possède aussi une nature linguistique, mais il est pourtant distinct des deux autres.

Qu'on me permette d'ouvrir ici une brève parenthèse, pour illustrer, par une remarque, l'originalité qu'offre le mythe par rapport à tous les autres faits linguistiques. On pourrait définir le mythe comme ce mode du discours où la valeur de la formule *traduttore, traditore* tend pratiquement à zéro. A cet égard, la place du mythe, sur l'échelle des modes d'expression linguistique, est à l'opposé de la poésie, quoi qu'on ait pu dire pour les rapprocher. La poésie est une forme de langage extrêmement difficile à traduire dans une langue étrangère, et toute traduction entraîne de multiples déformations. Au contraire, la valeur du mythe comme mythe persiste, en dépit de la pire traduction. Quelle que soit notre ignorance de la langue et de la culture de la population où on l'a recueilli, un mythe est perçu comme mythe par tout lecteur, dans le monde entier. La substance du mythe ne se trouve ni dans le style, ni dans le mode de narration, ni dans la syntaxe, mais dans *l'histoire* qui y est racontée. Le mythe est langage ; mais un langage qui travaille à un niveau très élevé, et où le sens parvient, si l'on peut dire, à *décoller* du fondement linguistique sur lequel il a commencé par rouler.

Résumons donc les conclusions provisoires auxquelles nous sommes parvenus. Elles sont au nombre de trois : 1) Si les mythes ont un sens, celui-ci ne peut tenir aux éléments isolés qui entrent dans leur composition, mais à la manière dont ces éléments se trouvent combinés. 2) Le mythe relève de l'ordre du langage, il en fait partie intégrante ; néanmoins, le langage, tel qu'il est utilisé dans le mythe, manifeste des propriétés spécifiques. 3) Ces propriétés ne peuvent être cherchées qu'au-dessus du niveau habituel de l'expression linguistique ; autrement dit, elles sont de nature plus complexe que celles qu'on rencontre dans une expression linguistique de type quelconque.

Dans son œuvre majeure intitulée *Anthropologie structurale I*, Paris, Librairie Plon, 1958–1974, l'ethnologue Claude Lévi-Strauss applique à l'anthropologie le concept de structure qui explique la diversité des faits de société par la combinatoire d'un nombre restreint de possibilités logiques. Au chapitre XI sur « [l]a structure des mythes », il suggère de considérer les idéologies politiques contemporaines comme des formes de mythologie. En effet, toutes deux semblent jouer un rôle analogue dans les systèmes énonciatifs concernés, celui de proposer une interprétation efficace des structures sociales concomitantes à l'énonciation par l'évocation d'un schème passé (c'est-à-dire un invariant ou une structure d'ensemble constante) dont l'efficacité perdure. Pour notre part, nous partons de cette idée en empruntant l'approche foucaldienne relative au discours et nous la déployons dans l'analyse des textes onusiens. Ainsi, l'évocation (ou même l'invocation !) de la Déclaration universelle des droits de l'homme par les acteurs onusiens ne renvoie pas uniquement à la situation historique de sa rédaction, elle rappelle également le présent de l'énonciation et s'oriente vers le futur. La structure passée semble persister dans le présent de l'énonciation. La Déclaration universelle des droits de l'homme est dotée de l'efficacité permanente propre au mythe. On peut dès lors se demander si la distinction usuelle entre mythologie et idéologie n'est pas le fait d'une vision ethnocentrique commune qui vise, en fait, seulement à se distinguer des Autres et à se valoriser. En effet, le terme « mythologie » désigne, habituellement, des discours produits par les Autres et apparaissant souvent comme dénués de toute rationalité (ils seraient, par essence, religieux, faux ou irréels) alors que le terme « idéologie » désigne, habituellement, des discours produits au sein des cultures occidentales et apparaissant souvent comme rationnels (ils seraient, par essence, politiques, vrais ou réels). A cette vision potentiellement ethnocentrique peut s'ajouter une vision moderniste : il est bien souvent suggéré que la mythologie concerne les peuples « anciens » alors que l'idéologie concerne les peuples « modernes ».

Source : C. Lévi-Strauss, *Anthropologie structurale I*, Librairie Plon, 1958–1974, p. 239 (Kindle Edition, p. 229–232) (il souligne).

Extrait 3 : le mythe pour Bruce Lincoln

In my view we would do better to classify narratives not by their content but by the claims that are made by their narrators and the way in which those claims are received by their audience(s). Thus, some narratives make no truth-claims at all, but rather present themselves and are accepted as fictions pure and simple : These I propose to call Fable. Others, in differing styles and degrees, purport to offer accurate accounts of past events. But of the stories that make such truth-claims, only some have sufficient persuasive power to gain general acceptance, and the others-those that, in the opinion of their primary audience, lack credibility-I shall classify as Legend, calling those that do have credibility, History. And although these two categories are mutually exclusive (i.e., one cannot simultaneously accept and reject the truth-claims of a given story), reclassification of any individual narrative from one class to the other is always possible should the story either gain or lose credibility [note 21 Although one may speak of credibility as if it were inherent within a narrative, such, of course, is not the case. Rather, this is a measure of the audience's response to the narrative's contents, and as the composition of an audience will inevitably change over time, as will the circumstances in which a given narrative is told and heard, so it may gain or lose credibility, thereby moving from the class of Legend to that of History, or vice versa. In a deservedly celebrated article 'The Truth of Myth' (in Essays on the History of Religions [Leiden, Neth. : E.J. Brill, 1967], pp. 11–23), Raffaele Pettazzoni showed a sense of the categoric mobility possessed by mythic narratives, but he undercut the value of his own analysis by speaking of myth as 'true stories' instead of 'stories the truth-claims of which are generally accepted']. Beyond this, there is one further category, and that a crucial one : Myth – by which I designate that small class of stories that possess both credibility and authority (see [figure below] […]).

Having offered such a definition of Myth, it is necessary, of course, to define authority, on which the definition of Myth hangs. In part I have in mind something similar to what Malinowski meant when he described myth as a form of social charter and what Clifford Geertz meant in his characterization of religion as being simultaneously a 'model of' and a 'model for' reality [note 22 Malinowksi, Magic, Science and Religion, pp. 93–148 ; Geertz, Interpretation of Cultures, pp. 93–94]. That is to say, a narrative possessed of authority is one for which successful claims are made not only to the status of truth, but what is more, to the status of paradigmatic truth. In this sense the authority of myth is somewhat akin to that of charters, models, templates, and blueprints, but one can go beyond this formulation and recognize that it is also (and perhaps more important) akin to that of revolutionary slogans and ancestral invocations, in that through the recitation of myth one may effectively mobilize a social grouping. Thus, myth is not just a coding device in which important information is conveyed, on the basis of which actors can then construct society. It is also a discursive act through which actors evoke the sentiments out of which society is actively constructed.

Myth, Sentiment, and the Construction of Social Forms

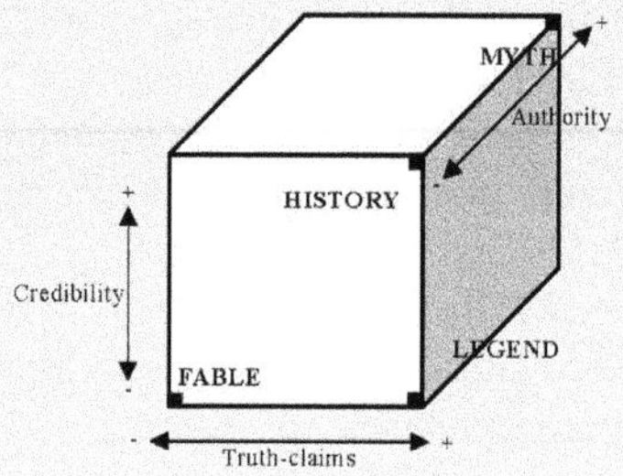

	Truth-claims	*Credibility*	*Authority*
Fable	-	-	-
Legend	+	-	-
History	+	+	-
Myth	+	+	+

Figure […] : Classification of narratives

Dans son livre intitulé *Discourse and the construction of society : comparative studies of myth, ritual, and classification*, Oxford University Press, 1989, l'historien des religions Bruce Lincoln observe comment trois modes distincts de discours – le mythe, le rite et la classification – sont employés par les acteurs humains pour produire des sentiments d'affinité et de répulsion et, ainsi, construire, déconstruire et reconstruire la société dans laquelle ils vivent. Le discours se distingue de la force (physique) mais les deux sont les moyens les plus importants par lesquels les articulations sociales (hiérarchies, institutions, modèles de comportement…) sont maintenues ou modifiées. Au chapitre I, il approfondit l'articulation entre mythe, émotion et construction sociale. Dans son analyse, le mythe se distingue d'autres types de discours que sont la fable, la légende et l'histoire. En les évaluant à travers trois caractéristiques (la prétention à la vérité ; la crédibilité ; et l'autorité), le mythe est le seul type rassemblant toutes ces caractéristiques. Comme « modèle de » et « modèle pour », il serait détenteur d'une vérité paradigmatique ; d'où une puissance constructrice particulièrement efficace pour créer ou contester l'ordre social. L'évolution de l'ordre social se fait notamment via l'approbation/la contestation d'une source de crédibilité et l'investissement/la critique de l'autorité d'un narratif (mythe, récit mythologique...).

Source : B. Lincoln, *Discourse and the construction of society : comparative studies of myth, ritual, and classification*, Oxford University Press, 1989, p. 24–25.

I. L'émergence du système onusien

Le système onusien émerge progressivement durant la Seconde Guerre mondiale. L'Organisation des Nations unies est juridiquement créée le 26 juin 1945 et voit le jour institutionnellement le 24 octobre 1945 grâce à la ratification de la Charte des Nations unies – texte fondateur du système onusien – par la Chine[49], les Etats-Unis, la France, le Royaume-Uni, l'Union soviétique et la majorité des autres pays signataires. Pour autant, l'idée d'une telle organisation précède sa création. En effet, si elle hérite de certaines structures de la Société des Nations[50], dissoute le 20 avril 1946, l'ONU hérite au niveau terminologique de la Déclaration des Nations unies du 1er janvier 1942. En effet, la première mention des « nations unies »[51] dans le contexte de la Seconde Guerre mondiale semble se trouver dans ce texte qui incorpore la Charte de l'Atlantique du

---

49 La Chine est alors portée par un gouvernement républicain. Elle deviendra communiste en 1949, laissant l'île de Taïwan aux mains des républicains.

50 Notamment, en décembre 1946, l'Organisation internationale du travail devient la première institution spécialisée de l'ONU. Relativement à la liberté religieuse, celle-ci semble être reconnue par la Société des Nations, mais seulement de façon implicite, voir J.-M. Larralde, « La protection des religions minoritaires en droit international et européen », *Cahiers de la recherche sur les droits fondamentaux* 4, 2005, p. 159.

51 Une telle mention préexiste l'invention de l'ONU, comme en témoigne l'ouvrage de P.-A. Gargas, *Contrat social, surnommé union francmaçone, entre tous les bons citoiens de la republiqe françoise, e entre la meme republiqe e toutes les nations de la terre*, P. J. Calmen, 1797 dans lequel il imagine une association universelle intitulée « Nations unies » avec des députés « Francsmaçons » au Congrès ; voir l'analyse de B. Arcidiacono, *Cinq types de paix : Une histoire des plans de pacification perpétuelle : XVII–XXe siècles*, Presses universitaires de France, 2011, chapitre 3.

14 août 1941, texte quasi mythique dans la mesure où il est rédigé en secret et qu'il n'est pas signé. L'ONU renvoie non plus seulement à une alliance entre Etats-nations, mais à une union. Elle consacre ainsi le changement de position du gouvernement états-unien qui passe progressivement d'une position isolationniste à une position de leadership mondial. C'est la raison pour laquelle nous commençons notre analyse par le Discours des quatre libertés de Franklin D. Roosevelt qui convainc le Congrès américain d'entrer en guerre le 6 janvier 1941 et nous terminons ce chapitre par la Charte des Nations unies en 1945 en passant par les Accords de Bretton Woods en juillet 1944 qui posent les premières structures économiques au niveau mondial.

A. Le Discours des quatre libertés (1941)

Le Discours des quatre libertés marque les prémices du système métadiscursif onusien. Alors que l'antisémitisme prôné par le mouvement nazi gagne du terrain et qu'Hitler signe, le 26 septembre 1940, avec les autres partisans de l'Axe (le Japon et l'Italie), le Pacte tripartite pour former une alliance militaire, le président des Etats-Unis, Franklin D. Roosevelt, réagit et énonce le 6 janvier 1941 quatre libertés fondamentales qui s'opposent à la doctrine nazie pour légitimer l'entrée en guerre des Etats-Unis. Dans son Discours des quatre libertés, il oppose « l'ordre nouveau de la tyrannie », c'est-à-dire le nazisme, à « une conception plus élevée – un ordre moral ». Il se propose de construire un « ordre du monde » pour contrer l'ordre tyrannique et immoral. La notion de moralité qu'il mobilise pour convaincre les autres membres du Congrès américain est centrale car elle fait deviner en creux le potentiel dévastateur et contaminant de l'ordre opposé, l'ordre immoral. A travers son discours, Franklin D. Roosevelt dépeint un monde binaire dont le point de disjonction se situe au niveau des règles et des principes de conduite qui les régissent : l'ordre immoral reposant sur un pouvoir arbitraire caractérisé par l'injustice et la terreur, alors que l'ordre moral repose sur la démocratie et les droits humains.

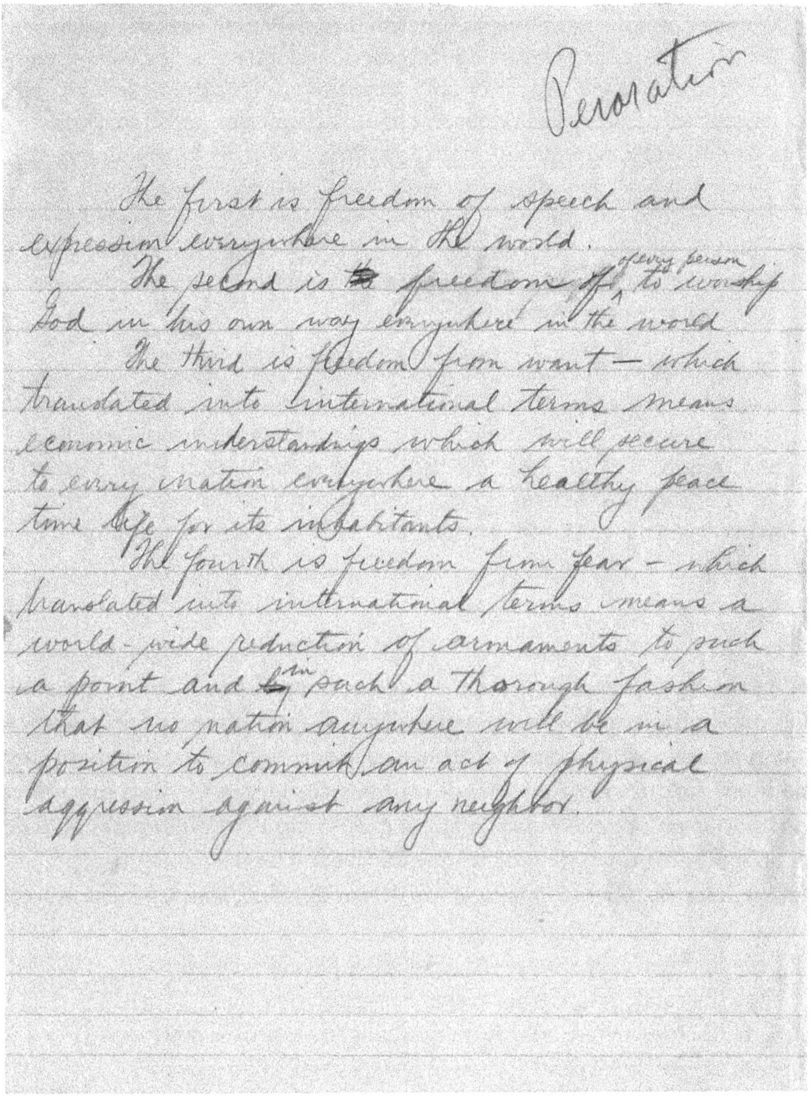

Peroration

The first is freedom of speech and expression everywhere in the world.

The second is freedom of every person to worship God in his own way everywhere in the world.

The third is freedom from want — which translated into international terms means economic understandings which will secure to every nation everywhere a healthy peace time life for its inhabitants.

The fourth is freedom from fear — which translated into international terms means a world-wide reduction of armaments to such a point and in such a thorough fashion that no nation anywhere will be in a position to commit an act of physical aggression against any neighbor.

Figure 1 : le Discours des quatre libertés (extrait original rédigé par Franklin D. Roosevelt)

Le texte ci-dessus est une version préliminaire du Discours des quatre libertés. Il s'agit de la dernière partie du Discours long de quatre pages. Comme on le voit de la main même de Franklin D. Roosevelt en note extradiégétique, ce passage est pensé, en rhétorique, comme une péroraison, soit la conclusion d'un discours dans laquelle l'orateur rappelle l'essentiel de son propos et dont le but est d'emporter la conviction de l'auditoire. On comprend, dès lors, que l'ordre moral que Franklin D. Roosevelt propose de construire repose principalement sur quatre libertés, y compris la liberté de culte. Seuls quelques changements mineurs ont lieu entre cette version et la dernière qui sera finalement prononcée.

Source : *The Four Freedoms Speech*, facsimile de la dernière page du brouillon original rédigé par Franklin D. Roosevelt, 1941. Avec l'aimable autorisation de la Franklin D. Roosevelt Presidential Library and Museum/National Archives and Records Administration. Presidential Library and Museum, https://www.fdrlibrary.org/. Le contenu de cette publication n'a pas été approuvé par le gouvernement des Etats-Unis et ne reflète pas les opinions des Etats-Unis ou de ses fonctionnaires.

Franklin D. Roosevelt prononce devant le Congrès américain le Discours des quatre libertés *(The Four Freedoms Speech)* qui s'adresse principalement aux représentants du peuple américain qui ont, jusqu'alors, opté pour une politique isolationniste vis-à-vis des conflits européens. Ce discours admet une portée universelle puisqu'il fait état de la situation politique mondiale et qu'il propose un vaste programme en faveur d'un soutien à l'Europe. Les quatre libertés, piliers fondamentaux de son discours, sont les suivantes :

1. la liberté d'expression (« *freedom of speech and expression* ») ;
2. la liberté de religion (« *freedom to worship God* ») ;
3. la liberté de vivre à l'abri du besoin (« *freedom from want* ») ;
4. la liberté de vivre à l'abri de la peur (« *freedom from fear* »).

A la lecture de ces quatre libertés, plusieurs éléments retiennent l'attention. Le premier est la double structure répétitive liée à la notion anaphorique de liberté accentuée par l'épiphore "everywhere in the world". La distinction juridique classique entre un droit et une liberté est présupposée : « Un droit correspondant en quelque sorte à une habilitation positive de faire quelque chose, alors qu'à l'inverse, une liberté suppose d'abord et avant tout la possibilité de faire quelque chose, de poser un geste, sans être entravé. »[52] Dans ce cadre, l'Etat ne doit pas entraver les libertés des citoyens. Pour être plus précis, si nous suivons la distinction entre les libertés négatives et les libertés positives telle qu'elle est proposée par le philosophe Isaiah Berlin[53], nous conviendrons que les deux premières libertés énoncées par Franklin D. Roosevelt sont des libertés positives tandis que les deux dernières sont des libertés négatives.

Le deuxième élément intéressant à soulever dans l'analyse de ces quatre libertés est la distinction, uniquement visible en anglais dans les prépositions « *of* », « *to* » et « *from* », de deux valeurs de la préposition « de » en français dans l'expression « la liberté de ». Le « de » concernant les libertés positives (1 et 2) ont une valeur d'appartenance, de possession. En quelque sorte, l'expression et la religion appartiennent à la notion de liberté alors que la valeur de la préposition « de » dans les libertés négatives (3 et 4) est l'origine, ce qui les rapproche de la notion de droit. On ne peut pas dire que le besoin et la peur ont un lien d'appartenance avec la liberté, au contraire, l'accent est mis sur l'émancipation de ces éléments. Le mouvement est donc inverse : dans 1 et 2, l'objet (l'expression ou la religion) appartient au sujet (tout être humain) alors que dans 3 et 4, le sujet (tout être humain) doit pouvoir s'affranchir de l'objet (le besoin et la peur).

Il est également intéressant de noter que ces quatre libertés, quoique non rappelées dans la Charte des Nations unies, trouveront une traduction future dans différents droits humains. Les libertés 1 et 2 rappellent schématiquement les droits civils et politiques alors que les 3 et 4 seraient des références aux droits économiques et sociaux. Ces quatre libertés font également écho aux droits humains déjà partiellement formulés dans la Déclaration d'indépendance des Etats-Unis (1776) et dans la Déclaration des droits de l'homme et du citoyen en France (1789). Cependant, elles ne trouveront leur dimension contraignante qu'après la Seconde Guerre mondiale[54] au sein du système onusien. On comprend donc qu'en amont de ces libertés proclamées par

---

52 J.-F. Gaudreault-DesBiens, « Les hiérarchies passagères, ou de la contingence dans l'équilibre entre droits fondamentaux », *Revue québécoise du droit constitutionnel* 4, 2012, p. 16.

53 I. Berlin, *Two concepts of liberty : An inaugural lecture delivered before the University of Oxford on 31 october 1958*, Clarendon Press, 1958.

54 F. Rouvillois, *Les Déclarations des droits de l'homme*, Flammarion, 2009, p. 17.

Roosevelt il existe un passé déclaratoire révolutionnaire et, en aval, les prémices d'un programme politique et économique global.

Sans pouvoir ici reprendre l'histoire des droits humains dans les siècles qui précèdent le XXe siècle, nous retenons le fait que certaines de ces libertés sont reprises dans le discours de commémoration du premier anniversaire de la Charte de l'Atlantique, dans la Déclaration universelle des droits de l'homme[55] qui, rappelons-le, a été fortement inspirée par Eleanor Roosevelt, l'épouse de Franklin D. Roosevelt, et prendront une forme contraignante dans le Pacte international relatif aux droits civils et politiques et dans le Pacte international relatif aux droits économiques, sociaux et culturels ainsi que dans de nombreux autres documents onusiens. L'ensemble hétérogène auquel ces documents écrits renvoient relève des droits humains tels que nous les connaissons actuellement. Les quatre libertés et l'histoire[56] qu'ils évoquent en filigrane sont les premiers piliers normatifs des droits humains soutenus par le système onusien.

Le troisième élément intéressant concerne la traduction de la deuxième liberté, la liberté de religion, bien que Franklin D. Roosevelt ne prononce pas le mot « religion ». Pour être précis, il dit : « *the second is freedom of every person to worship God in his own way everywhere in the world* » que l'on peut traduire par « la liberté de rendre un culte à Dieu chacun à sa manière partout dans le monde »[57]. De prime abord, on pourrait penser que le terme « *worship* », que l'on traduit habituellement par « culte » ou, dans sa forme verbale, « rendre un culte à », met l'accent sur la dimension rituelle de la religion. Cependant, si nous tenons compte du contexte d'énonciation, il apparaît que ce terme renvoie non seulement à une dimension ritualiste mais aussi à un état d'esprit, la piété.

---

55 Ces quatre libertés seront reprises dans le préambule de la Déclaration universelle des droits de l'homme de 1948 ; partiellement modifiée, la liberté de culte deviendra notamment la liberté de conviction. Ce glissement de la pratique à la conviction pour désigner la religion n'est pas anodin. Il s'agit, à notre avis, de mettre l'accent sur le caractère individuel et privé de la religion plutôt que sur la dimension communautaire induite par le terme « culte ».

56 C'est-à-dire à la fois la construction progressive des droits humains, les contextes historiques conflictuels qui les ont fait naître ainsi que le contexte politique dans lequel s'inscrit le Discours de Franklin D. Roosevelt qui, rappelons-le, s'exprime devant le Congrès (6 janvier 1941), soit avant l'attaque japonaise de Pearl Harbor (7 décembre 1941).

57 Robert & Collins (2008), entrée « *worship* ».

Franklin D. Roosevelt, comme son épouse, est anglican ; il fait partie de l'Eglise épiscopalienne. L'anglicanisme se veut une voie médiane entre le catholicisme et le protestantisme. C'est au XVIIe siècle que la notion de culte, dans les milieux protestants, prend une inflexion spirituelle : « *Terms such as [...] 'adore' and 'worship' [...] have been all but evacuated of ritual connotations, and seem more to denote a state of mind, a transition begun by Reformation figures such as Zwingli and Calvin who understood 'religion' primarily as 'piety'.* »[58] De par l'héritage protestant, nous pourrions supposer que Franklin D. Roosevelt renvoie à la croyance plus qu'à la pratique du culte en tant que telle. Cette interprétation semblerait d'autant plus pertinente que le préambule de la Déclaration universelle des droits de l'homme reprendra cette liberté en la modifiant dans ce sens. L'article 18 de la Déclaration universelle se focalisera sur la liberté de pensée, de conscience et de religion et intégrera la liberté de pratiquer.

Plusieurs éléments nous obligent cependant à nuancer ces propos. D'abord, les controverses autour de la dichotomie rituel *vs* croyance qui opposent les protestants aux catholiques (ainsi que les diverses tendances au sein de l'Eglise épiscopalienne) sont en arrière-plan. Tout au long du XIXe siècle jusqu'au début du XXe siècle, les controverses autour du type de culte à rendre à Dieu allaient bon train non seulement dans l'Eglise d'Angleterre mais aussi dans l'Eglise épiscopalienne[59] des Etats-Unis. Ce n'est qu'au début du XXe siècle que les tensions ont commencé à s'apaiser, notamment grâce au mouvement liturgique[60] au sein de l'Eglise catholique romaine. L'anglicanisme a toujours intégré la dimension spirituelle tout en maintenant des aspects ritualistes dans les cultes (avec, par exemple, le maintien de l'eucharistie). En plus de cette inflexion théologique visant à l'acceptation de divergences, il faut rappeler que les destinataires du discours du président américain, les membres du Congrès, sont issus, pour la plupart, de confessions chrétiennes différentes (Eglise méthodiste, Eglise épiscopalienne, Eglise baptiste, Eglise catholique romaine...). Il nous semble donc légitime de penser que la « liberté de rendre

---

58 J. Z. Smith, « Religion, religions, religious », *in* M. Taylor (ed.), Critical Terms for Religious Studies, University of Chicago Press, 1998, p. 271.

59 J. E. B. Munson, « The Oxford movement by the end of the nineteenth century : The anglo-catholic clergy », *Church History* 44 (3), 1975, p. 382–395 et D. L. Holmes, « From low church to anglo-catholic and back again : The saga of a middle-american parish », *Anglican and Episcopal History* 59 (4), 1990, p. 479–509.

60 D. L. Holmes, *ibid.*, p. 509.

un culte à Dieu » désigne ici non seulement la dimension spirituelle du culte mais aussi sa dimension ritualiste.

Les termes employés par Franklin D. Roosevelt pour désigner la liberté de religion sont une synecdoque : le culte représente uniquement une partie (la pratique et/ou la croyance religieuse) pour le tout (la religion). Ici, le modèle choisi est très probablement celui de la religion chrétienne au vu du contexte d'énonciation et de la référence à Dieu. Comme la majuscule et le singulier nous l'indiquent, il s'agit du dieu chrétien, unique et vrai. Cependant l'affiliation franc-maçonne de Franklin D. Roosevelt rend possible de penser que, subjectivement du moins, il ne faisait pas uniquement référence au dieu de la tradition augustinienne, mais à un principe plus large. Comme l'écrit Charles Porset[61] :

> « *Le Dieu des maçons est le plus petit commun dénominateur que les 'hommes de bien' aient en partage [...] ; il est un principe architectonique qui se trouve à l'origine de la création, mais qui, le monde une fois créé, l'abandonne à la nécessité des lois de la nature. Ce Dieu des philosophes est un dieu philosophique qui a tracé, une fois pour toutes, les plans de l'univers. Démiurge, architecte, il s'est déchargé du poids ontologique dont l'avait investi le judéo-christianisme pour n'être plus qu'un concept [...]* »

Au vu du contexte d'énonciation pluriconfessionnel et hautement politique, nous n'affirmons pas que Franklin D. Roosevelt évoque, dans son Discours du 6 janvier 1941, ce dieu architecte et démiurge quelque peu éloigné de la vie humaine. Cependant, il nous apparaît important d'évoquer l'affiliation maçonnique du président des Etats-Unis car cela le situe dans une tradition, parfois plus imaginaire[62] que réelle d'ailleurs, d'hommes d'Etats américains francs-maçons[63]. D'abord, Benjamin Franklin (1706–1790) était franc-maçon[64] ; il amène la maçonnerie d'Angleterre en Amérique[65]. Enfin,

---

61 Ch. Porset, « La franc-maçonnerie est-elle une religion ? », *in* J. Lemaire (éd.), Franc-maçonnerie et religions, Université de Bruxelles, 1996, p. 115.

62 R. W. Weisberger, W. McLeod & S. B. Morris, *Freemasonry on both sides of the Atlantic : Essays concerning the craft in the British isles, Europe, the United States, and Mexico*, East European Monographs, 2002.

63 *Ibid.*

64 M. C. Jacob, *The origins of freemasonry : Facts and fictions*, University of Pennsylvania Press, 2006, p. 1 et J.-L. Maxence, *La franc-maçonnerie : Histoire et dictionnaire*, R. Laffont, 2013, p. 1000.

65 M. C. Jacob, *op.cit.*, p. 11.

George Washington (1732–1799), le premier président des Etats-Unis l'était également[66]. Tous deux participent activement à la Déclaration d'indépendance des Etats-Unis et à la Constitution américaine. En revanche, bien que des informations concernant une pseudo-affiliation franc-maçonne de Thomas Woodrow Wilson (1856–1924), président américain qui a contribué à la création de la Société des Nations, se trouvent aisément sur l'Internet, cette information est erronée[67] et semble appartenir plutôt à une mouvance antimaçonnique dénonçant un pseudo-complot.

Pour autant, Franklin D. Roosevelt[68] ainsi que Winston Churchill[69], deux représentants de pays les plus importants au sortir de la Seconde Guerre mondiale et les principaux acteurs dans la création du système onusien, étaient tous deux francs-maçons[70]. En sachant que plusieurs personnes ayant joué un rôle important dans la construction des droits humains étaient franc-maçonnes, une recherche approfondie sur la question qui intégrerait l'histoire des pseudo-complots francs-maçons reste à faire. Dans ce sens, le dossier sur la modification du billet américain d'un dollar sous la présidence de Franklin D. Roosevelt qui comprend une pseudo-symbolique[71] maçonnique devrait certainement être replacé dans le cadre plus large du prétendu complot judéo-maçonnique, thème inventé de toutes pièces par Roger Gougenot des Mousseaux en 1869, récupéré par Adolf Hitler[72] et encore principalement activé dans des mouvements d'extrême droite. L'enquête sur la franc-maçonnerie est intéressante à plusieurs égards. D'abord, outre le fait que les francs-maçons américains sont les plus nombreux parmi la franc-maçonnerie[73], le mouvement joue un rôle important dans l'imaginaire social et institutionnel américain[74]. Enfin, il existe

---

66 *Ibid.*, p. 1 et J.-L. Maxence, *op.cit.*, p. 1018.

67 J.-L. Maxence, *ibid.*, p. 983–1020.

68 *Ibid.*, p. 1015.

69 *Ibid.*, p. 992.

70 M. C. Jacob, *op. cit.*, p. 7. Ce livre est précieux pour distinguer les faits de la fiction relativement à la franc-maçonnerie.

71 J. Macpherson, « The eye and the pyramid », *in* R. W. Weisberger, W. McLeod & S. B. Morris (eds), *op. cit.*, confirmé par *ibid.*, p. 135.

72 A. de La Croix, *Hitler et la franc-maçonnerie*, Racine, 2013, p. 82 et p. 93.

73 L. Nefontaine, *La franc-maçonnerie*, Cerf, 1990, p. 64.

74 R. Dachez & A. Bauer, *La franc-maçonnerie*, Presses universitaires de France, 2013, p. 33–34.

l'Ordre maçonnique mixte international « le Droit Humain » depuis 1898[75] qui, quoique partant de la France, a joué un rôle aux Etats-Unis dès 1904[76]. On comprend dès lors qu'il existe des liens réels mais aussi fictifs entre la maçonnerie et les droits humains.

L'affiliation maçonnique de Franklin D. Roosevelt et Winston Churchill semble s'inscrire à la fois dans une tradition maçonnique dont l'inflexion spéculative née au XVIIIe siècle en Angleterre influence toute la franc-maçonnerie[77] et tout un pan issu de la division[78] survenue plus tard entre la maçonnerie française et anglo-saxonne. Alors que le pan anglo-saxon souhaite fonctionner en accord avec le christianisme, le pan français du Grand Orient de France efface en 1877 la référence au Grand Architecte de l'Univers de son Règlement général. Pour Porset[79], déjà au siècle des Lumières, la franc-maçonnerie était une « entreprise séculière » qui regroupe des personnes non pas incroyantes mais déistes, tout en étant libres de donner à ce terme les inflexions interprétatives souhaitées. La question de savoir quelle dénomination (religieux, parareligieux, religiosité séculière, etc.) donner à la franc-maçonnerie aux XXe et XXIe siècles se pose pour Nefontaine[80] et Porset[81]. En optant pour une acception large du mot « religion », nous laissons ouvertes ces distinctions taxinomiques.

Comme mentionné préalablement, le lien qu'entretient la franc-maçonnerie américaine et anglaise avec le christianisme semble à la fois ténu du fait de ses origines chrétiennes[82] et distancié de par sa position séculière[83]. L'idée que la franc-maçonnerie est séculière se mélange avec celle qui pousse à comprendre

---

75 A. Buisine, « La franc-maçonnerie et les femmes anglo-saxonnes : Religion et pseudo-religion », *in* J. Lemaire (éd.), Franc-maçonnerie et religions, Université de Bruxelles, 1996, p. 82.

76 *Ibid.*, p. 85.

77 R. Dachez & A. Bauer, *op. cit.*, p. 12.

78 Ch. Porset, *op. cit.*, p. 116.

79 *Ibid.*, p. 114.

80 L. Nefontaine, *Le protestantisme et la franc-maçonnerie. Des chemins qui se rencontrent*, Labor et Fides, 2000.

81 Ch. Porset, *op. cit.*

82 *Ibid.*, p. 116.

83 M. C. Jacob, *op. cit.*, p. 19.

la religion comme limitée au domaine privé, idée présente en Europe dès le XVIIe siècle[84] et qui se renforce au XVIIIe siècle[85] :

> « *Il reste que malgré l'allégeance sans cesse réaffirmée des maçons aux religions établies, la maçonnerie des Lumières se dégage du religieux pour poser le primat du rationnel. Non que raison et foi soient opposées, ainsi que certains scientistes l'ont cru (Malebranche était profondément croyant et rationaliste), mais parce que dans la nouvelle représentation du monde qui s'impose après Galilée et Newton, la foi est du domaine du privé et son contenu varie selon les temps et les lieux ; les religions, comme les textes qui les codifient, sont relatives. C'est en laissant chaque être raisonnable libre de sa 'confession' que la maçonnerie est possible.* »

Le dieu des maçons renvoie donc à une idée de la religion à la fois universelle et relative héritée du siècle des Lumières. Cette religion ne comprend plus uniquement le christianisme car, depuis la Réforme et les conflits entre catholiques et protestants, la religion est devenue une catégorie qui s'est ouverte progressivement et de manière accrue à d'autres religions[86], tout en donnant un primat aux religions monothéistes. L'ambivalence exprimée entre l'universalité impliquée dans le concept de religion et la relativité des formes qu'elle prend se lit également dans la liberté de religion énoncée par Franklin D. Roosevelt le 6 janvier 1941. En effet, chacun et chacune peuvent pratiquer la religion à sa manière, « *in his own way* », et ce partout dans le monde, « *everywhere in the world* ». Ainsi, la liberté de religion, pour Roosevelt, est à la fois relative à chaque individu et applicable au monde entier. Cette distribution se lira également dans la Déclaration universelle des droits de l'homme.

L'universalité de la liberté de religion prend toute sa profondeur dans le contexte de la Seconde Guerre mondiale. En effet, la liberté de religion énoncée par Roosevelt est à la fois un rappel du passé américain (les premiers Américains ont fui l'Europe pour établir un lieu où ils étaient libres de vivre leur religion comme bon leur semblait), un renvoi à des préoccupations urgentes et présentes (les nazis sont en train d'exterminer la population juive

---

84 G. A. G. Stroumsa, *A new science : The discovery of religion in the age of reason*, Harvard University Press, 2010, p. 8–9.

85 Ch. Porset, *op. cit.*, p. 115.

86 J. Z. Smith, *op. cit.*, 1998 et G. A. G. Stroumsa, *op. cit.*

d'Allemagne et d'accroître leur zone d'influence) et un appel à un ordre moral mondial (la liberté vise le monde entier et non pas uniquement les Etats-Unis, ni même l'Occident). Pour autant, le Discours de Franklin D. Roosevelt n'est pas l'acte fondateur originel de la liberté de religion, si tant est qu'il puisse en exister un. En effet, l'histoire de l'idée de liberté de religion est étroitement liée à la pratique de la tolérance religieuse[87]. Ainsi, il faut rappeler que la chose devance le mot. En effet, la tolérance religieuse telle qu'on la comprend aujourd'hui, c'est-à-dire l'acceptation, toujours relative, de croyances et de pratiques d'autrui existe depuis l'Antiquité[88].

L'ordre moral sur lequel se fonde Franklin D. Roosevelt qu'il place sous l'égide de Dieu (« *under the guidance of God* » (p. 14)) prend forme dans un programme qui garantit quatre libertés fondamentales. Avant d'assurer que les puissances divines participent à l'ordre qu'il propose en évoquant la liberté de religion, le président américain assure la liberté d'expression. Cette liberté englobe non seulement la liberté de parler mais aussi celle de penser. Dans ce sens, Emmanuel Kant[89] rappelle le lien entre la pensée et la parole par le fait que l'être humain a socialement besoin de communiquer ses pensées et d'échanger des idées. Laisser libre quelqu'un de parler publiquement, de s'exprimer, d'échanger et de communiquer avec autrui inclut donc la faculté de penser. Par extension, l'interdiction de s'exprimer empêche l'être humain de penser librement.

Après avoir assuré l'existence d'une liberté entre les êtres humains – la liberté d'expression – et une liberté entre les êtres humains et Dieu – la liberté de religion –, Roosevelt poursuit le programme de son ordre du monde en évoquant la liberté de ne pas être dans le besoin. Il s'inspire probablement d'Adam Smith[90] selon lequel ce sont les échanges entre les êtres humains qui permettent de satisfaire les besoins humains via une division du travail. Cette division est limitée en fonction de la taille du marché. Ainsi, plus le

---

87 L. Hunt, « The enlightenment and the origins of toleration », *Series Burgerhart Lectures Dutch-Belgian Society for Eighteenth-Century Studies*, Amsterdam, Felix Meritis, 2011.

88 On peut le constater par l'exemple des Judéens sous Ptolémée Ier, exemple donné par Ph. Borgeaud, *Aux origines de l'histoire des religions*, Seuil, 2004, p. 113.

89 E. Kant, *Vers la paix perpétuelle ; que signifie s'orienter dans la pensée ? ; qu'est-ce que les Lumières ? : Et autres textes*, Flammarion, 1991, p. 69.

90 A. Smith, *Recherches sur la nature et les causes de la richesse des nations*, Guillaumin et Cie, 1881 [1776], livre I, chapitre 2.

marché est grand, plus la division est importante, plus les échanges sont grands et mieux les besoins humains sont remplis. Pour autant, l'auteur met en garde contre des conséquences négatives de la division du travail poussée à l'extrême[91] : la diminution des capacités intellectuelles, morales et physiques due à la répétition de gestes simples.

La dernière liberté exposée par Franklin D. Roosevelt, la liberté d'être à l'abri de la peur, peut être conçue comme une réponse au régime gouvernemental nazi. Il s'appuie sûrement sur la classification de Montesquieu[92] qui explique que, dans les tyrannies, les sujets obéissent par le sentiment de crainte alors qu'ils le font par le sentiment d'honneur[93] dans une monarchie. Cette association du sentiment d'honneur avec le régime politique monarchique n'est pas négative en soi, ni liberticide pour Montesquieu, même si elle le devient lorsqu'elle est absolue. Quant à la république, qu'elle soit démocratique ou aristocratique, c'est le sentiment de vertu qui lui est associé. Ainsi, dans la classification de Montesquieu la tyrannie est le pire des régimes. La liberté de vivre hors de toute crainte revendiquée par Roosevelt servirait ainsi de garde-fou au régime démocratique et tiendrait éloigné tout gouvernement arbitraire tyrannique. Ces libertés attaquent explicitement le régime nazi et implicitement le régime soviétique[94] par le fait que Franklin D. Roosevelt place

---

91 *Ibid.*, livre V, chapitre 1, section 3.

92 Dans Ch.-L. de Secondat de Montesquieu, *De l'esprit des lois*, Gallimard, 1995 [1748], livre III, chapitre IX. Celui-ci s'inspire de la classification antique d'Aristote *Politiques*, III, 1279 a 25.

93 G. Bacot, « Montesquieu et la question de la nature monarchique de la Constitution anglaise », *Revue française d'histoire des idées politiques* 1 (25), 2007, p. 5–8.

94 Pendant la Seconde Guerre mondiale, les contrôles politiques et idéologiques soviétiques sur la population diminuent, voir N. Werth, « La société et la guerre dans les espaces russe et soviétique, 1914–1946 », *Histoire, économie & société* 2 (23), 2004, p. 207. A la fin des années 1940 surtout, l'association entre le régime soviétique et l'interdiction de la circulation des hommes et des idées se cristallise, voir S. Dullin, « L'invention d'une frontière de guerre froide à l'ouest de l'Union soviétique (1945–1949) », *Vingtième siècle. Revue d'histoire* 2 (102), 2009, p. 49. En revanche, l'athéisme soviétique se met déjà en place peu après la Révolution d'octobre en 1917, voir J.-L. Lambert, « Christianisme orthodoxe, athéisme soviétique et pratiques 'animistes' du monde russisé », *Diogène* 1 (205), 2004, p. 22–23 et p. 30–34. En outre, certaines pratiques soviétiques athéistes perdureront après la chute de l'Union soviétique, voir S. Peyrouse, « Vers une sortie de l'influence russe et du passé soviétique : Analyses des éléments de continuité en Asie centrale », *Outre-Terre* 3 (16), 2006, p. 231–236.

au cœur de son ambition l'assurance d'une communication libre entre les êtres humains (liberté 1) et avec Dieu (liberté 2), deux éléments qui chapeautent son programme économique (liberté 3) et social (liberté 4).

Dans son Discours, le président des Etats-Unis propose un programme structuré en quatre libertés qui ne deviendront effectives qu'après la Seconde Guerre mondiale au sein du système onusien, par le biais d'engagements communs (des déclarations, des chartes, des accords, des conventions et des résolutions). Ces engagements entre les Etats-nations permettent de créer un certain agencement de l'ordre politique mondial. Ils offrent un cadre d'obligations volontaires et ont le but d'assurer l'ordre, la cohérence et la permanence[95]. Pour autant, nous ne considérons pas que ces normes internationales représentent une pacification de fait car, en creux de leurs constructions, les conflits perdurent. A l'intérieur des mécanismes de pouvoir, des institutions, des lois et de l'ordre, le moteur secret pourrait être la guerre[96] continuée par d'autres moyens.

B. La Charte de l'Atlantique (1941) et la Déclaration des Nations unies (1942)

Etant donné sa portée quasi mythologique et son puissant impact sur les relations internationales qui suivent[97], la Charte de l'Atlantique marque le point de départ d'un nouvel ordre du monde[98], la naissance d'un nouvel agencement dans les relations internationales. La rencontre secrète autour

---

95 A l'instar du serment dans l'Antiquité grecque, voir J. Rudhardt, *Notions fondamentales de la pensée religieuse et actes constitutifs du culte dans la Grèce classique*, Picard, 1992, p. 211.

96 M. Foucault, *Dits et écrits III, 1976–1979*, Gallimard, 1994, § 187.

97 Selon Ph. Drakidēs, *La Charte de l'Atlantique 1941. La Déclaration des Nations unies 1942. Sauvegardées par la Charte de l'ONU. Arsenal prioritaire de paix et de sécurité mondiales*, Centre de recherche et d'information politique et sociale, 1995, la Charte de l'Atlantique est fondamentale pour comprendre la création des organisations comme le Fonds monétaire international mais aussi l'Organisation des Nations unies dont elle a été un modèle pour la Charte des Nations unies. La Charte de l'Atlantique aurait également été importante pour créer l'Organisation du Traité de l'Atlantique nord et l'Union européenne.

98 D. Brinkley & D. R. Facey-Crowther, *The Atlantic Charter*, St. Martin's Press, 1994.

du 14 août 1941 entre Winston Churchill et Franklin D. Roosevelt a lieu sur le *HMS Prince of Wales (53)*, un cuirassé de la Royal Navy – celui-là même qui sera coulé le 10 décembre 1941 par les avions de l'empire du Japon en Malaisie. Winston Churchill demande alors à Franklin D. Roosevelt du matériel de défense pour protéger le Royaume-Uni de la menace allemande nazie et la réunion aboutit à la Charte de l'Atlantique ainsi qu'au programme Prêt-Bail *(lend-lease)*. Si un service religieux eut lieu sur ce bateau avec la présence des deux dirigeants, la Charte proposée par Roosevelt[99] ne reprend pas les libertés d'expression et de religion présentes dans le Discours des quatre libertés, mais mentionne la question d'un système économique et social prospère et d'un désarmement global.

Le texte de la Charte de l'Atlantique marque le début d'un changement dans la cartographie politique du monde : les Etats-Unis mettent fin aux lois de 1930 sur la neutralité et vont participer à la guerre. Il constitue la base des accords interalliés et internationaux qui suivent – accords fondamentaux dans l'émergence du système onusien. Les principes qui y sont énumérés s'inspirent des quatorze points que Woodrow Wilson avait rédigés durant la Première Guerre mondiale et sont repris dans la réunion interalliée du 24 septembre 1941, dans la Déclaration des Nations unies et dans la Charte des Nations unies qui a pour ambition d'instituer un système de sécurité générale. A la sécurité et à la paix répondent plusieurs nécessités dans la Charte de l'Atlantique : a) le refus pour un pays d'élargir son territoire (§ 1) ; b) le droit aux peuples de choisir la forme de gouvernement (§ 3) ; c) l'ouverture des marchés mondiaux (§ 4, § 5 et § 7) ; et d) le désarmement des pays expansionnistes (§ 8).

99 J.-B. Duroselle & A. Kaspi, *Histoire des relations internationales*, Armand Colin, 2012, p. 5. Pour autant, l'homme politique français conseiller de Franklin D. Roosevelt, Jean Monnet, a fortement influencé le président américain dans la rédaction de la Charte de l'Atlantique, voir Ph. Drakidēs, *op. cit.*, p. 49–85.

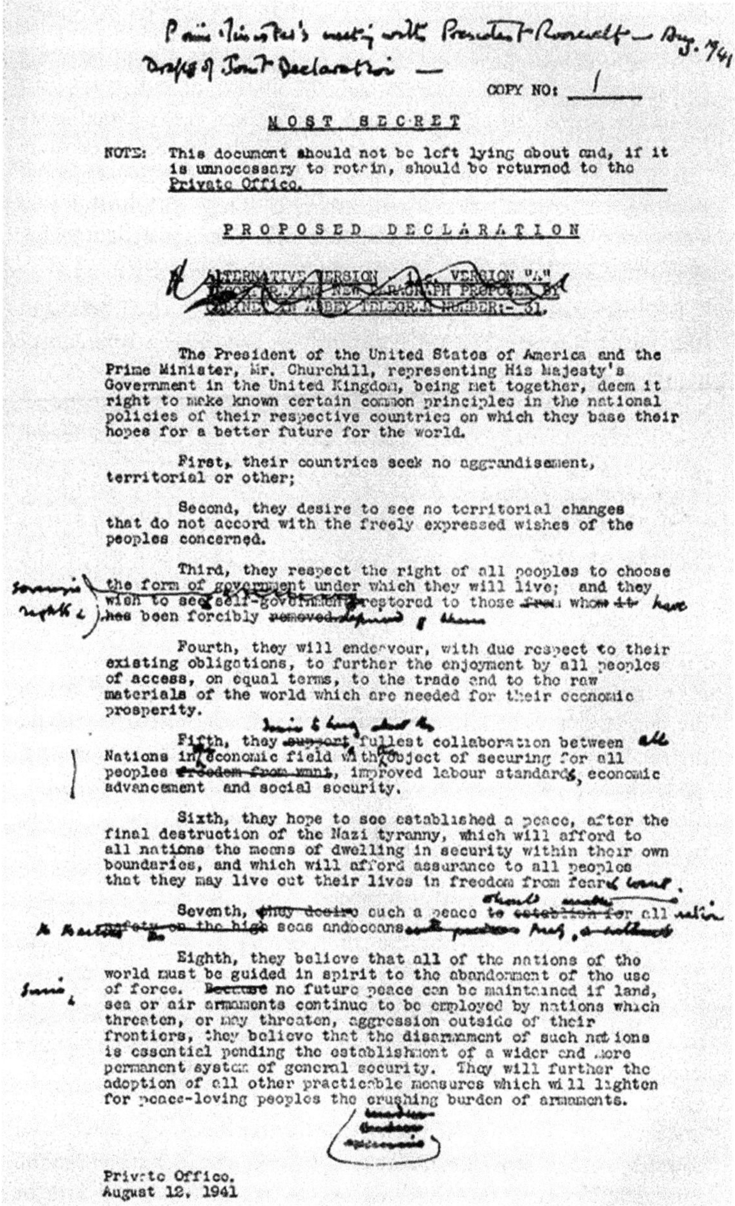
Prime Minister's meeting with President Roosevelt — Aug. 1941
Drafts of Joint Declaration —

COPY NO: 1

MOST SECRET

NOTE: This document should not be left lying about and, if it is unnecessary to retain, should be returned to the Private Office.

PROPOSED DECLARATION

ALTERNATIVE VERSION - 1 - VERSION "A" ... PARAGRAPH PROPOSED BY ... TELEGRAM NUMBER:- 31.

The President of the United States of America and the Prime Minister, Mr. Churchill, representing His Majesty's Government in the United Kingdom, being met together, deem it right to make known certain common principles in the national policies of their respective countries on which they base their hopes for a better future for the world.

First, their countries seek no aggrandisement, territorial or other;

Second, they desire to see no territorial changes that do not accord with the freely expressed wishes of the peoples concerned.

Third, they respect the right of all peoples to choose the form of government under which they will live; and they wish to see self-government restored to those from whom it has been forcibly removed.

Fourth, they will endeavour, with due respect to their existing obligations, to further the enjoyment by all peoples of access, on equal terms, to the trade and to the raw materials of the world which are needed for their economic prosperity.

Fifth, they support fullest collaboration between Nations in economic field with object of securing for all peoples freedom from want, improved labour standards, economic advancement and social security.

Sixth, they hope to see established a peace, after the final destruction of the Nazi tyranny, which will afford to all nations the means of dwelling in security within their own boundaries, and which will afford assurance to all peoples that they may live out their lives in freedom from fear and want.

Seventh, they desire such a peace to establish for all safety on the high seas and oceans.

Eighth, they believe that all of the nations of the world must be guided in spirit to the abandonment of the use of force. Because no future peace can be maintained if land, sea or air armaments continue to be employed by nations which threaten, or may threaten, aggression outside of their frontiers, they believe that the disarmament of such nations is essential pending the establishment of a wider and more permanent system of general security. They will further the adoption of all other practicable measures which will lighten for peace-loving peoples the crushing burden of armaments.

Private Office.
August 12, 1941

Figure 2 : la Charte de l'Atlantique (version corrigée par Winston Churchill, 1941)

Dans cette copie datant du 12 août 1941, éditée, modifiée et commentée par Winston Churchill de la dernière version de la Charte de l'Atlantique, on constate la dimension la plus secrète du document, une hésitation dans l'utilisation des termes « *nations* », « *people* » et « *men* », le déplacement de la mention explicite de la liberté de vivre à l'abri du besoin et l'intégration presque totale de ses commentaires dans la version finale.

Source : *Atlantic Charter*, facsimile du brouillon original de la Charte de l'Atlantique montrant les corrections de la main de Winston Churchill, 1941. Crown copyright, domaine public, librement reproductible sous Open Government Licence. Avec l'aimable autorisation du Churchill Archives Centre et des National Archives. Droits d'accès de CBW / Alamy Stock Photo. The National Archives : nationalarchives.gov.uk ; et The Churchill Archives Centre : archives.chu.cam.ac.uk/collections/churchill-papers/. Le contenu de cette publication n'a pas été approuvé par la Couronne d'Angleterre ou le gouvernement du Royaume-Uni de Grande-Bretagne et d'Irlande du Nord et ne reflète pas les opinions de la Couronne, du gouvernement et de ses fonctionnaires.

La Charte de l'Atlantique prend la dimension d'un acte fondateur quasi mythique. En effet, seul un communiqué de presse relate les circonstances et le contenu de la Charte – aucun document ne semble avoir été signé. Ce n'est donc ni un traité ni même une déclaration de principes pleinement assumée mais une profession de foi contre « la tyrannie nazie » (§ 6). Pour autant, les principes énumérés dans la Charte de l'Atlantique auront une vie longue et vigoureuse. Déjà le 24 septembre 1941, lors de la Conférence de l'Atlantique à Londres, les membres interalliés signent une résolution qui fait siens les principes préalablement déclarés. Finalement, les pays qui souhaitent obtenir le Prêt-Bail doivent adhérer à la Déclaration des Nations unies du 1er janvier 1942 qui comporte les principes de la Charte de l'Atlantique[100].

[100] G. Bossuat, *L'Europe occidentale à l'heure américaine : Le plan Marshall et l'unité européenne (1945–1952)*, Editions Complexe, 1992, p. 23.

THE Atlantic Charter

THE President of THE UNITED STATES OF AMERICA and the Prime Minister, Mr. *Churchill*, representing HIS MAJESTY'S GOVERNMENT IN THE UNITED KINGDOM, being met together, deem it right to make known certain common principles in the national policies of their respective countries on which they base their hopes for a better future for the world.

1. *Their countries seek no aggrandizement, territorial or other.*

2. *They desire to see no territorial changes that do not accord with the freely expressed wishes of the peoples concerned.*

3. *They respect the right of all peoples to choose the form of government under which they will live; and they wish to see sovereign rights and self-government restored to those who have been forcibly deprived of them.*

4. *They will endeavor, with due respect for their existing obligations, to further the enjoyment by all States, great or small, victor or vanquished, of access, on equal terms, to the trade and to the raw materials of the world which are needed for their economic prosperity.*

5. *They desire to bring about the fullest collaboration between all nations in the economic field with the object of securing, for all, improved labor standards, economic advancement and social security.*

6. *After the final destruction of the Nazi tyranny, they hope to see established a peace which will afford to all nations the means of dwelling in safety within their own boundaries, and which will afford assurance that all the men in all the lands may live out their lives in freedom from fear and want.*

7. *Such a peace should enable all men to traverse the high seas and oceans without hindrance.*

8. *They believe that all of the nations of the world, for realistic as well as spiritual reasons, must come to the abandonment of the use of force. Since no future peace can be maintained if land, sea or air armaments continue to be employed by nations which threaten, or may threaten, aggression outside of their frontiers, they believe, pending the establishment of a wider and permanent system of general security, that the disarmament of such nations is essential. They will likewise aid and encourage all other practicable measures which will lighten for peace-loving peoples the crushing burden of armaments.*

FRANKLIN D. ROOSEVELT

WINSTON S. CHURCHILL

August 14, 1941

Figure 3 : la Charte de l'Atlantique (version finale, 1941)

Dans cette version finale de la Charte de l'Atlantique, on constate que, contrairement à certaines idées reçues, elle n'est pas signée par Franklin D. Roosevelt et Winston Churchill. Il s'agit donc plus d'un simple communiqué de presse que d'une véritable déclaration avec ou sans contrainte juridique.

Source : *The Atlantic Charter*, facsimile de l'original, 1941. Crown copyright, domaine public, librement reproductible sous Open Government Licence. Avec l'aimable autorisation du Churchill Archives Centre et des National Archives. The National Archives, nationalarchives.gov.uk ; et The Churchill Archives Centre, archives.chu.cam.ac.uk/collections/churchill-papers/. Le contenu de cette publication n'a pas été approuvé par la Couronne d'Angleterre ou le gouvernement du Royaume-Uni de Grande-Bretagne et d'Irlande du Nord et ne reflète pas les opinions de la Couronne, du gouvernement et de ses fonctionnaires.

Outre leurs dimensions économiques, politiques et philosophiques, les principes énoncés dans la Charte de l'Atlantique renvoient à des « raisons réalistes aussi bien que spirituelles »[101] (§ 8). Une composante divine se dessine ainsi en creux. Un creux qui est partiellement comblé lors de ce qui deviendra le *Day of Infamy speech*, discours prononcé comme un appel à Dieu ou un serment, « *so help us God* », par le président Roosevelt devant les membres du Congrès américain au lendemain de l'attaque japonaise de Pearl Harbor du 7 décembre 1941. Roosevelt, en tant que président, se doit de protéger non seulement militairement mais aussi émotionnellement et religieusement le peuple américain. La mobilisation apparaît fondamentale pour marquer l'importance d'une coordination forte et solidaire sous égide divine. Roosevelt cherche non seulement à s'attirer la bienveillance des chrétiens et de leur Dieu, mais encore il emprunte la rhétorique chrétienne dans le but de mobiliser les émotions américaines en vue d'une guerre contre les partisans de l'Axe.

---

101 « *for realistic as well as spiritual reasons* ».

Quelques mois après l'attaque de Pearl Harbor, le premier anniversaire de la Charte de l'Atlantique est célébré le 14 août 1942. Le président américain rappelle à ce moment-là que les principes exprimés vont à l'encontre d'un « ennemi barbare commun »[102] et dans le but d'unifier les Nations. Roosevelt parle de pays unis ou de « grande union de l'humanité »[103] qui a comme ambition de réaliser « un programme commun fondé sur les objectifs et les principes énoncés dans la Charte de l'Atlantique » – programme qui mènera à une « victoire mondiale »[104]. Ce plan, qui donne « substance » et « forme » à « [la] foi dans la vie, la liberté, l'indépendance et le libre choix religieux, et dans le respect des droits humains et de la justice »[105], compose les prémices des piliers normatifs et moraux du système onusien. Roosevelt rappelle que la préservation des idéaux démocratiques et des droits humains finira par convaincre même ceux qui ont « l'infortune de suivre de faux dieux »[106]. En bref, pour aller vers « un monde plus heureux », la croyance en un unique vrai dieu semble implicite mais nécessaire.

Roosevelt mobilise une rhétorique chrétienne qui, depuis la construction taxinomique des premiers chrétiens suivis des premiers musulmans, oppose un vrai dieu unique à une pluralité de faux dieux. La classification chrétienne qui se constitue durant l'Antiquité autour du bassin méditerranéen s'attaque directement au polythéisme. Bien que l'existence et l'efficacité relative des divinités des autres ne fussent pas remises en cause, le discours chrétien niait leur nature divine. Cette réalité serait le fait d'un truchement, d'une imitation diabolique[107] :

---

[102] « *a common barbaric foe* ».

[103] « *great union of humanity* ».

[104] « *world-wide victory* ».

[105] « *Their faith in life, liberty, independence, and religious freedom, and in the preservation of human rights and justice in their own as well as in other lands, has been given form and substance as the United Nations* ».

[106] « *unfortunate peoples who follow false gods* ».

[107] Ph. Borgeaud, *op. cit.*, p. 202.

« C'est ainsi que les auteurs chrétiens ne réfutent pas les nombreux miracles, prodiges ou guérisons émanant des statues magiques des païens : mais ces miracles sont en fait l'œuvre des démons [c'est aussi à cette époque que ce dernier terme, initialement neutre, devient négatif]. L'idolâtrie, qui détourne le culte adressé au dieu en direction d'un culte adressé à un objet fabriqué, est bien une œuvre du diable : cette définition théologique servira de matrice aux doctrines formulées au Moyen Age, notamment par Thomas d'Aquin ; ce sera aussi la référence des missionnaires espagnols du XVIe siècle, au Pérou comme au Mexique, et encore celle du jésuite Matteo Ricci, au début du XVIIe siècle, voyant en certaines triades divines présentes en Chine dans ce qu'il considère comme des sectes – le bouddhisme et le taoïsme – le résultat de l'action du 'père du mensonge', qui n'a pas encore quitté son ambitieux désir de ressembler à Dieu […] .»

Le terme d'idolâtrie, forgée par les premiers chrétiens, se confond avec celui de superstition. L'idée antique de la superstition est reprise et transformée par les premiers chrétiens. Initialement, ce n'est pas le contenu de la pratique qui distingue la religion de la superstition, mais le degré d'intensité (modération ou exagération) et le contexte (culte traditionnel ou pratiques privées, étrangères, exotiques). La superstition devient, avec le christianisme comme en témoigne Thomas d'Aquin[108], synonyme d'idolâtrie, « c'est-à-dire un culte adressé au mauvais objet »[109]. Les « païens » croient en des divinités fabriquées par l'être humain et inspirées par le diable. Ils ne sont, de ce fait, pas religieux mais idolâtres ou superstitieux. Cette idée d'imitation diabolique a eu des impacts importants sur les rapports que les chrétiens ont entretenus avec les Autres comme en témoignent les actes et les discours des missionnaires espagnols en Amérique[110]. La catégorie d'idolâtrie est d'autant plus marquante qu'elle demeure fonctionnelle jusque dans les années 1940 dans la bouche du président, futur grand vainqueur de la Seconde Guerre mondiale.

---

108 « La superstition consiste à outrepasser le mode que l'on doit observer dans le culte divin. On tombe dans cet excès chaque fois que l'on rend le culte divin à celui qui n'est pas dû. Or, on ne doit rendre ce culte qu'au seul vrai Dieu souverain et incréé comme le veut la vertu de religion ; donc, il y a superstition chaque fois qu'on le rend à une créature », *Summa Theologica*, IIa, IIae, q. XCIV, al., traduit par Ph. Borgeaud, *ibid.*, p. 36.

109 *Ibid.*, p. 36.

110 C. Bernand & S. Gruzinski, *De l'idolâtrie : Une archéologie des sciences religieuses*, Seuil, 1988.

Franklin D. Roosevelt évoque, dans son discours commémoratif de 1942, la liberté de croyance et de culte, tout en y plaçant une limite très claire, le nazisme. Le mouvement nazi repose sur certaines croyances qui n'ont pas le droit d'être exprimées puisqu'elles n'acceptent pas la liberté de religion. Au contraire, le nazisme va jusqu'à nier le droit d'exister à des gens affiliés à une religion particulière, bien que les juifs n'aient pas été les seules victimes. Pour cette raison, le nazisme ne peut profiter d'une liberté qu'elle confisque à d'autres. La liberté des croyances nazies ôte la liberté des autres ce qui rend légitime la contre-attaque ou la défense de cette liberté. Le représentant des Etats-Unis se pose ainsi en défenseur de cette liberté mise en péril. Cette position de sauveur contribuera à légitimer la guerre contre les pays de l'Axe Berlin-Rome-Tokyo.

Dans son discours commémoratif, Roosevelt effectue deux mouvements discursifs face au nazisme. D'une part, il le repousse aux confins de l'humanité puisque c'est un ennemi « barbare » et protège ainsi le centre que constitue l'humanité des peuples alliés. D'autre part, il repousse les nazis dans une relation falsifiée et faussée à Dieu puisque ce dernier devient pluriel et faux. On observe donc un léger déplacement des premières conceptions chrétiennes puisque tout en dénonçant l'idolâtrie, il prône la liberté de rendre un culte au dieu souhaité. C'est sur ce point précis que notre interprétation de la liberté de religion comprise par Franklin D. Roosevelt est importante. Quoiqu'elle demeure christiano-centrée, la liberté peut s'ouvrir à d'autres religions monothéistes, notamment, dans le contexte de la Seconde Guerre mondiale, au judaïsme. Ce type de réactivation de la rhétorique chrétienne à des fins politiques est tenace et, parfois, il s'y cache une justification de politiques intrusives[111].

---

[111] *Ibid.* ne dissocient pas la catégorie d'idolâtrie avec le phénomène d'occidentalisation. Ils comprennent ce phénomène comme « [...] l'impact à long terme des sociétés et des cultures occidentales sur l'Amérique [du XVIe et XVIIe siècle] et sur le monde », p. 6. Selon Ph. Moreau Defarges, « Mondialisation économique et mondialisation politique depuis 1945 », *Relations internationales* 4 (124), 2005, p. 47, il est intéressant de noter que l'occidentalisation du monde semble déterminante pour comprendre le phénomène de la mondialisation qui représente l'universalisation des valeurs occidentales car elles sont les valeurs du plus puissant au sortir de la Seconde Guerre mondiale et de la chute de l'Union soviétique. Les sociétés non occidentales doivent se réinventer à l'aune de ces valeurs plus que simplement se les approprier ou les rejeter. Dans ce cadre, on peut dire que les droits humains sont un vecteur privilégié d'une mondialisation politique.

Quoi qu'il en soit, dans le Discours de Franklin D. Roosevelt et la Charte de l'Atlantique se trouvent l'intention de mener bataille contre les partisans de l'Axe Berlin-Rome-Tokyo, l'affirmation de la centralité de ses buts et la volonté affichée de constituer un ordre moral, un nouveau système par l'application d'un programme[112] politique et économique.

La Charte de l'Atlantique n'aurait eu qu'une portée limitée si elle n'avait pas été intégrée dans les textes suivants et en particulier dans la Déclaration des Nations unies[113] (traduisant le titre initial anglais de *Declaration by United Nations*). Cette Déclaration, survenue peu de temps après l'attaque de Pearl Harbor, est la première qui mentionne dans son titre les « nations unies ». Elle a une portée juridique puisqu'elle est signée le 1er janvier 1942 par les représentants de 26 pays[114]. Elle intègre explicitement dans son préambule les buts et les principes de la Charte de l'Atlantique. En outre, les pays signataires s'engagent à poursuivre la guerre contre les puissances de l'Axe Berlin-Rome-Tokyo nommées « hitlérisme » ou « forces sauvages et brutales ». Il y apparaît enfin la volonté que l'organisation du monde soit fondée sur l'égalité de tous les Etats pacifiques et l'engagement de continuer une collaboration après la victoire.

C. Les Accords de Bretton Woods (1944)

La Charte de l'Atlantique est un programme qui se déploie en principes économiques mondiaux avec les Accords de Bretton Woods en particulier et politiques avec la Charte des Nations unies. Elle rappelle (§ 4, § 7) les

---

112 P. du Bois, « Des Accords de Bretton Woods à l'Accord sur l'Union européenne des paiements (1944–1950) », *Relations internationales* 4 (124), 2005, p. 18.

113 Sur le lien entre la Charte de l'Atlantique, la Déclaration des Nations unies et la Charte des Nations unies, voir Ph. Drakidēs, *op. cit.*, deuxième partie.

114 Les Etats-Unis, le Royaume-Uni de Grande-Bretagne et d'Irlande du Nord, l'Union des Républiques socialistes soviétiques, la Chine, l'Australie, la Belgique, le Canada, le Costa Rica, Cuba, la Tchécoslovaquie, la République dominicaine, le Salvador, la Grèce, le Guatemala, Haïti, le Honduras, les Indes, le Luxembourg, les Pays-Bas, la Nouvelle-Zélande, le Nicaragua, la Norvège, Panama, la Pologne, l'Union sud-africaine et la Yougoslavie. On constate que la France n'a pas été invitée.

principes du libéralisme économique et de la politique du libre-échange[115]. Un lien de causalité entre la prospérité, le développement économique et la paix mondiale apparaît (§ 4, § 5, § 6 et § 7). Ces éléments déjà présents parmi les 14 points avancés par le président Wilson lors de la Première Guerre mondiale prennent une dimension concrète durant la célèbre Conférence de Bretton Woods[116] intitulée UN Monetary and Financial Conference en 1944. Lors de cette réunion, trois décisions extrêmement importantes sont prises par 730 délégués provenant de 45 nations alliées[117] dans le but de mettre en place un système et une organisation monétaire pour stabiliser l'économie mondiale et éviter une autre crise boursière, bancaire et économique comme celle, dévastatrice, qui avait débuté en 1929.

La première décision prise à Bretton Woods concerne le choix d'un système de change à taux fixe (mais ajustable) fondé sur l'étalon dollar-or[118], c'est-à-dire que le système financier mondial reposerait dorénavant non plus sur le trio dollar américain-livre sterling-or[119] comme c'était le cas pour le Gold Exchange Standard (1922–1933) – la valeur de la livre ayant en effet largement diminué en raison de la guerre – mais sur le couple dollar américain-or car le dollar américain était une monnaie forte et apparaissait stable. Dès lors, toutes les transactions internationales se faisaient en dollars, seule monnaie qu'il était possible d'échanger contre de l'or. Comme on peut se l'imaginer, cette décision a créé des déséquilibres en termes de liquidité et les pays européens ont manqué de liquidité en monnaie américaine pour effectuer leurs

---

115 P. du Bois, *op. cit.*, p. 18.

116 Cette Conférence a été préparée plus spécifiquement à Atlantic City, dans le New Jersey, lorsque plusieurs experts d'une dizaine de pays alliés se sont rencontrés pour proposer une charte à la nouvelle organisation (le futur Fonds monétaire international).

117 P. Lenain, *Le FMI*, La Découverte, 2004, p. 12.

118 Cette proposition est celle de l'Américain Harry Dexter White qui contredisait celle du Britannique John Maynard Keynes souhaitant le bancor, une monnaie fiduciaire internationale, voir P. du Bois, *op. cit.*, p. 19.

119 Ce système se nomme le Gold Exchange Standard accepté par les Accords de Gênes en 1922. Le dollar et la livre étaient les seules monnaies à avoir la même valeur que l'or, les autres pays pouvant choisir de convertir leur monnaie soit en or, soit en dollars ou en livres. Ce système explosera – c'est la crise de 1929 – et ne fonctionnera plus après la dévaluation de la livre en 1931 et celle du dollar en 1933. Bien que la création de zones monétaires (c'est-à-dire que plusieurs pays décident d'avoir une monnaie commune) ait commencé après le krach boursier de 1929, ce phénomène s'est affirmé dès 1933 avec la création du Bloc or autour du franc.

transactions internationales. Comme la guerre avait détruit une partie des industries européennes, l'exportation n'était pas suffisante pour payer les importations en dollars. Ce phénomène, appelé le « *dollar gap* »[120], a contribué à la création du plan Marshall.

A la fin de la Seconde Guerre mondiale, l'étalon dollar-or est remis en cause. D'abord en France par le gouvernement du général de Gaulle dans les années 1960 qui demande massivement de changer les dollars que la Banque de France possédait en or déposé à la Réserve fédérale des Etats-Unis[121] et en mai 1971 par la libération de la Deutsche Mark[122]. Ces choix ont comme conséquence le fait que, comme la croissance ralentissait en Europe, les problèmes de redistribution des revenus se sont intensifiés. En outre, la construction du mur de Berlin fait disparaître l'afflux de main-d'œuvre en provenance des pays de l'Est et, dans les années 1960 et 1970, le processus d'exode rural prend fin[123]. La situation économique européenne de cette époque pousse les politiques nationales européennes à abandonner des objectifs d'équilibre extérieur pour viser un objectif d'équilibre intérieur[124]. Pour simplifier, le dollar américain avait perdu de la valeur mais, comme il était resté l'étalon international, il ne pouvait être dévalué. Cela revenait au fait que les pays européens payaient l'inflation américaine, ce qui irritait particulièrement les politiques françaises et allemandes[125]. La dévaluation du dollar dans les années 1970 sonne donc la fin de la convertibilité du dollar et instaure un régime de changes flottants[126].

---

120 P. Baubeau, « La BIRD, la France et le dollar gap, 1946–1947 », *Histoire@Politique* 1 (19), 2013, p. 66–82.

121 M. Dickhaus, « La Bundesbank et l'Europe, 1958–1973 », *Histoire, Economie et Société* 18 (4), 1999, p. 789 et E. Bussière, « La Banque de France et la réforme du système monétaire international : Entre impératifs nationaux et solidarité des banques centrales européennes (1963–1968) », *Histoire, Economie et Société* 18 (4), 1999, p. 801 et 811.

122 M. Dickhaus, *ibid*, p. 794.

123 B. Eichengreen, « Le système de Bretton Woods : Paradis perdu ? », *Revue d'économie financière*, 1994, p. 270.

124 *Ibid*., p. 270.

125 E. Bussière, *op. cit*., p. 806 et 808.

126 B. Eichengreen, *op. cit*., p. 264 et E. Bussière & O. Feiertag, « Méthode, problèmes et premiers résultats d'une histoire des relations monétaires internationales au XXe siècle », *Histoire, Economie et Société* 18 (4), 1999, p. 677.

En 1976, les Accords de Kingston[127] en Jamaïque dans lesquels les Etats membres adoptent le deuxième amendement aux statuts du Fonds monétaire international sont acceptés. Ces Accords comprennent un nouveau système fondé sur la liberté des régimes de change, une démonétisation de l'or, la création d'un fonds spécial pour les pays en développement, et un accroissement général des quotes-parts. Ainsi, c'est la fin officielle de la convertibilité du dollar en or à un prix fixe. Depuis lors, il n'y a plus d'étalon : l'ensemble des monnaies du monde ont une valeur qui varie au jour le jour, en fonction du rythme des transactions sur le marché des changes. Le régime monétaire international actuel repose toujours sur ce système des changes flottants.

La deuxième décision prise durant les Accords de Bretton Woods consiste en la création d'un organe de contrôle : le Fonds monétaire international. Les statuts du Fonds monétaire international sont adoptés à Bretton Woods par 29 pays[128], dont les Etats-Unis, le Royaume-Uni, la France, mais pas l'Union soviétique. Ils définissent son fonctionnement et sa mission. La répartition des votes au sein du Fonds monétaire international se fait en fonction des quotes-parts, c'est-à-dire des montants versés par les pays à l'organisation. Chaque quote-part se calcule en fonction de la puissance économique (mesurée elle-même par son produit national brut et par son commerce extérieur). Les premiers et plus grands contributeurs et détenteurs de droits de vote au sein du Fonds monétaire international restent les Etats-Unis (leur pourcentage total des votes s'élève à 30,13 % en 1949 et 16,5 % en 2023) ; ils le sont également à la Banque mondiale – deux organisations ayant d'ailleurs leur base à Washington.

Le Fonds monétaire international a comme but premier de réguler le système monétaire international. Il le fait en mettant fin aux dévaluations et en proposant des ressources aux Etats membres qui ont des difficultés de balance des paiements. Pour ce faire, des décisions majeures[129] se trouvent dans les statuts du Fonds monétaire international rédigés en 1944 et signés en 1945, dont l'adoption du régime de changes fixes et la stabilité des changes (art. 4) ainsi que la stabilisation de la convertibilité des monnaies (art. 8). Au départ, le Fonds monétaire international devait donc contrôler le mécanisme

---

[127] P. Lenain, *op. cit.*

[128] P. du Bois, *op. cit.*, p. 20. Actuellement, il y a 190 Etats membres.

[129] P. Lenain, *op. cit.*, p. 13–14.

des demandes des pays qui souhaitaient dévaluer ou réévaluer leur monnaie et qui devaient, pour ce faire, obtenir l'accord des autres pays. Le Fonds monétaire international devait également s'assurer que la valeur des monnaies sur le marché des changes ne fluctue que dans une marge de 1 % par rapport à la parité officielle. Au fil du temps, le rôle du Fonds monétaire international s'est complexifié et, aujourd'hui, il n'est plus question de régime de changes fixes mais flottants (sauf certains cas de régime de change lié[130]).

Dès le début des années 1970, alors que l'étalon dollar-or n'est plus en vigueur et que les pays industrialisés n'ont plus besoin du soutien du Fonds monétaire international[131] (leur économie se porte bien ou ils préfèrent se tourner vers d'autres sources de prêts, issues du secteur privé par exemple), celui-ci change peu à peu de cible et de mission, bien qu'il continue à surveiller les politiques économiques de tous les Etats. Actuellement, le Fonds monétaire international encourage la stabilité financière et la coopération monétaire internationale, et s'efforce aussi de faciliter le commerce international, d'œuvrer en faveur d'un emploi élevé et d'une croissance économique durable, et de faire reculer la pauvreté dans le monde. Ainsi, par son rôle d'instrument de régulation financière et d'aide aux pays en développement, il participe à la gestion des crises monétaires et financières en fournissant des crédits aux pays en difficulté, parfois en échange de réformes économiques et budgétaires qui ont, souvent, un impact négatif sur les politiques sociales du pays requérant.

La dernière décision importante prise à Bretton Woods est la création en 1945 de la Banque internationale pour la reconstruction et le développement par 44 pays[132], appelée aussi Banque mondiale lorsqu'elle est associée à l'Association internationale de développement. Dans cette organisation, créée en marge[133] de celle du Fonds monétaire international, les Etats membres sont représentés dans le Conseil des gouverneurs. Les gouverneurs étant

---

[130] Dans ce cadre, les autorités monétaires fixent un taux de change de leurs monnaies contre une autre monnaie, ou un panier d'autres monnaies.

[131] Les derniers Etats européens à demander de l'aide au Fonds monétaire international sont l'Italie et le Royaume-Uni en 1977 lors du premier choc pétrolier : P. Lenain, *op. cit.*, p. 26.

[132] Actuellement, la Banque mondiale en compte 185.

[133] J.-P. Cling, M. Razafindrakoto & F. Roubaud, « La Banque mondiale, entre transformations et résilience », *Critique Internationale* 53 (4), 2011, p. 43–65.

habituellement les ministres des Finances des pays membres ou le directeur de leur banque centrale. Bien que le Conseil des gouverneurs exerce une influence sur les politiques de la Banque internationale pour la reconstruction et le développement, les décisions sont prises plus largement par les 12 (actuellement 25) administrateurs de la banque. Les cinq pays les plus importants – actuellement les Etats-Unis, le Japon, l'Allemagne, le Royaume-Uni et la France – nomment leur propre directeur général. Les autres pays sont groupés en régions qui élisent, chacune, un directeur général.

En termes de droit de vote, celui-ci est fondé, tout comme le Fonds monétaire international, sur les cotisations capitales de chaque pays, lesquelles se fondent sur les ressources économiques. Les pays les plus riches et les plus développés constituent les actionnaires les plus importants et, de ce fait, exercent un pouvoir important et une grande influence. Par exemple, entre 1947 et 1948, les Etats-Unis exerçaient 33,65 % des votes alors que le Royaume-Uni, deuxième plus grand actionnaire, avait 13,93 % des votes. Ce système ne donne pas de voix significatives aux pays en voie de développement qui sont les premiers destinataires des conseils en politique stratégique et de prêts de la Banque mondiale. Par exemple, en 1999, environ 3 % des votes étaient portés par 25 pays africains ensemble alors que les Etats-Unis en détenaient le chiffre le plus élevé, soit 16,53 %. Selon certains auteurs[134], entre 1945 et 1992, les Etats-Unis contrôlent la Banque mondiale car ils nomment son président et, de ce fait, dirigent sa politique.

Les quotes-parts, c'est-à-dire les souscriptions des Etats membres, ajoutées aux emprunts sur les marchés financiers, constituent les ressources de la Banque internationale pour la reconstruction et le développement. Cependant, bien qu'on puisse la considérer comme une banque dans son système général et qu'elle vise la rentabilité, elle n'a pas le but de faire des profits. Originellement, la Banque internationale pour la reconstruction et le développement avait pour mission de financer la reconstruction des pays européens[135] affaiblis après la Seconde Guerre mondiale. Elle devait « (i) aider à la reconstruction et au développement des territoires des pays membres [...], (ii) promouvoir l'investissement privé à l'étranger au moyen de garanties ou

---

[134] *Ibid.*

[135] En 1947, elle a accordé à la France son premier prêt, d'un montant de 250 millions de dollars.

de participations aux prêts et autres investissements effectués par des investisseurs étrangers et […] (iii) promouvoir la croissance équilibrée à long terme du commerce international et le maintien de l'équilibre dans les balances des paiements en encourageant l'investissement international […] »[136].

La Banque internationale pour la reconstruction et le développement, la Société financière internationale (1956), l'Association internationale de développement (1960), le Centre international de règlement des différends (1966) et l'Agence multilatérale de garantie des investissements (1988) forment le Groupe de la banque mondiale. La Banque mondiale (c'est-à-dire la BIRD et l'AID) a pu ainsi proposer des prêts à des Etats ou à des entreprises publiques en difficulté à des taux d'intérêt très faibles. Cela peut se faire car les pays membres du Groupe les garantissent contre un éventuel défaut de paiement. Pour accorder ces prêts, la Banque mondiale exige des Etats aidés des ajustements structurels[137], à l'instar du Fonds monétaire international.

Au fil des années, l'objectif principal du Groupe de la banque mondiale est devenu la réduction de la pauvreté[138] dans le monde. D'autres buts s'y sont greffés, tels que la promotion de la gouvernance, la lutte contre la corruption, la promotion du développement durable, la lutte contre le changement climatique ou d'autres champs qui couvrent les services publics. La BIRD a aussi revu son système de prêt qui empêchait les pays pauvres de lui emprunter de l'argent car ses intérêts, fondés sur les montants en vigueur sur le marché, étaient trop élevés. Ainsi, les besoins particuliers des pays non industrialisés ont contribué à la création d'autres organes parallèles, telle l'AID, mais liés à la BIRD. Depuis les années 2000, on constate la création de banques d'investissement asiatique, telles que la Banque asiatique d'investissement pour les infrastructures basée à Pékin.

Selon Pierre du Bois, au vu de l'étalon dollar-or et du pouvoir des Etats-Unis au sein des organisations internationales après les Accords de Bretton Woods, « les Etats-Unis sont érigés en guides de l'économie mondiale, en gardiens de

---

[136] BWC8311-01, *Articles of Agreement of IMF and International Bank for reconstruction and development*, Bretton Woods, du 1 au 22 juillet 1944, article premier, p. 51–52 (traduction personnelle).

[137] J.-P. Berdot, « L'ajustement structurel dans les pays en développement. Une analyse de la faisabilité », *Revue économique* 49 (4), 1998, p. 1151–1163.

[138] J.-P. Cling, M. Razafindrakoto & F. Roubaud, *op. cit.*

la stabilité monétaire et en garants de la convertibilité en or »[139]. Pour autant, les politiques du Fonds monétaire international peinent à s'imposer et la confusion règne parfois en matière de taux de change. Les Etats dévaluent leur monnaie sans véritable concertation. Les Etats européens ne parviennent pas à assurer durablement l'équilibre dans leur balance des paiements qui doit les aider à éviter l'inflation. Le plan Marshall viendra remédier à cette situation de déséquilibre économique.

En 1947, quelques années après les Accords de Bretton Woods, le *General Agreement on Tariffs and Trade* ou Accord général sur les tarifs douaniers et le commerce vient compléter le panorama des principales institutions qui ont pour but de réguler l'économie mondiale et les accords commerciaux internationaux. Cet accord a comme mission d'harmoniser les politiques douanières des parties signataires en abaissant les droits de douane. Dans le tournant 1994–1995, le *General Agreement on Tariffs and Trade* devient l'Organisation mondiale du commerce qui reprend les objectifs du premier tout en couvrant de nouveaux domaines d'échange, tels que les banques et les assurances, les télécommunications, les inventions et les techniques de pointe. L'Organisation mondiale du commerce[140] est une organisation qui gère le système de règles encadrant les négociations internationales qui visent à rendre le commerce international le plus libre possible. L'état de crise de l'Organisation mondiale du commerce[141] est une critique permanente à l'intérieur comme à l'extérieur de l'organisation, notamment autour de la classification relative aux économies en développement. Par exemple, la Chine bénéficie encore de cette classification et des avantages qui en découlent alors même qu'elle est devenue la première puissance mondiale dans le commerce international en termes de quantité de produits exportés.

D. La Charte des Nations unies (1945)

La Charte (ou Organisation) des Nations unies et le Statut de la Cour internationale de justice marquent la fin du processus d'émergence du système

[139] P. du Bois, *op. cit.*, p. 19–21.

[140] M. Abélès (dir.), *Des anthropologues à l'OMC : Scènes de la gouvernance mondiale*, CNRS, 2011, p. 15.

[141] *Ibid.*, p. 15.

onusien. Signée à San Francisco le 26 juin 1945 et entrée en vigueur le 24 octobre de la même année, elle constitue le texte fondateur de l'ONU. A travers elle, non seulement l'institution est fondée, mais encore la relation entre les Etats membres, leurs représentants et l'organisation en général est fixée, y compris l'administration (soit le Secrétariat) et la société civile (par le biais des organisations non gouvernementales). Ainsi, le sujet énoncé de la Charte n'est pas les Etats membres, bien que ce sont leurs représentants signataires qui le valident, mais celui qu'ils représentent au niveau national, soit les « peuples des Nations unies ». La base morale et normative commune est le droit international[142] et la « foi dans les droits fondamentaux de l'homme », « la dignité » et « l'égalité » humaines ainsi que des nations. C'est dans ce seul cadre légitime que la paix, la sécurité, la tolérance et le progrès économique et social peuvent se construire. La dimension quasi sacrée de la Charte, et ce qu'elle représente, est particulièrement visible lorsque le secrétaire général des Nations unies prête serment ; la main droite levée et la main gauche posée sur la Charte.

La Conférence de San Francisco ou, officiellement, la *United Nations Conference on International Organization* se déroule du 25 avril au 26 juin 1945. Conférence la plus importante de l'histoire onusienne, elle regroupe 850 délégués, représentant plus de 80 % de la population mondiale, auxquels s'ajoutent leurs conseillers, leur personnel et le secrétariat. Autour de ces quelque 3500 personnes gravitent encore environ 2500 représentants des médias et observateurs de diverses organisations. Pendant deux mois, chaque partie de la Charte est discutée, votée et acceptée à la majorité des deux tiers. Durant cette période, l'emblème original de l'ONU – une carte représentant le monde en projection azimutale équidistante centrée sur le pôle Nord entourée d'une couronne de branches d'olivier croisées – est créé par une équipe dirigée par le New-Yorkais Olivier Lincoln Lundquist. La couleur « bleu ONU » est aussi choisie à cette époque.

---

[142] B. Arcidiacono, « Pour une généalogie de la Charte des Nations unies : La tradition directoriale », *Relations internationales* 3 (127), 2006, p. 5–23. Dans B. Arcidiacono, *op. cit.*, 2011, la Charte des Nations unies fait partie d'un véritable genre littéraire caractérisé par un projet utopique de pacification permanente de l'Europe ou du monde entier.

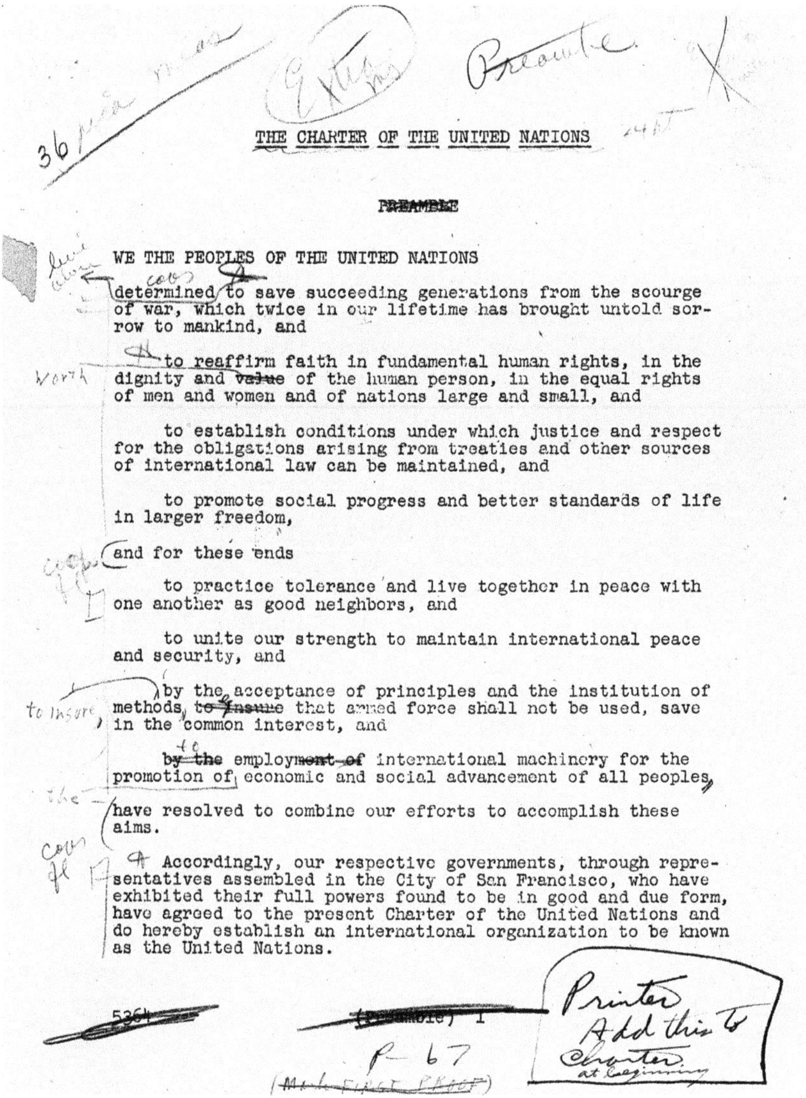

THE CHARTER OF THE UNITED NATIONS

~~PREAMBLE~~

WE THE PEOPLES OF THE UNITED NATIONS

determined to save succeeding generations from the scourge of war, which twice in our lifetime has brought untold sorrow to mankind, and

to reaffirm faith in fundamental human rights, in the dignity and ~~value~~ of the human person, in the equal rights of men and women and of nations large and small, and

to establish conditions under which justice and respect for the obligations arising from treaties and other sources of international law can be maintained, and

to promote social progress and better standards of life in larger freedom,

and for these ends

to practice tolerance and live together in peace with one another as good neighbors, and

to unite our strength to maintain international peace and security, and

by the acceptance of principles and the institution of methods, ~~to insure~~ that armed force shall not be used, save in the common interest, and

~~by the~~ employ~~ment of~~ international machinery for the promotion of economic and social advancement of all peoples,

have resolved to combine our efforts to accomplish these aims.

Accordingly, our respective governments, through representatives assembled in the City of San Francisco, who have exhibited their full powers found to be in good and due form, have agreed to the present Charter of the United Nations and do hereby establish an international organization to be known as the United Nations.

Printer Add this to Charter at beginning

P-67

Figure 4 : la Charte des Nations unies (préambule annoté, 1945)

La reproduction photographique du manuscrit original du préambule de la Charte des Nations unies préparé pour l'impression ici visible rappelle le fait que, pendant les deux mois à San Francisco, chaque ligne et chaque virgule sont discutées. Pour autant, on devine que ce qui est en jeu va au-delà des mots. Il s'agit de la façon dont l'organisation sera composée et fonctionnera. Ainsi, l'une des questions qui a soulevé le plus de débats est celle autour du droit de veto donné à chaque membre permanent du Conseil de sécurité (Chine, Union soviétique, Etats-Unis, Royaume-Uni et France).

Source : *La Charte des Nations Unies*, facsimile du préambule du brouillon original anglais (réf. UN7742449-c30), 1945. Avec l'aimable autorisation de la United Nations Photo Library et des United Nations Publications : Rights and Permissions : http://dam.media.un.org/ et https://shop.un.org/rights-permissions. Le contenu de cette publication n'a pas été approuvé par les Nations Unies et ne reflète pas les opinions des Nations Unies, de ses fonctionnaires ou de ses Etats membres.

Si la Charte est signée à San Francisco, elle est le fruit d'un projet préparé par un comité de juristes de 44 pays qui s'est réuni à Washington un peu plus tôt, dans le courant du mois d'avril 1945. Ce travail hérite des Conférences de Dumbarton Oaks en 1944 et de la Conférence de Yalta en février 1945. En 1944, lors des Conférences de Dumbarton Oaks qui réunissent les gouvernements américain, britannique, russe et chinois, l'architecture de l'Organisation des Nations unies et son fonctionnement sont décidés. L'Organisation des Nations unies est constituée de six organes principaux : l'Assemblée générale, le Conseil de sécurité, le Conseil économique et social (qui protège, entre autres, les droits humains), un Conseil de tutelle (qui a la charge d'administrer les territoires placés sous la tutelle de l'Organisation des Nations unies), la Cour internationale de justice et le Secrétariat. Le Conseil de sécurité, organe exécutif, est composé de onze membres[143] dont cinq

[143] Le 17 décembre 1963, par la résolution A/RES/1991(XVIII), l'Assemblée générale augmentera de quatre les membres non permanents du Conseil de sécurité en faisant un amendement à l'article 23 selon la procédure de l'article 108 de la Charte des Nations unies.

permanents[144] ; les autres étant désignés par l'Assemblée générale qui nomme par ailleurs les membres de la Cour internationale de justice, du Conseil économique et social et du Conseil de tutelle.

Durant la Conférence de Yalta en février 1945, il est décidé que chaque membre permanent de l'ONU a un droit de veto au Conseil de sécurité, contrairement aux membres élus par l'Assemblée générale. Ce droit peut être utilisé dans tous les cas, sauf dans les questions de procédure. A la suite des difficiles discussions sur les dispositions de vote, les Trois Grands (les Etats-Unis, la Grande-Bretagne et l'Union soviétique) et la Chine invitent à San Francisco tous les pays ayant déclaré la guerre à l'Axe avant le 1er mars 1945. La France refuse d'être associée aux hôtes, n'ayant participé ni à Dumbarton Oaks ni à Yalta[145]. Franklin D. Roosevelt meurt le 12 avril 1945 et Harry S. Truman, qui lui succède, préside la Conférence de San Francisco du 25 avril au 25 juin 1945. Les petites et moyennes puissances montrent alors leur mécontentement face aux dispositions de vote proposées par les grandes. Les membres permanents veulent des pouvoirs supérieurs à ceux qu'ils avaient au sein de la Société des Nations. En outre, la préparation des traités de paix est faite par d'autres organisations : le Conseil des trois grandes puissances, officiellement reconnu à Yalta comme une institution durable, et le Conseil des cinq ministres des Affaires étrangères créé à Potsdam (auquel le délégué chinois n'a participé qu'à la première réunion).

---

[144] C'est à ce moment-là que les gouvernements américain, britannique, soviétique et chinois décident que la France (dont le gouvernement provisoire avait été reconnu le 23 octobre 1944) sera aussi un membre permanent du Conseil de sécurité, quand bien même son gouvernement n'a pas été invité à Dumbarton Oaks ni à Yalta. Les cinq membres permanents nommés actuellement sont la Chine, la France, la Fédération de Russie, le Royaume-Uni et les Etats-Unis.

[145] J.-B. Duroselle & A. Kaspi, *op. cit.*, p. 8.

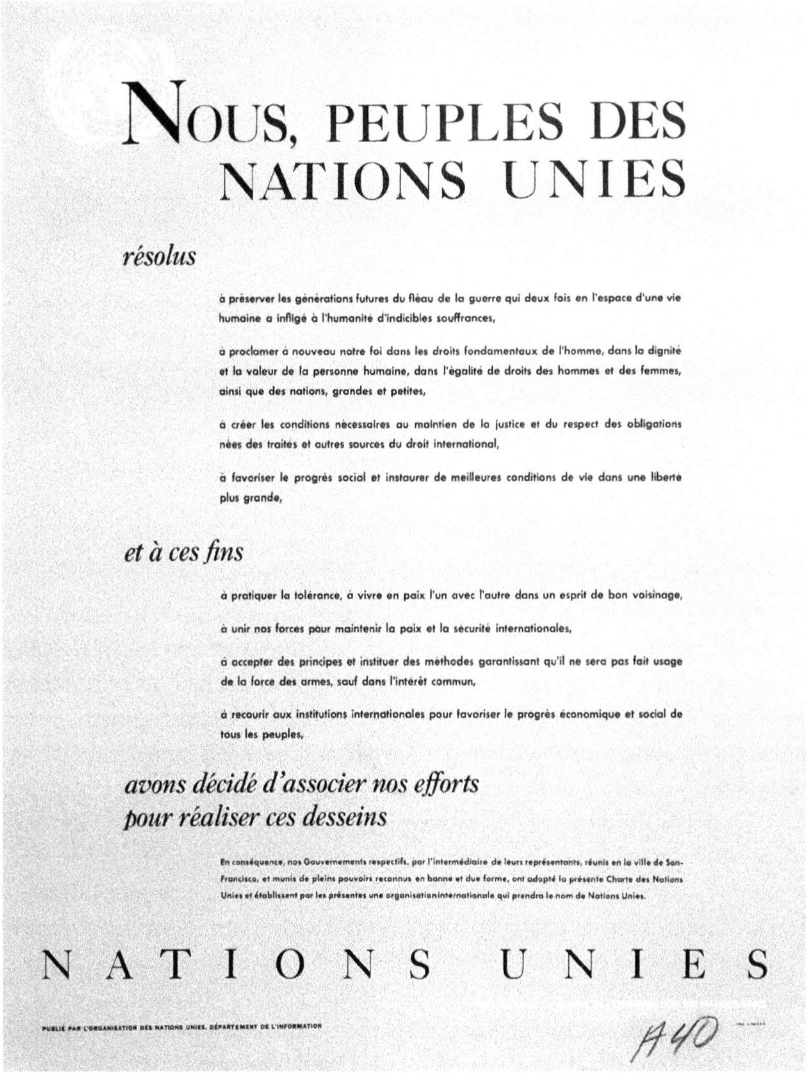

NOUS, PEUPLES DES NATIONS UNIES

résolus

à préserver les générations futures du fléau de la guerre qui deux fois en l'espace d'une vie humaine a infligé à l'humanité d'indicibles souffrances,

à proclamer à nouveau notre foi dans les droits fondamentaux de l'homme, dans la dignité et la valeur de la personne humaine, dans l'égalité de droits des hommes et des femmes, ainsi que des nations, grandes et petites,

à créer les conditions nécessaires au maintien de la justice et du respect des obligations nées des traités et autres sources du droit international,

à favoriser le progrès social et instaurer de meilleures conditions de vie dans une liberté plus grande,

et à ces fins

à pratiquer la tolérance, à vivre en paix l'un avec l'autre dans un esprit de bon voisinage,

à unir nos forces pour maintenir la paix et la sécurité internationales,

à accepter des principes et instituer des méthodes garantissant qu'il ne sera pas fait usage de la force des armes, sauf dans l'intérêt commun,

à recourir aux institutions internationales pour favoriser le progrès économique et social de tous les peuples,

avons décidé d'associer nos efforts pour réaliser ces desseins

En conséquence, nos Gouvernements respectifs, par l'intermédiaire de leurs représentants, réunis en la ville de San-Francisco, et munis de pleins pouvoirs reconnus en bonne et due forme, ont adopté la présente Charte des Nations Unies et établissent par les présentes une organisationinternationale qui prendra le nom de Nations Unies.

NATIONS UNIES

PUBLIÉ PAR L'ORGANISATION DES NATIONS UNIES, DÉPARTEMENT DE L'INFORMATION

Figure 5 : la Charte des Nations unies (préambule, version finale, 1945)

La Charte des Nations unies et le Statut de la Cour internationale de justice mettent au centre les peuples des Nations unies autour du cadre moral et normatif du droit international. La « foi dans les droits fondamentaux de l'homme », « la dignité » et « l'égalité » humaines ainsi que des nations sont ainsi constamment rappelées dans les textes qui suivent la Charte et qui la mentionnent explicitement. Ainsi sacralisée, la Charte offre le cadre dans lequel peuvent émerger la paix, la sécurité, la tolérance et le progrès économique et social.

Source : *La Charte des Nations Unies*, facsimile du préambule original français (UN7757165_80e), 1945. Avec l'aimable autorisation de la United Nations Photo Library et des United Nations Publications : Rights and Permissions : http://dam.media.un.org/ et https://shop.un.org/rights-permissions. Le contenu de cette publication n'a pas été approuvé par les Nations Unies et ne reflète pas les opinions des Nations Unies, de ses fonctionnaires ou de ses Etats membres.

Malgré le mécontentement général, la Conférence de San Francisco donne lieu à la constitution de la Charte des Nations unies signée[146] le 26 juin 1945 et composée de 19 chapitres et 111 articles dans lesquels les buts et principes de l'Organisation sont développés. L'Organisation des Nations unies a comme objectifs de maintenir et consolider la paix et la sécurité internationale, de résoudre les situations internationales susceptibles de mener à une rupture de la paix, de développer des relations amicales entre les nations fondées sur le principe d'égalité de droits des peuples à disposer d'eux-mêmes et, finalement, de résoudre les problèmes internationaux, que ceux-ci soient économiques, sociaux ou humanitaires, en développant les droits humains et les libertés fondamentales pour tous, sans distinction de « race », de sexe, de langue ni de religion.

L'idée qui sous-tend le principe d'égalité du droit des peuples à disposer d'eux-mêmes est celle de non-ingérence (Charte des Nations unies, chapitre 1, art. 2.7 « Aucune disposition de la présente Charte n'autorise les Nations unies à intervenir dans les affaires qui relèvent essentiellement de la compétence

[146] Pour plus d'informations sur sa rédaction, voir P. Marshall, « Smuts and the preamble to the UN Charter », *The Round Table : The Commonwealth Journal of International Affairs* 90 (358), 2001, p. 55–65.

nationale d'un Etat »), c'est-à-dire l'interdiction pour l'ONU d'intervenir dans les affaires nationales d'un Etat membre. Seules deux exceptions peuvent contourner cette règle. S'il y a une menace contre la paix ou un non-respect des droits de l'homme, le droit international autorise de façon partielle et contrôlée l'intervention internationale dans les affaires d'un Etat souverain ; c'est ce qui est communément appelé l'ingérence humanitaire. Il faut, au minimum, l'accord du Conseil de sécurité des Nations unies. Pourtant, certaines interprétations[147] tendent à considérer que le droit d'ingérence relatif à la violation des droits humains est déjà présent dans la Charte de l'Atlantique et la Charte des Nations unies, pour autant qu'on les lise ensemble.

Malgré les grands objectifs de l'Organisation des Nations unies, les deux premières années montrent que la condition essentielle de son fonctionnement, c'est-à-dire l'unanimité des grandes puissances, est rarement atteinte[148]. De plus, il devient de plus en plus évident que les intérêts des grandes puissances sont trop divergents pour s'accorder, en particulier concernant la gestion du territoire et des biens de l'Allemagne : l'occupation, les réparations et son éventuel démembrement. Outre l'Allemagne et ses satellites (l'Italie, la Bulgarie, la Roumanie, la Hongrie et la Finlande, même si cette dernière n'a jamais été alliée à l'Allemagne), le Moyen et Proche-Orient[149] sont aussi source de discordes. L'année 1947[150] marque la séparation nette entre le bloc soviétique et les pays soutenant les Etats-Unis, « le camp occidental ». L'échec de la Conférence de Moscou le 10 mars 1947 qui regroupe les ministres des Affaires étrangères de la France, de la Grande-Bretagne, des Etats-Unis et de l'Union soviétique pour discuter du système gouvernemental à mettre en place en Allemagne est symptomatique. Il est extrêmement difficile de trouver un accord sur la gestion de l'Allemagne et de l'Autriche. Les différends portent principalement sur l'organisation en fédération centrale forte ou en fédération faible avec un rôle important des Länder.

A la délicate situation de gouvernance allemande s'ajoute la question de la monnaie utilisée à Berlin. En 1948, les vainqueurs de la Seconde Guerre mondiale ne trouvent pas d'accord sur la monnaie utilisée à Berlin, enclave

---

[147] Ph. Drakidēs, 1995, *op. cit.*

[148] J.-B. Duroselle & A. Kaspi, *op. cit.* et Ph. Moreau Defarges, « De la SDN à l'ONU », *Pouvoirs* 2 (109), 2004, p. 20.

[149] En particulier la Syrie, le Liban, l'Egypte, l'Irak, l'Iran, la Turquie et la Grèce.

[150] J.-B. Duroselle & A. Kaspi, *op. cit.*, p. 55.

quadripartite dans un territoire soviétique. Pour l'Union soviétique, la monnaie de Berlin doit être le rouble soviétique car la ville appartient géographiquement à la zone soviétique, alors que les Etats-Unis, le Royaume-Uni et la France privilégient une monnaie propre à l'Allemagne, la Deutsche Mark, et souhaitent qu'elle soit aussi utilisée à Berlin. Fâché de cette situation, Staline arrête toutes les négociations et, dès le 1er juillet 1948, décide d'un blocus de Berlin, ce qui oblige les Alliés à créer le fameux pont aérien[151] pour ravitailler la zone occidentale de Berlin. En outre, en Chine aussi les deux blocs se battent de manière interposée. La Chine était initialement le théâtre d'une guerre civile entre communistes et républicains chinois. Ces deux parties rivales s'étaient alliées contre le Japon lorsque ce dernier s'était emparé de la Mandchourie en 1931. Après la Seconde Guerre mondiale, le Japon capitule et la guerre civile chinoise reprend. Les soutiens venant de l'extérieur semblent évidents même s'ils ne sont pas stables : les communistes dirigés par Mao Zedong sont soutenus par l'Union soviétique et les républicains dont la direction revenait à Chang Kaï-chek le sont par les Etats-Unis.

Que ce soit en Chine ou en Europe, la nomination du général Marshall en 1945 par le président Harry Truman a un impact très important. Le général profite de son mandat pour proposer, en 1947, un plan économique à l'Europe : le plan Marshall vise à apporter des ressources économiques à grande échelle à l'Europe pour qu'elle se reconstruise tout en évitant de finir entre les mains de l'Union soviétique. Cette aide apparaît indispensable pour contrôler le « *dollar gap* ». Ce manque de liquidité qui avait pour conséquence : a) de ralentir le commerce international et donc b) de diminuer la croissance et, si ce phénomène n'était pas contrôlé, c) de pousser les Etats dans la récession[152]. Si un pays est en récession, cela veut dire que moins de biens et de services sont créés et, par conséquent, le pays s'appauvrit économiquement,

---

[151] Alors que le Conseil de l'Europe est en train de se constituer, l'Union soviétique constate « l'échec de sa politique berlinoise. Le trafic journalier du 'pont aérien' avait atteint 5000 tonnes en janvier et pouvait être porté à 10 000. » (*ibid.*, p. 69) L'Union soviétique lève donc le blocus le 12 mai 1949. Cependant, la question berlinoise ne trouve son dénouement qu'à la chute du mur de Berlin, en 1989.

[152] La récession est une « période d'au moins deux ans pendant laquelle l'écart de production cumulé atteint au moins 2 % du PIB et la production devient inférieure d'au moins 1 % à la production potentielle durant une année au moins », OCDE, *Perspectives économiques de l'Organisation de coopération et de développement économiques*, 2008, p. 31.

ce qui peut le pousser à adopter une politique économique de fermeture par une hausse des taxes sur les importations. Cette décision risquait de mettre en péril les espoirs économiques des Etats-Unis.

Du 27 juin au 2 juillet 1947, la Grande-Bretagne et la France acceptent l'offre des Etats-Unis lors de la Conférence à Paris mais l'Union soviétique s'insurge contre cette proposition qui porte atteinte, selon elle, à l'indépendance nationale des Etats et la considère plus tard comme une manifestation de l'impérialisme américain pour établir sa domination économique et politique sur l'Europe. Dans le discours[153] du représentant russe Jdanov le 22 septembre 1947, la dénomination des deux camps se cristallise : face aux « capitalistes » ou « impérialistes », il y a les « anticapitalistes » ou « anti-impérialistes ». Dans cette perspective, le but inavoué des Américains est d'encercler l'Union soviétique et de lui mener la guerre ; une crainte russe qui perdure aujourd'hui envers l'Organisation du Traité de l'Atlantique nord. La réaction soviétique est rapide puisque, dès le 22 septembre 1947, l'Union soviétique crée le Kominform qui est un organe de liaison (et non pas de direction) à l'échelle européenne soumis directement à l'influence russe.

Entre 1945 et 1951[154], les Etats-Unis consacrent environ 24 milliards de dollars (dont 15 milliards étaient des dons et 9 des prêts) au rétablissement de l'Europe. Ce soutien est une réponse à l'Organisation européenne de coopération économique (qui deviendra l'Organisation de coopération et de développement économiques). Cette énorme aide permet à l'Europe de se relever économiquement et la pousse à se concevoir comme entité unique et autonome. Cela contribue à créer les prémices de ce qui deviendra plus tard l'Union européenne[155]. Ainsi, on voit que les représentants des Etats-Unis, sans oublier leurs intérêts nationaux[156], ont non seulement aidé les Etats européens ainsi que la Russie à gagner la guerre contre les partisans de l'Axe à travers le Prêt-Bail, c'est-à-dire environ 50 692 milliards de dollars[157], mais également à reconstruire l'Europe après la guerre, hormis la Russie qui refuse cette dernière aide.

---

153 J.-B. Duroselle & A. Kaspi, *op. cit.*, p. 60–61.
154 G. Bossuat, *op. cit.*, p. 139 et p. 155.
155 *Ibid.*, p. 72.
156 *Ibid.*, p. 121.
157 *Ibid.*, p. 28.

Face à cette situation très tendue entre le bloc de l'Est et le bloc de l'Ouest, force est de constater que l'Organisation des Nations unies dont les membres du Conseil de sécurité se rencontrent le 25 octobre 1948[158] se trouve impuissante face au veto soviétique qui bloque toute résolution du problème d'aide financière. Cette séparation en deux camps est aussi accentuée par d'autres dissensions qui concernent les autres pays d'Europe, mais aussi du Proche, Moyen et Extrême-Orient. La démobilisation rapide des Américains dans ces régions, qui n'avait pas été suivie par une démobilisation correspondante des armées soviétiques, rendait l'atmosphère pleine d'incertitudes et de méfiance[159]. Une méfiance qui, malgré la chute de l'Union soviétique en 1991, perdure et se ravive parfois entre la Russie et les Etats-Unis.

[158] J.-B. Duroselle & A. Kaspi, *op. cit.*, p. 65.
[159] *Ibid.*, p. 55–56.

II. La construction des droits humains

La construction des droits humains au sein du système onusien commence par la Déclaration universelle des droits de l'homme et se poursuit aujourd'hui. Si le respect universel des droits humains et des libertés fondamentales pour toutes et tous, sans distinction de « race », de sexe, de langue ou de religion, est déjà évoqué dans la Charte des Nations unies (préambule ; article premier ; art. 55) et qu'un des organes principaux de l'ONU alors créé – le Conseil économique et social – a spécifiquement la fonction de proposer à l'Assemblée générale des recommandations et des projets de convention relatifs aux droits humains (art. 64 ; art. 68), la Déclaration universelle des droits de l'homme accompagnée du Pacte international relatif aux droits civils et politiques et du Pacte international relatif aux droits économiques, sociaux et culturels posent les pierres angulaires des droits humains au niveau international. En effet, bien que leur histoire juridique soit antérieure à la formation de l'ONU puisqu'on en trouve les prémices[160] dans la Déclaration des droits d'Angleterre dite « Bill of Rights » (1689) et qu'une approche philosophique[161] propose une antériorité bien plus éloignée encore avec, notamment, un esprit des droits humains dans les multiples traditions orales du monde, ce n'est qu'après la Seconde Guerre mondiale que les droits humains intègrent l'égalité entre hommes et femmes[162]

[160] F. Rouvillois, *op. cit.*

[161] J. Hersch, *Le droit d'être un homme : Recueil de textes*, UNESCO, 1968.

[162] A l'exclusion des femmes, tous les hommes (y compris de classe sociale distincte) étaient considérés comme égaux en droits dans la Déclaration des droits de l'homme et du citoyen de 1789, voir L. Hunt, *op. cit.*, 2007. Cette Déclaration ne sera que tardivement insérée dans la Constitution française (1946) et n'entrera dans le corpus du droit positif qu'en 1971, voir V. Zuber, *Le culte des droits de l'homme*, Gallimard, 2014.

et acquièrent une densité normative pour tendre vers leur opposabilité. En effet, des mécanismes de mise en œuvre sont créés à cet égard, tels que les différents comités de traités et les différents rapporteurs spéciaux.

A. La Déclaration universelle des droits de l'homme (1948)

La Déclaration universelle des droits de l'homme marque le début du processus de construction des droits humains au niveau onusien. Adoptée par l'Assemblée générale à Paris le 10 décembre 1948 en tant que résolution A/217 A (III), elle constitue le texte étiologique de l'ONU. En grec ancien, αἰτία (aitía) veut dire « cause » et αἰτιολογία (aitiología) « recherche des causes ». Ainsi, la Déclaration exprime les causes des droits humains, marque leur point zéro pour le système onusien et pose les conditions particulières de leur énonciation au niveau global. Si son adoption par l'Assemblée générale lui confère immédiatement une grande autorité morale et politique, sa légitimité juridique ainsi que sa dimension normative se construisent ultérieurement, en particulier par le biais de la dissémination répétée de son invocation. Aujourd'hui invoquée au niveau mondial, la Déclaration rappelle non seulement les origines des droits humains au niveau onusien mais aussi la responsabilité des différents acteurs à leur égard.

A la fin de la Seconde Guerre mondiale, les dirigeants des Etats ayant approuvé la Charte des Nations unies, c'est-à-dire les 51 membres fondateurs[163] de l'Organisation des Nations unies, décident de renforcer les mécanismes onusiens pour éviter la reproduction des atrocités de la guerre et garantir les droits de chaque personne en tout lieu et en tout temps. Pour concrétiser

---

[163] Cinquante membres sur 51 ont signé la Charte des Nations unies, la Pologne n'avait pas encore de gouvernement qui pouvait ratifier le texte. Les membres fondateurs sont : Argentine, Australie, Belgique, Bolivie (Etat plurinational de), Brésil, Biélorussie, Canada, Chili, Chine, Colombie, Costa Rica, Cuba, République tchèque, Danemark, République dominicaine, Equateur, Egypte, El Salvador, Ethiopie, France, Grèce, Guatemala, Haïti, Honduras, Inde, Iran, Irak, Liban, Libéria, Luxembourg, Mexique, Pays-Bas, Nouvelle-Zélande, Nicaragua, Norvège, Panama, Paraguay, Pérou, république des Philippines, Pologne, Arabie saoudite, République arabe syrienne, Turquie, Ukraine, Afrique du Sud, Union des Républiques socialistes soviétiques, Royaume-Uni de Grande-Bretagne et d'Irlande du Nord, Etats-Unis, Uruguay, Venezuela, République fédérale socialiste de Yougoslavie.

cette volonté, le Conseil économique et social détient les prérogatives nécessaires de la prise en charge. En effet, selon l'article 68 de la Charte : « Le Conseil économique et social institue des commissions pour les questions économiques et sociales et le progrès des droits de l'homme ainsi que toutes autres commissions nécessaires à l'exercice de ses fonctions. » De par ses fonctions, le Conseil économique et social crée en son sein la Commission des droits de l'homme[164] chargée alors de rédiger une Déclaration internationale des droits de l'homme. Comme l'Assemblée générale possédait aussi un projet de Déclaration sur la liberté et les droits fondamentaux, elle décide durant sa première session[165] en 1946 de donner le mandat de la rédaction au Conseil économique et social afin de le transmettre à la Commission des droits de l'homme.

La Commission des droits de l'homme confie la tâche de rédiger le projet d'une Déclaration internationale à un comité de rédaction constitué de neuf membres en provenance de divers pays : Eleanor Roosevelt (présidente du comité de rédaction, femme socialement très engagée et veuve du président américain Franklin D. Roosevelt), Peng Chung Chang (ou Zhang Pengchun) (vice-président du comité de rédaction, philosophe confucéen, diplomate et dramaturge chinois), Charles Habib Malik[166] (rapporteur du comité de rédaction, diplomate, philosophe, théologien chrétien orthodoxe libanais), René Cassin (rédacteur de la première version de la Déclaration universelle des droits de l'homme, juriste et diplomate français), John Peters Humphrey (principal rédacteur du premier projet de Déclaration internationale des droits de l'homme, directeur fondateur de la Division des droits de l'homme de l'Organisation des Nations unies et avocat canadien), Charles Dukeston (syndicaliste anglais), Alexander Efremovitch Bogomolov (diplomate soviétique et professeur de philosophie), Hernán Santa Cruz (éducateur et juge chilien) et William Hodgson (diplomate australien).

---

164 E/RES/5(I), le 16 février 1946, en même temps, la Sous-Commission sur la condition de la femme appartenant à la Commission des droits de l'homme est créée. La Sous-Commission deviendra une commission à part entière en juillet 1946.

165 A/RES/43(I), première session, cinquante-cinquième séance plénière de l'Assemblée générale, le 11 décembre 1946.

166 G. Mitoma, « Charles H. Malik and human rights : Notes on a biography », *Biography* 33 (1), 2010, p. 222–241 ; P. G. Lauren, *The evolution of international human rights : Visions seen*, University of Pennsylvania Press, 2011.

Les membres du comité de rédaction, bien qu'ayant des visions du monde différentes, ont la nécessité de se mettre d'accord pour promouvoir un « idéal commun » à atteindre pour l'humanité entière. La pluralité de positions face au projet d'un texte à portée normative globale et constituant la base de nombreux documents à portée juridique se raconte notamment dans les mémoires d'Eleanor Roosevelt[167] :

> « *Dr. Chang was a pluralist and held forth in charming fashion on the proposition that there is more than one kind of ultimate reality. The Declaration, he said, should reflect more than simply Western ideas and Dr. Humphrey would have to be eclectic in his approach. His remark, though addressed to Dr. Humphrey, was really directed at Dr. Malik, from whom it drew a prompt retort as he expounded at some length the philosophy of Thomas Aquinas. Dr. Humphrey joined enthusiastically in the discussion, and I remember that at one point Dr. Chang suggested that the Secretariat might well spend a few months studying the fundamentals of Confucianism !* »

A travers le témoignage d'Eleanor Roosevelt, on constate la critique qu'une seule forme de tradition de pensée occidentale soit représentée dans le projet de Déclaration. La référence ici à Thomas d'Aquin est importante dans la mesure où ce théologien et philosophe chrétien du XIIIe siècle avait le projet d'interpréter Aristote dans le but de fonder la théologie chrétienne en science. Comme le montrent Claude Lafleur et Joanne Carrier[168], l'idée soutenue par Thomas d'Aquin est que la nature de Dieu peut être étudiée soit en elle-même, soit par ses principes. Il serait possible d'accéder à sa connaissance par la révélation (« la théologie de l'Ecriture sacrée », c'est-à-dire la théologie) ou par la raison (« la théologie philosophique », c'est-à-dire la philosophie), entendant la première comme supérieure à la seconde. Si le désir de prouver rationnellement l'existence de Dieu se retrouve chez des auteurs postérieurs, la hiérarchie entre raison (ou lumière naturelle) et foi (ou lumière surnaturelle/révélée) apparaît inversée. C'est le cas de René Descartes au XVIIe siècle

---

167 E. Roosevelt, *The autobiography of Eleanor Roosevelt*, Da Capo Press, 1992, p. 317.

168 C. Lafleur & J. Carrier, « Dieu, la théologie et la métaphysique au milieu du XIIIe siècle. Selon des textes épistémologiques artiens et thomasiens », *Revue des sciences philosophiques et théologiques* 2 (89), 2005, p. 284.

qui recourt à l'argument ontologique[169] qui sera réfuté car étant de nature tautologique et finalement abandonné au cours du temps. C'est aussi le cas de George Boole, le père de l'informatique qui fonda au XIXe siècle la logique moderne fondée sur une structure sémantique et algébrique. Sa motivation, bien que donnant des résultats scientifiques fondamentaux encore tout à fait actuels, reste tributaire de sa foi.

Se fonder sur la hiérarchisation proposée par Thomas d'Aquin, c'est adopter une posture théologienne chrétienne qui considère la foi comme supérieure à la raison. C'est aussi poursuivre la classification des premiers chrétiens qui expliquent les analogies entre les pratiques chrétiennes et les pratiques païennes par l'essence divine des premières et l'essence diabolique des dernières. Par voie de conséquence, les premières deviennent les seules pratiques vraies, justes et bonnes alors que les dernières deviennent fausses, injustes et mauvaises. Au sein du comité de rédaction de la Déclaration, la position dogmatique théologienne se heurte à d'autres manières d'appréhender le monde et semble inquiéter une vision pluraliste des religions, des coutumes et du droit, comme en témoigne la réaction du représentant chinois. Peng Chung Chang, très au fait des différences et des similitudes entre les philosophies confucéennes, islamiques et chrétiennes du fait de son parcours de vie, insistera, tout au long du projet de Déclaration, pour qu'au nom de l'universalisme une philosophie du pluralisme[170] soit privilégiée, excluant dès lors toute allusion à la nature ou à Dieu. Si cette dernière vision finalement prédominera, de nombreux débats y étant relatifs continueront de traverser les organes onusiens, du Comité de rédaction à l'Assemblée générale en passant par la Commission des droits de l'homme et la Troisième Commission de l'Assemblée générale, chargée de la question sociale, humanitaire et culturelle :

---

169 L'argument ontologique, déjà proposé par Anselme de Cantorbéry au XIe siècle, appuie sa preuve sur la définition de l'être (*ontos* en grec ancien) de Dieu. Schématiquement, la logique repose sur le syllogisme suivant : 1) Si, par définition, Dieu est un être parfait et 2) si l'existence est constitutive de la perfection, alors 3) Dieu, en tant qu'être parfait, existe. L'argument ontologique a été largement réfuté au XVIIIe siècle par Emmanuel Kant. Le canevas argumentatif qui prédomine à l'ONU se fonde principalement sur les résultats de Kant.

170 P. Sun, « P. C. Chang's human rights philosophy of pluralism », *in* P. Sun, Historic Achievement of a Common Standard, Berlin, Springer, 2018, p. 291–325.

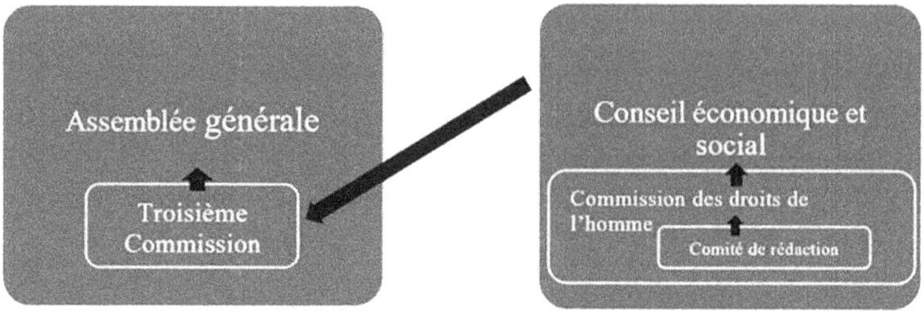

Figure 6 : le schéma des organes onusiens construisant la DUDH

Pour comprendre en profondeur le processus de rédaction de la Déclaration concernant les femmes et les religions, certains ouvrages[171] de la littérature secondaire sont particulièrement éclairants. Afin de mettre en évidence la construction normative de la Déclaration universelle des droits de l'homme qui parvient à aplanir, par la discussion, les controverses touchant en particulier les droits des femmes et la liberté de pensée, de conscience et de religion, nous mettons en évidence quatre débats étroitement liés ayant eu lieu lors du processus de rédaction. Le premier débat concerne la dimension universelle des valeurs fondamentales de la Déclaration et se concentre sur le préambule et l'article premier. Le deuxième débat concerne le droit à la vie et se concentre sur l'article 3. Le troisième débat concerne le droit de la famille et se concentre sur l'article 16. Enfin, le dernier débat concerne le droit à la liberté de pensée, de conscience et de religion et se concentre sur l'article 18. Cinq grandes questions s'imbriquent et traversent ces débats : 1) l'origine de l'humanité, 2) l'origine du mariage, 3) l'égalité en dignité et en droits entre hommes et femmes, 4) le droit à l'avortement et 5) le droit de changer de religion. Lors de la rédaction, il a été possible de trouver des compromis sur ces cinq questions controversées grâce au sentiment partagé

[171] E. de Jonge « La Déclaration universelle des droits de l'homme comme l'expression d'une vision du monde : une approche topique et génétique », *Argumentation et Analyse du Discours* 4, 2010, mis en ligne le 15 avril 2010, consulté le 7 mai 2024 : https://journals.openedition.org/aad/956 ; F. De Smet, *Les droits de l'homme : Origines et aléas d'une idéologie moderne*, Cerf, 2001 ; J. Morsink, *The Universal Declaration of Human Rights : Origins, drafting, and intent*, University of Pennsylvania Press, 1999 ; M. Agi, *René Cassin : Fantassin des droits de l'homme*, Plon, 1979 et A. Verdoodt, *Naissance et signification de la Déclaration universelle des droits de l'homme*, Edition Warny, 1964.

par les représentants des gouvernements en présence d'une nécessité à créer un cadre philosophique commun pour l'humanité entière. Ce socle commun devait permettre la coexistence des différentes approches. Excepté sur les questions[172] 3 et 5, il a été possible de trouver un accord. Le point 3 restera problématique pour certaines délégations alors que le point 5 trouvera un dénouement favorable lors de la rédaction des Pactes internationaux en effectuant un glissement de la formulation. Plutôt que « changer » de religion, il sera permis de « choisir » sa religion.

1) Le premier débat : la dimension universelle des valeurs fondamentales (préambule et article premier)

Le premier débat qui retient notre attention relève de la dimension universelle des valeurs fondamentales visible lors du processus de rédaction du préambule et de l'article premier. Si le résultat final met en évidence la nécessité d'un idéal commun à atteindre qui s'appuie sur le respect universel et effectif des droits humains, la foi dans les droits fondamentaux de l'homme et les trois valeurs fondamentales de dignité, d'égalité et de liberté, l'ordre de causalité retient certaines critiques. Si la volonté d'élever la Déclaration à un niveau indiscutable et anhistorique est visible dans le choix des termes « universel », « fondamental », « idéal commun », etc., et des agencements rhétoriques tels que des propositions générales comme « considérant que », il s'agit là d'une caractéristique de toutes les Déclarations des droits humains. Cette volonté s'accompagne du procédé d'« autoévidence »[173] qui renverse l'ordre de causalité. Cela serait par méconnaissance et mépris des droits humains que les nazis auraient commis des actes barbares, cela ne serait pas parce que les nazis ont commis des actes barbares que les droits humains visibles dans la Déclaration auraient été produits. Pourtant, le contexte historique spécifique à la rédaction de la Déclaration se devine entre les lignes. Le processus de rédaction et la version finale de la Déclaration s'inscrivent en faux contre le nazisme et les tentatives génocidaires produites par les Etats.

---

172 Nous n'abordons pas dans l'ouvrage la question du racisme, mais l'égalité entre les « races » est aussi un élément controversé qui n'a pas réussi à convaincre les diplomates sud-africains de l'époque.

173 L. Hunt, *op. cit.*, 2007, p. 19–22.

Par la production d'une nouvelle déclaration des droits humains, une vision renouvelée de ceux-ci émerge. Cette vision pluraliste oppose, d'un côté, les limites de l'humanité – le barbarisme – aux règles qui appartiennent à la « famille humaine » de l'autre côté – les droits humains. Si le titre de la Déclaration introduit immédiatement la notion d'universalité, il est intéressant de noter que ce choix est le fruit d'un glissement plus que d'une préméditation[174]. Initialement, l'objectif était de rédiger une Charte *internationale* des droits de l'homme. Pourtant, comme le but n'était pas seulement de rassembler les représentants des Etats-nations autour d'un texte mais de protéger les êtres humains du monde entier, le titre du texte intégrera la dimension universelle. Le sujet désigné par cette Déclaration n'est donc pas l'Etat, mais l'être humain. Par ailleurs, ce dernier n'est pas perçu comme un simple citoyen d'un Etat, ce qui était le cas dans les déclarations précédentes, mais comme un être indépendant de son Etat et ayant des droits inaliénables[175] qui seront protégés juridiquement au niveau international. Ces droits appartiendraient à tout être humain dès la naissance, sans considération de religion, « race » ou sexe. Ainsi, l'être humain posséderait une dignité intrinsèque, séparée de tout aspect social[176], qu'il s'agirait de protéger.

De par la forme négociée de ce texte, de par sa paradoxalité entre son appartenance à un contexte historique et une volonté de déshistoriciser sa portée, la Déclaration universelle des droits de l'homme porte en elle les germes d'un grand débat actuel qui oppose, schématiquement, deux positions : d'une part, la Déclaration se dit et serait effectivement universelle car il est possible de retrouver des équivalents philosophiques ou religieux dans le monde entier[177] ; d'autre part, la Déclaration se dit universelle mais serait, en fait, occidentale car elle révèle en creux les événements historiques et, par

---

174 E. de Jonge, *op. cit.*, p. 13. Il est intéressant de noter que René Cassin est à l'origine de cette proposition.

175 D. Ellerman, « Inalienable rights : A litmus test for liberal theories of justice », *Law and Philosophy* 29 (5), 2010, p. 571–599.

176 Cette question est abordée dans le contexte asiatique par M. Y. K. Lee, « Universal human dignity : Some reflections in the Asian context », *Asian Journal of Comparative Law* 3 (1), 2008, p. 283–313.

177 J. Hersch, *op. cit.*

conséquent, la vision des vainqueurs de la Seconde Guerre mondiale. Alors que le premier argument est affaibli par le fait que la Déclaration rejette la légitimité desdits équivalents au niveau juridique international, le dernier argument est affaibli par différents éléments. Premièrement, les Etats ont tous signé la Déclaration, à quelques exceptions près. Deuxièmement, si cette signature est peut-être le fruit d'une dépendance économique avec les Etats occidentaux, ne laissant pas le choix de refuser, un nombre important d'Etats ont été reconnus comme Etats grâce à leur adhésion. Les nouveaux Etats ont tiré profit de la reconnaissance offerte par l'Organisation des Nations unies pour construire et constituer leur propre existence.

Entre 1948 et aujourd'hui, un grand nombre d'Etats ne pouvaient pas être représentés à l'Organisation des Nations unies soit parce que les grandes puissances mettaient un veto à leur entrée[178], soit parce qu'ils n'étaient pas encore considérés comme des territoires autonomes ; c'était le cas, pendant plusieurs années, d'un grand nombre de pays africains. Ainsi, si l'universalité de la *forme* des droits humains visible dans la Déclaration universelle peut être légitimement contestée, considérer les droits humains comme non universels pourrait revenir à dire que les groupes de personnes allant à leur encontre sont légitimes. Critiquer non pas la Déclaration universelle des droits de l'homme mais les droits humains de façon générale en les considérant comme uniquement et strictement occidentaux sous-entend qu'ils ne préexistent pas ailleurs sous d'autres formes. Pour Raimundo Panikkar[179], cela revient à s'autoaccuser tacitement de ne pas posséder un concept aussi précieux.

---

178 Ph. Moreau Defarges, *op. cit.*, p. 20.

179 R. Panikkar, « La notion de droits de l'homme est-elle un concept occidental ? », *La revue du MAUSS* 13, 1999 [1982], p. 211–235.

Extrait 4 : le préambule et l'article premier de la Déclaration universelle des droits de l'homme adoptée par l'Assemblée générale (version définitive du 10 décembre 1948)

217 (III). Charte **internationale** des droits de l'homme

DÉCLARATION **UNIVERSELLE** DES DROITS DE L'HOMME

Préambule

Considérant que la reconnaissance de la dignité inhérente à tous les membres de la famille humaine et de leurs droits égaux et inaliénables constitue le fondement de la liberté, de la justice et de la paix dans le monde,

Considérant que la méconnaissance et le mépris des droits de l'homme ont conduit à des actes de **barbarie** qui révoltent la conscience de l'humanité et que l'avènement d'un monde où les êtres humains seront **libres de parler et de croire, libérés de la terreur et de la misère**, a été proclamé comme la plus haute aspiration de l'homme,

Considérant qu'il est essentiel que les droits de l'homme soient protégés par un régime de droit pour que l'homme ne soit pas contraint, en suprême recours, à la révolte contre la tyrannie et l'oppression,

Considérant qu'il est essentiel d'encourager le développement de relations amicales entre nations,

Considérant que dans la Charte les peuples des Nations unies ont proclamé à nouveau leur **foi dans les droits fondamentaux de l'homme**, dans la **dignité** et la valeur de la personne humaine, dans **l'égalité des droits des hommes et des femmes**, et qu'ils se sont déclarés résolus à favoriser le progrès social et à instaurer de meilleures conditions de vie dans une liberté plus grande,

Considérant que les Etats membres se sont engagés à assurer, en coopération avec l'Organisation des Nations unies, le respect universel et effectif des droits de l'homme et des libertés fondamentales,

Considérant qu'une conception commune de ces droits et libertés est de la plus haute importance pour remplir pleinement cet engagement,

L'Assemblée générale

Proclame la présente Déclaration universelle des droits de l'homme comme **l'idéal commun à atteindre par tous les peuples et toutes les nations** afin que tous les **individus** et tous les organes de la société, ayant cette

Déclaration constamment à l'esprit, s'efforcent, par l'enseignement et l'éducation, de développer le respect de ces droits et libertés et d'en assurer, par des mesures progressives d'ordre national et international, la reconnaissance et l'application universelles et effectives, tant parmi les populations des Etats membres eux-mêmes que parmi celles des territoires placés sous leur juridiction.

ARTICLE PREMIER
Tous les êtres humains naissent libres et égaux en dignité et en droits. Ils sont doués de raison et de conscience et doivent agir les uns envers les autres dans un esprit de fraternité.

Le 10 décembre 1948, l'Assemblée générale adopte la résolution A/RES/217 (III) sur la Déclaration universelle des droits de l'homme. Du fait que la Déclaration est encore placée sous le titre du point du jour intitulé Charte internationale des droits de l'homme, on perçoit immédiatement l'écart terminologique d'un projet passant d'une « Charte internationale » à la soumission d'une « Déclaration universelle ». Alors que le premier intitulé porte une contrainte juridique (une charte ou un traité international engage juridiquement les Etats signataires), le dernier intitulé perd cette dimension pour n'engager les Etats qu'au niveau politique (une déclaration n'a pas de portée juridique). Pour autant, deux déclinaisons contraignantes juridiquement sont prévues et verront le jour en 1966 : le Pacte international relatif aux droits civils et politiques et le Pacte international relatif aux droits économiques, sociaux et culturels. Par ailleurs, il importe de mettre en évidence l'écart entre le premier intitulé – qui a une portée internationale se cantonnant aux Etats signataires – et le dernier intitulé qui a une portée universelle n'engageant pas seulement les Etats mais aussi les individus à travers le monde. Plus qu'un simple écart terminologique, il pourrait s'agir d'un saut épistémique. L'être humain en tant qu'individu obtient le potentiel d'un sujet de droit au niveau international alors qu'au préalable seuls les Etats étaient reconnus comme tels.

Source : A/RES/217 (III), p. 71–72, résolution de l'Assemblée générale, 10 décembre 1948 (nous soulignons en gras).

Extrait 5 : la discussion relative au préambule à la Troisième Commission (30 novembre 1948)

Mlle Bernardino (République dominicaine) remercie les délégations qui ont soutenu l'amendement de la République dominicaine, tendant à mentionner explicitement au préambule de la déclaration l'égalité des droits des hommes et des femmes. Certaines délégations se sont déclarées en faveur du principe contenu dans cet amendement, tout en estimant qu'il ne serait pas à sa place dans le préambule. Ces délégations ont eu la même attitude à San Francisco, lors de l'élaboration de la Charte des Nations unies. **Mlle Bernardino estime que cette attitude résulte du désir de ne pas accorder aux femmes des droits égaux à ceux des hommes.**

Si la délégation de la République dominicaine insiste avec une telle force sur son amendement, c'est qu'elle se rend compte que dans certains pays **le terme 'toute personne' ne signifie pas nécessairement 'tout individu' sans distinction de sexe** ; en effet, certaines constitutions reconnaissent certains droits à 'toute personne', mais l'expérience montre que les femmes ne jouissent pas de ces droits, c'est le cas en particulier pour le droit de vote. Mlle Bernardino pense **qu'il est nécessaire d'énoncer ce principe explicitement**, de manière à rendre hommage au rôle que les femmes ont joué dans l'évolution culturelle du monde et à l'héroïsme dont elles ont fait preuve pendant la guerre.

Elle adresse à toutes les délégations un appel pour qu'elles adoptent l'amendement de la République dominicaine à l'unanimité.

M. Chang (Chine) désire formuler quelques observations sur les amendements proposés au premier considérant du préambule. Il rappelle qu'il a eu l'honneur de participer aux travaux de la Commission des droits de l'homme et que les membres de cette Commission avaient déjà estimé que ce premier considérant était trop long. Or, l'amendement des Pays-Bas aurait pour effet de rendre ce texte encore plus long et plus complexe.

En outre, si **le concept de l'origine divine de l'homme** devait figurer dans la Déclaration, il conviendrait de l'énoncer dans un paragraphe distinct, ce qui permettrait d'en souligner l'importance ; mais, comme certaines délégations l'ont fait remarquer, on ne peut se prononcer sur un problème aussi important par un vote qui ne tiendrait compte que des facteurs politiques ; **pour une telle question le nombre de voix accordé à chaque pays devrait être proportionnel à l'importance de sa population.**

[...]

M. SANTA CRUZ (Chili) trouve que le texte du préambule proposé par la Commission des droits de l'homme est satisfaisant dans l'ensemble et conforme au contenu de la Déclaration. Il estime que la plupart des amendements entraîneraient une refonte complète du texte initial.

Parmi les textes de substitution, il relève que celui de l'Equateur ne mentionne pas les droits économiques et sociaux, qui figurent en revanche dans l'amendement de l'URSS. La Commission pourrait s'inspirer utilement de ce dernier amendement pour améliorer le texte du préambule.

Après avoir donné son appui à l'amendement de la République dominicaine, le représentant du Chili souligne la difficulté qu'il y aurait à adopter la proposition des Pays-Bas, tendant à mentionner l'origine divine de l'homme. Il rappelle que le Chili, dont **la majeure partie de la population est sincèrement catholique, a une constitution qui ne mentionne pas la Providence, par respect pour les convictions d'une minorité importante**. C'est pour une raison analogue que la délégation du Chili n'appuie pas l'amendement des Pays-Bas.

Répondant aux objections soulevées contre l'amendement commun du Chili et de Cuba, M. Santa Cruz fait observer que l'adoption de ce texte ne risquerait pas d'encourager les mouvements subversifs contre l'ordre légitimement établi. La notion de souveraineté nationale est, en effet, explicitement sauvegardée par l'article 20 de la Déclaration, et les articles 27 et 28 sont conçus pour défendre l'ordre public dans les sociétés démocratiques. Rien dans l'amendement en question n'est de nature à encourager une rébellion contre un régime véritablement démocratique, issu du suffrage universel et respectueux des droits de l'homme ; cet amendement ne vise que **le droit de s'insurger contre la tyrannie, ou l'oppression, érigée en système : un tel droit est légitime et sacré**.

En s'opposant à l'adoption de cet amendement, on ne ferait que légitimer implicitement les actes de tyrannie et d'oppression ; en l'adoptant, on donnerait, par contre, un espoir aux millions d'êtres humains qui souffrent de l'oppression.

M. BOGOMOLOV (Union des Républiques socialistes soviétiques) déclare que l'amendement des Pays-Bas n'est pas seulement inacceptable pour certaines délégations du point de vue philosophique ; il est également incompatible avec les constitutions d'un certain nombre de pays, qui ont proclamé la séparation de l'Eglise et de l'Etat.

Le représentant de l'URSS donne son appui à l'amendement de la République dominicaine. Il n'a pas d'objection contre la modification du texte anglais qu'a proposée le représentant du Royaume-Uni.

[…]

M. Carrera Andrade (Equateur) fait observer que l'amendement de la France au deuxième paragraphe, qui **condamne le nazisme et le racisme, passe sous silence d'autres systèmes aussi criminels, tels que le fascisme italien et le militarisme japonais**. Toute énumération de ce genre risquant d'être incomplète, il serait préférable de l'exclure du préambule.

M. Carrera Andrade estime que certaines expressions employées dans l'amendement de l'Australie pourraient être substituées aux mots correspondants du texte original de la Commission des droits de l'homme.

Il appuie chaleureusement l'amendement commun de Cuba et du Chili qui est de nature à toucher le cœur des hommes.

Examinant ensuite les objections faites au texte proposé par sa délégation, M. Carrera Andrade fait remarquer que, même si l'on omet certaines idées exprimées par les deux premiers paragraphes du texte initial, le préambule ne perd rien de sa force. Répondant au représentant du Royaume-Uni, qui a demandé certaines précisions, le représentant de l'Equateur explique que par l'expression 'norme juridique', sa délégation entend le cadre juridique dans lequel se déroule la vie d'une nation.

M. Beaufort (Pays-Bas) tient à dissiper certains malentendus au sujet de son amendement. **Le représentant de la France a dit qu'il n'y a pas lieu de se prononcer sur une question aussi controversable que l'origine de l'homme. Ce n'est pas sur cette question même que la Commission serait appelée à voter, mais sur l'opportunité de mentionner dans le préambule l'origine et la destinée de l'homme.**

De même, il est incorrect de dire que la Commission a déjà pris une décision sur ce point, lorsqu'elle a examiné l'amendement du Brésil (A/C.3/215) à l'article premier du projet de déclaration ; sans doute, certaines délégations ont fait connaître leurs vues. Mais la Commission dans son ensemble n'a pu donner son avis, étant donné que l'amendement du Brésil avait été retiré.

Par ailleurs, le représentant des Pays-Bas ne partage pas l'opinion de ceux qui pensent qu'il faudrait éliminer les questions controversées afin de réaliser l'unanimité. L'accord est-il réellement impossible entre ceux qui croient que tout être humain a certains droits inaliénables et ceux qui affirment que l'homme n'est qu'un moyen et que l'Etat est une fin en soi ?

A tous ceux qui ont souligné la diversité des conceptions et des croyances, M. Beaufort répond que son amendement est conçu de telle manière qu'il puisse être accepté par la majeure partie de la population de tous les pays, car **il est compatible avec toutes les religions et même avec les conceptions de ceux qui croient à l'existence d'un Etre suprême pour des raisons d'ordre strictement philosophique. L'expérience amère d'un passé récent montre le danger qu'il y a à laisser prévaloir la conception matérialiste monstrueuse, qui fait de l'homme un simple moyen au service de l'Etat.**

Répondant à l'observation selon laquelle **certains préfèrent la physique à la métaphysique et désirent fonder les droits de l'homme sur une base scientifique, M. Beaufort répond que la science doit servir à des fins qui ne sont pas seulement matérielles, mais également spirituelles. Si l'homme oublie ce fait important, il ne pourra pas demeurer le maître de la création. L'homme est, en fait, en train de détruire la vie humaine et celle d'autres êtres par les productions de son propre esprit, alors que le progrès scientifique ne peut que profiter à tous si ses résultats sont appliqués dans l'esprit qui convient** ; c'est précisément **cet esprit** que la délégation des Pays-Bas voudrait faire entrer dans la déclaration.

Néanmoins, étant donné que son amendement n'a pas rencontré la faveur de la plus grande partie des membres de la Commission, le représentant des Pays-Bas n'insiste pas pour qu'il soit mis aux voix.

Relativement au préambule, le 24 septembre 1948, soit quelques mois avant l'adoption finale de la Déclaration universelle, l'Assemblée générale renvoie le projet de Déclaration internationale des droits de l'homme à sa Troisième Commission traitant des questions sociales, humanitaires, culturelles et des droits humains. Le 30 novembre 1948 à 15 h, la Troisième Commission se réunit pour la cent soixante-sixième séance de sa troisième session au Palais de Chaillot à Paris. Les membres discutent du point 94 qui concerne le projet de Déclaration internationale des droits de l'homme (E/800). Deux éléments ressortent des discussions entre les représentants d'Etats membres.

Premièrement, la question de la mention, dans le préambule, de l'égalité en dignité et en droits entre hommes et femmes est largement favorisée par les représentant-e-s de la République dominicaine (Mlle Minerva Bernardino) (p. 771), l'Inde (M. Kumara Padma Sivasankara Menon) (p. 778) et la Nouvelle-Zélande (Mme Mabel Annie Newlands) (p. 778). Le représentant de Cuba

(M. Guy Pérez Cisneros) (p. 778) rappelle par ailleurs que la paternité de cet amendement égalitariste est le fruit de sa délégation en partenariat avec celles de la République dominicaine, du Brésil et du Mexique.

Dernièrement, la question de la mention de Dieu dans le préambule est largement discutée pour faire suite à la proposition d'un amendement des Pays-Bas (M. Leo Josephus Cornelis Beaufort) qui voulait modifier le premier paragraphe du préambule en insérant l'idée que les droits humains sont « fondés sur l'origine divine et la destinée immortelle de l'homme » (4/C.3/219, amendement soumis le 4 octobre 1948). Cette proposition rejoint celle du Brésil, soumise peu avant, qui rappelle que les humains sont « créés à l'image et à la ressemblance de Dieu, ils sont doués de raison et de conscience, et doivent agir les uns envers les autres dans un esprit de fraternité » (A/C.3/215). Le représentant des Pays-Bas explique sa proposition en considérant (p. 776) que le progrès scientifique est actuellement destructeur alors qu'il devrait servir à des fins matérielles *et* immatérielles. L'origine divine de l'humanité est contrée par le représentant de la Chine (M. Peng Chung Chang) qui considère qu'une telle question devrait être décidée en fonction de l'importance de la population de chaque pays ainsi que par le représentant de l'Union soviétique (M. Alexander Efremovitch Bogomolov) qui considère que cela est incompatible avec la séparation de l'Eglise et de l'Etat. La position médiane que donne à voir le représentant du Chili (M. Hernán Santa Cruz) part de l'absence de la mention divine dans la Constitution de son pays afin de respecter l'importante minorité non catholique [*id est* la minorité que constituent les peuples autochtones du Chili]. Aux termes des discussions, l'amendement des Pays-Bas est abandonné. Il est intéressant de noter que le représentant du Brésil (M. Austregésilo de Athayde) se positionne en faveur de l'origine divine de l'humain *et* de l'égalité entre hommes et femmes (cf. A/C.3/SR.178, p. 876). Malgré de nombreuses dissensions, le président de la Troisième Commission, Charles Malik, parvient à faire fructueusement avancer les débats et, lors de la cent soixante-dix-huitième séance, la Troisième Commission adopte le texte dans son ensemble par 29 voix pour, aucune contre et 7 abstentions (A/C.3/SR.178).

Source : A/C.3/SR.166, p. 771, 774, 776–777 (nous soulignons en gras).

Extrait 6 : la discussion relative à l'article premier à la Commission des droits de l'homme (12 décembre 1947)

2. Declaration on Human Rights (Document E/CN.4/57) – Article 1.

Mrs. MEHTA (India) said she did not like ***the wording 'all men'*** *or 'and should act towards one another like* ***brothers'****, she felt they* ***might be interpreted to exclude women****, and were out of date.*

The CHAIRMAN [Eleanor Roosevelt] replied that ***the word 'men'*** *used in this sense was generally accepted to* ***include all human beings.***

Article 1 was adopted by 12 votes to 0, with 5 abstentions.

Replying to a request by the representative of Belgium for a ruling on the point raised by the representative of India, the CHAIRMAN said that the text of Article 1 had been approved without modification, but that a comment could be inserted if so desired.

Lord DUKESTON (United Kingdom) proposed that, ***in order to avoid further discussion on the subject, a note should be included at the beginning of both Documents to the effect that the word 'men', as used therein, referred to all human beings.***

Mr. BOGOMOLOV (Union of Soviet Socialist Republics) said that ***the formula was of an abstract and philosophic character. It was also contradictory. It repeated the ideas of the materialistic French philosophers of the eighteenth century*** *and ended by proclaiming a new philosophy. He was aware that abstract formulae were sometimes useful at the beginning of a document, but as such they should appear in the preamble. He could not accept that text as final.*

The CHAIRMAN observed that, as the Article had already been voted on, the remarks of the Soviet Union representative would be taken as an explanation of his vote.

Mr. DEHOUSSE (Belgium) pointed out that ***the eighteenth-century French philosophers were not all materialists. One example was Jean-Jacques Rousseau.*** *It was unreasonable to say that those responsible for the slogan 'Liberty, equality, fraternity' had not reached the idea of universal brotherhood.*

Mrs. MEHTA (India) said that she had no objection to the United Kingdom suggestion, but ***Article 1 was the only place in the Declaration where the expression 'men' appeared. She wished to have this changed to 'human beings' or 'persons'.***

A discussion followed as to the advisability of : (1) accepting the alteration suggested by the Indian representative ; (2) inserting a footnote to Article 1, or (3) adopting the proposal of the United Kingdom representative.

Mr. DEHOUSSE (Belgium) thought it was necessary to insert a footnote since firstly, the expression 'droit de l'homme' appeared repeatedly in the French version and, secondly, if the words 'human beings' were used, it would be logical to add 'brothers and sisters'.

The CHAIRMAN then put to the vote ***the proposal of the United Kingdom representative which was adopted by 12 votes to 1, with 3 abstentions.***

Relativement à l'article premier, le 12 décembre 1947 à 10 h, la Commission des droits de l'homme se réunit pour la trente-cinquième séance de la deuxième session au Palais des Nations à Genève (Suisse). Outre la présidente de séance, Eleanor Roosevelt alors désignée dans le document « Mrs. Franklin D. Roosevelt (United States of America) », plusieurs membres de la Commission prennent activement part à la discussion concernant les termes « hommes » et « êtres humains », dont la représentante de l'Inde (Hansa Jivraj Mehta, philosophe, membre de l'Assemblée constituante de l'Inde à la même époque et ancienne membre de la Sous-Commission onusienne sur la condition de la femme), le représentant de la Belgique (Fernand Louis Jean Dehousse, professeur de droit), le représentant du Royaume-Uni (Charles Dukeston, syndicaliste) et le représentant de l'Union soviétique (Alexander E. Bogomolov, diplomate).

La ténacité de Hansa Mehta permet la transformation de l'article premier allant des termes « tous les hommes *[men]* sont nés libres et égaux en dignité et en droits » (décembre 1947) vers « toutes les personnes *[people]*, hommes et femmes, sont nées libres et égales en dignité et en droits » (mai 1948) pour devenir finalement « tous les êtres humains *[human beings]* naissent libres et égaux et dignité et en droits » (décembre 1948). Alors que la première proposition est initialement favorisée par la majorité des membres suivant alors la représentante américaine qui considérait que le terme « *men* » inclut tous les êtres humains y compris les femmes, la proposition de Hansa Mehta considère cette appellation dépassée d'autant plus qu'elle était accolée à l'idée que les hommes « devraient agir entre eux comme des frères ». En se disant aller dans le sens du représentant britannique qui proposait une note en début de document expliquant le fait que le mot « *men* » se référait à tous les êtres humains, Hansa Mehta rappelle que l'article premier est le seul de tout le document qui utilise le mot « hommes » au lieu d'« êtres humains » ou « personnes ». Le 12 décembre 1947, la proposition d'une note explicative du représentant britannique est adoptée par une majorité.

Source : E/CN.4/SR.34, p. 4–6 (nous soulignons en gras).

Extrait 7 : les propositions à la Commission des droits de l'homme relatives à l'article premier (24 mai 1948)

COMMISSION ON HUMAN RIGHTS

Third session

INDIA AND THE UNITED KINGDOMS PROPOSED AMENDMENTS TO THE DRAFT DECLARATION ON HUMAN RIGHTS

GENEVA TEXT AS AMENDED BY DRAFTING COMMITTEE. (E/CN.4/95)	*PROPOSED TEXT*
Article 1 *All men are born free and equal in dignity and rights. They are endowed by nature with reason and conscience and should act towards one another like brothers.*	*Substitute :* *All people, men and women, are born free and equal in dignity and rights. They are endowed by nature with reason and conscience and should act towards one another in the spirit of brotherhood.*

Article 2
In the exercise of his rights everyone is limited by the rights of others and by the just requirements of the democratic state. The individual owes duties to society through which he is enabled to develop his spirit, mind and body in wider freedom.

Substitute :
The exercise of the rights and freedoms set forth in this Declaration shall be subject only to such restrictions as are necessary to secure due regard for the rights of others and the welfare and security of all.

Quelques mois plus tard, le 24 mai 1948, la représentante indienne Hansa Mehta et le représentant britannique Charles Dukeston (ou Charles Dukes) soumettent une proposition d'amendement de l'article premier à la Commission des droits de l'homme lors de la troisième session à Lake Success dans l'Etat de New York. Mise en parallèle avec la proposition antérieure du comité de rédaction, la proposition des deux représentants montre explicitement la demande de changement partant de « tous les hommes *[men]* sont nés libres et égaux en dignité et en droits », « doivent agir les uns envers les autres comme des frères » vers « toutes les personnes *[people]*, hommes et femmes, naissent libres et égales en dignité et en droits » et « doivent agir les unes envers les autres dans un esprit de fraternité ».

Source : E/CN.4/99.

Extrait 8 : la discussion à la Commission des droits de l'homme relative à l'article premier (27 mai 1948)

Article 1
Mrs. LEDON (Vice-Chairman of the Commission on the Status of Women) stated that at its session in January 1948, the Commission on the Status of Women had decided unanimously to request the Economic and Social Council to refer to the Commission on Human Rights the following amendments to Article 1 of the draft Declaration :

The words 'all people' should be substituted for 'all men', and 'in a spirit of brotherhood' for 'like brothers'. While her Commission realized that the term 'all men' had a general sense, there was a certain ambiguity in it and it would be better to use the more precise term, which, moreover, figured in the Charter.

The CHAIRMAN speaking as the representative of the United States of America, supported the retention of the text as adopted at the second session of the Commission with the minor drafting changes in the India-United Kingdom text, namely 'all people, men and women' in place of 'all men', and 'in the spirit of brotherhood' in place of 'like brothers'. In supporting those drafting changes, the United Kingdom delegation was expressing the principle of equality for men and women, and its conviction that discrimination against women had no place in the laws of any State. She wished to make it clear, however, that equality did not mean identical treatment for men and women in all matters; there were certain cases, as for example the case of maternity benefits, where differential treatment was essential.

Mr. SANTA CRUZ (Chile) supported the suggestion made by the representative of the Commission on the Status of Women.

He questioned the correctness of the conclusion drawn in Article 1, that men should act towards one another in a spirit of brotherhood because they were endowed by nature with reason and conscience, and thought the statement was open to controversy.

Mr. CASSIN (France) said that the French delegation had been conscious of the criticism which might be levelled at the words 'all men' and had therefore used the expression 'all members of the human family' in its draft of Article 1. That expression was all-inclusive and had the further advantage of stressing the inherent equality of human beings, a concept which had recently been attacked by Hitler and his ideological disciples.

The idea of the solidarity of men should be made explicit in the Article to convince the peoples of the world that the United Nations firmly believed in their essential brotherhood.

Although he could support the text prepared by the representatives of India and the United Kingdom which was, in his opinion, an improvement over the draft of Article 1 adopted at the second session of the Commission, he wished to have the French text of Article 1 put to the vote.

Mr. LEBEAU (Belgium) supported the French draft of Article 1, which, for reasons of common language and common juridical experience and tradition reflected his delegation's views better than either the Drafting Committee's text or that submitted by the United Kingdom and Indian representatives. Without wishing to minimize the effort expended in drafting them, he felt that those texts presented various difficulties ; the expression 'all people, men and women' used in the Indian-United Kingdom text would sound absurd if translated into French ('tous les hommes, hommes et femmes') ; furthermore, he felt that in trying to stress the idea of equality, the result was quite the opposite and created the impression of discrimination. The words 'all men' used in the Drafting Committee's text were preferable in his opinion, for that formula had been used in countless declarations in the past. In the Charter, 'human' rights, not rights of 'men and women', was used. He thought that a compromise could be reached if Article 1 were to start with the words 'all human beings'.

Mrs. MEHTA (India) pointed out that the text as presented by her delegation and that of the United Kingdom was essentially the same as that transmitted by the Economic and Social Council. She wished, however, to hear the opinion of the representative of the Commission on the Status of Women.

Mrs. LEDON (Vice-Chairman of the Commission on the Status of Women) thought that the terminology suggested by the Belgian representative covered the idea which the Commission on the Status of Women was anxious to see expressed in Article 1 of the Declaration.

Quelques jours plus tard, le 27 mai 1948 à 14 h 30 à Lake Success dans l'Etat de New York lors de la quinzième séance de la troisième session de la Commission des droits de l'homme, les membres poursuivent la discussion autour de la terminologie de l'article premier. La représentante de la Commission sur la condition de la femme, Amalia C. de Castillo Ledon (Mexique), soutient la position de Hansa Mehta. Elle relaie ainsi la position de la Commission sur la condition de la femme qui va à l'encontre de l'utilisation du terme « *men* » dans l'article premier. Dans ce sens, la proposition indienne et britannique est soutenue et la position du représentant belge Roland Lebeau, qui préfère le terme « *men* » en invoquant des raisons historiques et linguistiques, est contrecarrée. Pour autant, le compromis que ce dernier évoque, soit l'utilisation des termes « *all human beings* », sera finalement adopté en décembre 1948. Lors des discussions, la présidente de la Commission, Eleanor Roosevelt, précise cependant que l'égalité ne signifie pas un traitement identique pour les hommes et les femmes dans tous les domaines et que, dans certains cas comme les indemnités de maternité, un traitement différentiel est essentiel.

Source : E/CN.4/SR.50, p. 9–11 (nous soulignons en gras).

2) Le deuxième débat : le droit à la vie (art. 3)

Le deuxième débat qui retient notre attention relève de l'article 3 sur le droit à la vie et concerne ses limites puisqu'il ne s'agit pas d'un droit absolu. La version finale de l'article 3 retenue le 10 décembre 1948 par l'Assemblée générale n'évoque aucune limite particulière et ne précise pas le moment à partir duquel la vie d'un individu commence : « Tout individu a droit à la vie, à la liberté et à la sûreté de sa personne. » Cette disposition, générale et relativement allusive, est le fruit d'intenses discussions autour des limites. Si la question de la peine de mort est la limite qui vient certainement la première à l'esprit, en ce qui concerne les femmes et les religions, c'est celle de l'avortement qui retient notre plus grande attention. Entre 1947 et 1948, ces discussions traversent les organes de gouvernance, en particulier la Commission des droits de l'homme et le Comité de rédaction. Ainsi, le 12 décembre 1947 à 15 h au Palais des Nations à Genève lors de la trente-cinquième séance de la deuxième session de la Commission des droits de l'homme, un échange[180] entre délégués concernant le droit à la vie est effectué. Durant celui-ci, la question de l'avortement est largement débattue et on note deux positions contraires. D'une part, la position favorable à l'inscription d'une interdiction à l'avortement est portée par certaines organisations chrétiennes et certains représentants d'Etats sud-américains et d'autre part l'inscription d'un droit à l'avortement est relayée par certains représentants d'Etats nord-américains, européens et l'Union soviétique.

D'abord, M. Petrus Josephus Servatius Serrarens (dit Jos), représentant de la Confédération internationale des syndicats chrétiens fondée en 1920 qui se transformera en 1968 en Confédération mondiale du travail, considère que

[180] E/CN.4/SR.35, en particulier p. 12–15.

les lois domestiques favorables à l'avortement sont illicites et contraires à la raison humaine donnée par le Créateur. Il est suivi par le représentant du Chili, M. Eduardo Cruz Coke Lassabe, qui considère l'avortement comme un principe antiscientifique et contradictoire avec l'interdiction de priver un individu de sa vie. Concernant les exceptions de priver un individu de sa vie qui relèvent de l'avortement et qui sont alors discutées, on note les suivantes : 1) en cas de viol, 2) en cas de « naissance d'un enfant privé de raison » ou 3) en cas de naissance d'un enfant dont « les parents souffriraient d'une maladie mentale ». M. Eduardo Cruz Coke Lassabe critique ces exceptions en rappelant que les « hitlériens pratiquaient également ces interventions 'de bonne foi' », que « la plupart des femmes qui demandent l'avortement invoquent le prétexte du viol », qu'il n'est pas médicalement possible de savoir avant la naissance si un enfant va être ou non privé de raison [traduit en anglais par « *unsound mind* »] et que des personnes célèbres voire des génies sont nés de parents aliénés mentaux. L'avortement, en toute circonstance, serait donc une « honte » qu'il ne faut pas voir apparaître dans le texte du projet de Déclaration.

Enfin, Mme Bodil Gertrud Begtrup, présidente de la Commission de la condition de la femme, rappelle que « la législation d'un grand nombre de pays civilisés admet l'avortement » pour « sauver la vie de la femme ». Elle est suivie par Charles Dukeston, représentant du Royaume-Uni et syndicaliste, qui réfute les arguments contre l'avortement en considérant que de nombreuses législations permettent cet acte dans des cas bien déterminés, que l'utilisation du prétexte de viol pour avorter n'empêche pas le fait que des cas sincères existent, que la question de la prédiction médicale de la naissance d'enfants privés de raison est controversée et que les enfants de parents atteints d'aliénation mentale qui deviennent des génies sont l'exception plutôt que la règle.

L'idée de laisser les Etats décider spécifiquement sur cette question de l'avortement et la nécessité que le texte soit le fruit d'un compromis emportera finalement les voix au sein de la Commission des droits de l'homme et ces positions opposées seront rejetées lors de différents votes. Afin de permettre aux lecteurs du projet de Déclaration de se positionner, la présidente Eleanor Roosevelt propose de voter sur la suppression de la question de l'avortement – aucune disposition en faveur ou contraire à l'avortement ne sera alors visible – et d'insérer des commentaires dans le rapport. Cette position médiane sera celle qui prédominera dans le texte final.

Extrait 9 : la discussion relative à l'article 3, le droit à la vie, au Comité de rédaction (17 mai 1948)

M. SANTA CRUZ (Chili) estime que la Déclaration doit être aussi courte que possible. Cependant en ce qui concerne le droit à la vie, le Comité devrait donner quelques lignes d'explications. M. Santa Cruz désire que le Comité examine l'addition proposée par le Chili à Genève, à l'article 4. L'addition est la suivante :

> '**Les enfants à naître, les incurables, les faibles d'esprit et les fous ont droit à la vie.**
>
> Tout être humain a le droit de jouir de conditions d'existence qui lui permettent de vivre dans la dignité et de développer normalement sa personnalité.
>
> Les personnes incapables de subvenir à leurs besoins ont le droit d'être secourues et entretenues.'

Mlle SENDER (Fédération américaine du travail) fait remarquer que l'article sur l'esclavage ne tient pas compte du travail forcé. Elle propose que la condamnation du travail forcé soit incorporée dans l'article 4.

M. WU (Chine) se prononce en faveur de la constitution d'un sous-comité chargé de condenser la Déclaration. Il estime que l'article 4 devrait être aussi court et aussi simple que possible.

La PRÉSIDENTE ouvre la discussion sur la substance de l'article 4.

M. MALIK (Liban) propose la version suivante de l'article 4 :

> 'Tout homme a droit à la vie et à l'intégrité de son corps **dès le moment de sa conception, indépendamment de sa condition physique ou mentale** ; il a droit également à la liberté et à la sûreté de sa personne.'

M. SANTA CRUZ (Chili) appuie le principe exprimé par le délégué du Liban mais voudrait cependant inclure dans l'article 4 la notion de sécurité.

M. CASSIN (France) fait observer que la notion de 'la sûreté de la personne' ne se confond pas avec celle de la 'liberté de la personne'. M. Cassin se déclare prêt à accepter la proposition néerlandaise portant sur l'inclusion dans l'article des mots 'l'intégrité physique'. Il est d'accord sur le fond des propositions libanaise et chilienne, mais estime que la Déclaration ne devrait comporter que des notions emportant l'accord de tous.

M. SANTA CRUZ (Chili) fait remarquer que le Pacte international ne comportant pas d'articles relatifs à la sécurité, il est obligé d'insister sur l'inclusion de cette notion dans la Déclaration.

La PRÉSIDENTE parlant en tant que représentante des Etats-Unis estime que la Déclaration devrait être aussi courte que possible. La délégation des Etats-Unis accepterait d'inclure dans l'article 4 les mots 'l'intégrité physique', mais voterait contre toutes les autres propositions.

La PRÉSIDENTE met au vote la question de savoir si à la fin de la phrase 'tout individu a droit à la vie, à l'intégrité physique' ; on devrait ajouter : 'dès le moment de sa conception'.

M. PAVLOV (Union des Républiques socialistes soviétiques) fait observer que **les lois contre l'avortement n'existent pas dans tous les pays**. Il estime par contre que l'article 4 devrait comprendre la condamnation du chômage, de la faim, de la maladie, du fascisme, fléaux qui menacent des millions de vies.

M. MALIK (Liban) désire que le procès-verbal de la séance tienne compte des déclarations de la Chine, de l'Union soviétique et du Royaume-Uni relatives à l'article 4. M. Malik estime que les délégations de ces trois pays, bien que souhaitant omettre la phrase 'dès le moment de la conception', pour conserver à la Déclaration sa forme concise, considèrent que la notion est cependant impliquée par les termes généraux de l'article 4.

M. WU (Chine) souligne que la rédaction de l'article 4 'n'implique pas' l'idée exprimée par le délégué du Liban, mais la contient.

M. WILSON (Royaume-Uni) estime que la rédaction de l'article peut contenir cette idée mais ne la contient pas nécessairement.

La PRÉSIDENTE parlant en tant que représentante des Etats-Unis déclare que les termes de l'article 4 sont suffisamment larges pour comprendre les notions qu'un pays peut désirer adopter comme principes généraux. Elle estime qu'une rédaction concise et générale est la meilleure.

L'insertion des mots 'dès le moment de sa conception' a été rejetée par 6 voix contre 2.

L'insertion des mots 'indépendamment de sa condition physique ou mentale' a été rejetée par 6 voix contre 2.

Relativement au droit à la vie, quelques mois après, le 17 mai 1948 à 11 h à Lake Success dans l'Etat de New York, les membres du Comité de rédaction se réunissent pour leur trente-cinquième séance de la deuxième session. Lors de la discussion, une différenciation se forme entre, d'un côté, le représentant du Chili (Hernán Santa Cruz) et le représentant du Liban (Charles Habib Malik) qui soutiennent l'idée d'une protection des enfants dès leur conception ou avant leur naissance et, de l'autre côté, les représentants de la Chine (Monsieur T. Y. Wu dont nous n'avons pas trouvé de plus amples informations), de l'Union soviétique (Alexei P. Pavlov, professeur de droit), du Royaume-Uni (Geoffrey Wilson, avocat), des Etats-Unis (Eleanor Roosevelt) et de la France (René Cassin) qui soutiennent l'idée que la formulation définitive doit pouvoir comprendre les lois en faveur comme celles à l'encontre de l'avortement. La question spécifique du droit à la vie des personnes ayant des troubles mentaux ou psychiques, c'est-à-dire les individus dits « faibles d'esprit » ou « fous » dans les termes de Hernán Santa Cruz, est également abordée à ce moment-là et disparaîtra dans la terminologie choisie définitivement à l'Assemblée générale en décembre 1948.

Source : E/CN.4/AC.1/SR.35, p. 3–5 (nous soulignons en gras).

Le débat autour de la question du droit à la vie et de ses limites perdure jusqu'à aujourd'hui. Pour autant, la position onusienne semble toujours favorable à la sécurisation de la femme ou de la fille lors des avortements. Ainsi, en 2018, dans son Observation générale 36[181] sur l'article 6 (droit à la vie) du Pacte international relatif aux droits civils et politiques, le Comité des droits de l'homme – l'organe qui observe l'application du Pacte par les Etats parties – rappelle aux Etats leur devoir de réglementer l'avortement volontaire de manière à ne pas violer les droits des femmes enceintes, en garantissant un accès sûr et légal à l'avortement lorsque leur vie et leur santé sont en danger, ou en cas de grossesse résultant d'un viol, d'un inceste ou de non-viabilité. Les restrictions ne doivent pas mettre en danger la vie des femmes ni leur causer une souffrance physique ou mentale. Les Etats ne doivent pas adopter

[181] CCPR/C/GC/36, Observation générale 36 sur l'article 6, droit à la vie, adoptée entre le 8 octobre et le 2 novembre 2018 mais parue le 3 septembre 2019, voir surtout les paragraphes 8 et 9.

de mesures contraires à leur obligation de prévenir les avortements non sécurisés, de supprimer les obstacles à l'accès à un avortement légal et sécurisé, et de protéger la santé des femmes contre les risques liés à ce type d'avortement. Ils doivent également fournir des informations et une éducation en matière sexuelle et reproductive fondées sur des données factuelles, ainsi qu'un large éventail de contraceptifs abordables. Il est enfin rappelé aux Etats de garantir l'accès aux soins prénatals et postavortement de qualité, tout en préservant la confidentialité des patientes.

Le Comité chargé de veiller au respect de la Convention internationale des droits de l'enfant favorise également l'avortement médicalisé pour les enfants qui ont été violées ou victimes d'inceste[182] et la prévention des avortements non médicalisés[183]. En 2014, en s'inquiétant du cas d'une enfant de 9 ans ayant avorté, il demande au Saint-Siège de modifier le passage du Code de droit canonique concernant l'avortement[184] :

> « *54. Le Comité constate avec la plus vive préoccupation que, dans l'affaire de la fillette de 9 ans qui a dû subir d'urgence un avortement vital pour elle en 2009 au Brésil après avoir été violée par son beau-père, un évêque de Pernambuco (Brésil) a sanctionné la mère de la fillette ainsi que le médecin qui avait pratiqué l'avortement. Cette sanction a par la suite été approuvée par le préfet de la Congrégation des évêques de l'Eglise catholique romaine.*
>
> *55. Le Comité engage le Saint-Siège à reconsidérer sa position sur l'avortement, qui met manifestement en danger la vie et la santé des jeunes filles enceintes, et à modifier le canon 1398 sur l'avortement en vue de définir les circonstances dans lesquelles l'accès à des services d'avortement pourrait être autorisé.* »

Le canon 1398 est intégré dans le titre VI sur les délits contre la vie et la liberté humaines constituant la deuxième partie sur les peines pour des délits particuliers du livre VI sur les sanctions dans l'Eglise. La formulation est la suivante : « Qui procure un avortement, si l'effet s'ensuit, encourt l'excommunication *latae sententiae.* » Provoquer l'avortement médicalisé d'enfants qui ont été violées ou victimes d'inceste est une cause d'exclusion de la communauté chrétienne pour le Saint-Siège, et ce, sans que l'excommunication doive s'appuyer sur une décision judiciaire ou administrative chrétienne

---

[182] CRC/C/15/Add.149 (2001, Palau).
[183] CRC/C/KEN/CO/219 (2007, Kenya).
[184] CRC/C/VAT/CO/2 (2014, Saint-Siège).

(contrairement à l'excommunication *ferendae sententiae*). On peut en déduire que le Comité sur les droits de l'enfant favorisant l'avortement justifié en ces termes ne peut, par définition, appartenir à la communauté chrétienne. Dans les classifications chrétiennes, son comportement s'apparenterait à de l'hérésie.

De même, le Comité chargé de veiller au respect de la Convention pour l'élimination de la discrimination à l'égard des femmes recommande aux gouvernements de modifier la législation criminalisant l'avortement et de supprimer les mesures punitives imposées aux femmes qui subissent un avortement[185]. Pour autant, sa position ne prend pas l'avortement à la légère. En s'inquiétant du taux élevé d'avortements en Grèce, en particulier chez les adolescentes, il critique l'insuffisance des cours d'éducation sexuelle. Par ailleurs, il rappelle au Kirghizistan que l'avortement, c'est-à-dire l'interruption volontaire d'une gestation avant terme, ne doit pas être considéré comme une méthode de contraception, c'est-à-dire une façon de diminuer (ou éviter) la probabilité de fécondation.

Au niveau régional, sans être en mesure de comparer les positions des Cours interaméricaine, européenne et africaine – il n'existe pas de Cour pour la région asiatique[186] malgré des propositions[187] –, la Cour européenne des droits de l'homme rappelle en 2004[188] dans un cas concernant la France qu'il n'y a pas de consensus étatique sur la nature et le statut de l'embryon et/ou du fœtus. Le seul dénominateur commun serait son appartenance à l'« espèce humaine » de par sa potentialité et sa capacité à devenir une « personne » ; une potentialité protégée par certains droits civils tel le droit civil français en matière de succession ou de libéralités. Pourtant, la Cour considère qu'il n'est pas souhaitable ni actuellement possible de savoir si l'enfant à naître est une « personne » au sens de l'article 2 de la Convention. La définition du terme de « personne » est d'ailleurs problématique[189], non unanime au niveau des

185 A/54/38/Rev.1 (1999).

186 J. Dupouey, « Les droits de l'homme au sein de l'ASEAN, un régime protecteur en construction », *La Revue des droits de l'homme* 14, 2018, p. 1–23.

187 H. D. Phan, *A selective approach to establishing a human rights mechanism in Southeast Asia : The case for a Southeast Asian Court of human rights*, Brill, 2012.

188 Cour européenne des droits de l'homme, arrêt VO c. France, 2004, § 84–85.

189 C'est aussi le cas au niveau international, on ne peut savoir quand un embryon devient une « personne humaine », voir D. Scalia, « La place des victimes devant la CPI », *in* R. Kolb (éd.), Droit international pénal : précis, Bâle, Helbing Lichtenhahn Verlag, 2008, p. 319.

Etats membres du Conseil de l'Europe. C'est par conséquent le droit interne qui doit apporter des précisions. En droit français, une distinction est établie entre les notions d'« être humain » et de « personne », la première étant d'ordre biologique, la seconde d'ordre juridique. Pour autant, cette question reste controversée, notamment en bioéthique.

Dans notre perspective, on distingue d'abord schématiquement l'appartenance à l'espèce humaine qui renvoie à une taxinomie savante intégrant tous les êtres humains, soit tout être possédant les caractéristiques physiques et biologiques d'un *Homo sapiens sapiens*. Ensuite, l'appartenance à l'humanité qui renvoie au lien bioculturel que tout être humain entretient avec une, ou plusieurs, collectivité humaine particulière. Ainsi, si tout *Homo sapiens sapiens* est, par sa propension à la sociabilité, l'expression d'une humanité, cette dernière est modulée par la, ou les, collectivité en présence qui l'inclut ou l'exclut ; en sachant que toute inclusion reste fragile et constamment éprouvée. Enfin, l'être humain peut devenir une personne, dans un sens normatif. La qualification de personne, qui chevauche bien souvent celle d'être humain, est toujours tributaire des normes sociales, culturelles, éthiques et juridiques propres à chaque collectivité, ce qui la rend sujette à controverse en particulier lors de la naissance[190] et des interactions entre différents groupes culturels[191].

Les articulations différenciées entre l'espèce humaine et l'humanité évoluent par le biais de la reproduction bioculturelle. Elles sont parfois convergentes, parfois divergentes. Au niveau global, les collectivités agissent

---

190 Ainsi, alors que B. N. Schumacher, « Tout être humain est-il une personne ? Controverse autour de la définition de la personne dans la discussion éthique médicale contemporaine », *Laval théologique et philosophique* 61 (1), 2005, p. 107–134 considère que tout être humain est fondamentalement une personne, A. Giubilini & F. Minerva, « After-birth abortion : Why should the baby live ? », *Journal of Medical Ethics* 39 (5), 2013, p. 261–263 considèrent que les fœtus et nouveaux-nés sont des personnes potentielles et non pas déjà des personnes en tant que telles.

191 Ainsi, le cas des *gnando* au Bénin dont la traduction « enfants sorciers » n'est pas littérale puisque, précisément, ils ne sont pas considérés comme des êtres humains ni, par conséquent, comme des enfants par la collectivité au sein de laquelle ils naissent. Ces jeunes existants, considérés comme possédés par des sorciers, sont généralement tués à la naissance. A l'arrivée de missionnaires, des normes chrétiennes se sont superposées à cette norme locale et ont tenté de l'enrayer par la construction, notamment, d'orphelinats les accueillant. Aujourd'hui, principalement avec l'appui d'ONG chrétiennes, le cas des *gnando* est reconnu comme un problème d'infanticide au sein de l'ONU.

dans des mondes différents qui parfois se chevauchent. Elles composent des façons variées d'agir et de penser, des narrations diverses et des temporalités multiples. Les actions qu'elles ont sur les mondes en gérant les vivants et les morts entraînent des conséquences sur l'espèce humaine, l'environnement et la planète. A leur tour, les dynamiques planétaires et environnementales entraînent des comportements et des réactions des différentes collectivités qui, en outre, peuvent désormais aisément interagir entre elles. Les articulations entre la planète et le(s) monde(s)[192] sont donc tributaires des modes d'agir et des classifications humaines qui, quant à elles, sont constamment sujettes à des évolutions prédictibles et non prédictibles dont certaines, particulièrement importantes, sont le produit de changements environnementaux majeurs.

3) Le troisième débat : le droit de la famille (art. 16)

La question du droit à la vie pose la question du droit de la famille. L'article relatif au droit de la famille dans la Déclaration universelle des droits de l'homme est présenté de la manière suivante :

> « *Article 16.*
>
> 1. *A partir de l'âge nubile, l'homme et la femme, sans restriction quant à la race, la nationalité ou la religion, ont le droit de se marier et de fonder une famille. Ils ont des droits égaux au regard du mariage, durant le mariage et lors de sa dissolution.*
> 2. *Le mariage ne peut être conclu qu'avec le libre et plein consentement des futurs époux.*
> 3. *La famille est l'élément naturel et fondamental de la société et a droit à la protection de la société et de l'Etat.* »

Il est intéressant de constater que la question du sexe des mariés n'est pas explicitement abordée dans ce paragraphe. Cependant, la mention de « l'homme et la femme » suggère implicitement que le mariage est limité à l'union d'un homme et d'une femme. En sus de la controverse autour de la polygamie, l'âge des mariés constitue un autre sujet de débat concernant le droit de la famille. Bien que la notion d'âge nubile, distincte de l'âge de la puberté, ne soit pas clairement définie, cette question demeure un sujet actif de discussion au sein de l'ONU. Deux autres points focalisent les débats lors de l'élaboration de la Déclaration universelle : tout d'abord, la

---

[192] D. Chakrabarty, « The climate of history : Four theses », *Critical Inquiry* 35 (2), 2009, p. 197–222 ; D. Chakrabarty, *op. cit.* ; F. Hartog, *op. cit.*

reconnaissance de la famille comme étant issue du mariage et constituant l'élément naturel et fondamental de la société ; enfin, la perspective selon laquelle la famille possède des droits inaliénables conférés par le Créateur, préexistants à tout droit établi par l'homme. La première proposition sera intégrée dans la version finale de la Déclaration, tandis que la dernière sera écartée au cours des discussions.

Extrait 10 : la discussion relative à l'article 16, le droit de la famille, à la Commission des droits de l'homme (13 décembre 1947)

Declaration Article 15A.
Dr MALIK (Lebanon) proposed the following substitute text for the second sentence of Article 15A :

> ***'The family deriving from marriage is the natural and fundamental group unit of society.** It is endowed by the **Creator** with **inalienable** rights **antecedent** to all **positive** law and as such shall be protected by the State and Society.'*

*He pointed out that the word 'family' was mentioned for the first and only time in the Declaration. He maintained that **society was not composed of individuals, but of groups, of which the family was the first and most important unit**; in the family circle the fundamental human freedoms and rights were originally nurtured. It therefore deserved greater prominence, he thought, than that given to it in the original text. Regarding the second sentence of his amendment, he said that **he had used the word 'Creator' because he believed that the family did not create itself.** That word might give rise to objections, but he would very much like to have it retained. He also contended that the family was endowed with inalienable rights, rights which had not been conferred upon it by the caprice of man, and he cited the use of the phrase 'endowed by nature' in Article 1 as a precedent for the wording.*

*Mr. BOGOMOLOV (Union of Soviet Socialist Republics) opposed Dr. MALIK's amendment; the definition of 'family', as given in it, was not acceptable to the Soviet Delegation. He pointed out that varied forms of marriage and family life existed in the world, each form corresponding to the special economic conditions of the people concerned. **Different religions had different ideas regarding the position of woman in the family ; some religions allowed polygamous***

families and some did not accord an equal status to men and women. *He also reminded the Representatives that* ***many people did not believe in God, and that the Declaration was meant for mankind as a whole, whether believers or unbelievers.***

Mr. DEHOUSSE (Belgium) asked for the vote on Dr. MALIK's amendment to be taken in two parts, and Dr. MALIK requested that it should be taken by roll call.

The CHAIRMAN put to the vote the first sentence of Dr. MALIK's amendment ; it was carried by 9 votes to 5, with 4 abstentions. The second sentence was rejected by 9 votes to 6, with 3 abstentions.

The CHAIRMAN then put to the vote Article 15A as amended ; it was adopted by 15 votes.

Le 13 décembre 1947 à 15 h, la Commission des droits de l'homme se réunit au Palais des Nations à Genève (Suisse) pour la trente-septième séance de la deuxième session. Lors des discussions, ce qui deviendra l'article 16 de la Déclaration universelle des droits de l'homme, le droit de la famille, est abordé. Deux éléments ressortent particulièrement autour d'une proposition soumise par Charles Malik. D'abord, les membres acceptent par 9 voix contre 5 et 4 abstentions que la famille soit considérée comme issue du mariage et comme étant l'élément naturel et fondamental de la société. Enfin, les membres rejettent par 9 voix contre 6 et 3 abstentions que la famille soit dotée par le Créateur de droits inaliénables antérieurs à tout droit positif. La répartition des votes montre combien la position de la Commission n'est pas nette. Sans connaître les détails de la répartition des votes, il est intéressant de noter les raisons ostensiblement évoquées. Ainsi, Charles Malik considère que la société n'est pas composée d'individus mais de groupes dont la famille est le premier et le plus important. Par ailleurs, il considère que la famille a été créée par Dieu et non par elle-même. Il a conscience que le terme de « Créateur » peut soulever des objections, mais il insiste pour le conserver. En face, Alexander Bogomolov considère qu'une telle définition de la famille n'est pas acceptable car il existe diverses formes de mariage et de vie familiale dans le monde, toutes tributaires des conditions économiques particulières. Par ailleurs, il rappelle que les différentes religions divergent sur le rôle de la femme dans la famille – les unes autorisant la polygamie, les autres n'accordant pas un statut égal à l'homme et à la femme. Il termine par rappeler qu'il existe des personnes ne croyant pas en Dieu et qu'il importe de s'adresser à l'ensemble de l'humanité, croyante ou non. In fine, la partie acceptée de la proposition de Charles Malik se verra encore transformée pour devenir plus générale.

Source : E/CN.4/SR.37, p. 11–12 (nous soulignons en gras).

Les débats sur l'origine de la famille et l'origine du mariage concernent particulièrement les milieux religieux. Aujourd'hui, le grand débat qui concerne la famille est celui du mariage possible pour tous les adultes consentants, y compris les personnes homosexuelles. Au niveau onusien, le statut des personnes homosexuelles est certainement l'une des plus importantes pierres d'achoppement en relations internationales. Aucun consensus n'a pu être trouvé sur le mariage entre personnes de même sexe, hormis des directives internes qui, depuis 2014, reconnaissent le mariage homosexuel pour les membres de son personnel dans les pays où ces unions sont légales. Au niveau régional, en 2010, la Cour européenne des droits de l'homme a statué dans l'affaire Schalk et Kopf c. Autriche que la réservation du mariage aux couples hétérosexuels relevait des lois nationales et n'était pas considérée comme une discrimination au niveau européen. En 2018, la Cour interaméricaine des droits de l'homme a rendu une décision en faveur de la reconnaissance du droit au mariage dit pour tous.

Sur la question du mariage, la plupart des doctrines religieuses monothéistes condamnent l'homosexualité entraînant, par là, une condamnation du mariage dit pour tous. Ainsi, dans les débats publics, les autorités religieuses sont souvent parmi les principaux opposants au mariage entre personnes du même sexe. Dans les pays où le mariage homosexuel est légal, des exemptions sont généralement mises en place pour permettre aux autorités religieuses de ne pas célébrer ces mariages. Certains courants des grandes religions, comme le bouddhisme tibétain, ne font pas d'objections au mariage homosexuel. Le débat sur la reconnaissance de ce mariage porte également sur la légitimité de ces couples à fonder une famille et à devenir parents, que ce soit par l'adoption, la procréation médicalement assistée (y compris l'insémination artificielle) ou le recours à des mères porteuses. Les opposants considèrent souvent que la famille composée d'un homme, d'une femme et d'enfants est le cadre naturel et le plus épanouissant pour les enfants. Au niveau de l'impact sur la santé mentale de l'enfant et de la mère biologique, l'état de la recherche est encore trop lacunaire pour généraliser les résultats obtenus, même si les signes semblent favorables en ce qui concerne la santé des enfants des mères porteuses et des mères porteuses elles-mêmes[193].

4) Le dernier débat : le droit à la liberté de religion (art. 18)

Le dernier débat qui retient notre attention concerne le droit à la liberté de pensée, de conscience et de religion qui prend la forme suivante :

> « *Article 18*
>
> *Toute personne a droit à la liberté de pensée, de conscience et de religion ; ce droit implique la liberté de changer de religion ou de conviction ainsi que la liberté de manifester sa religion ou sa conviction seule ou en commun, tant en public qu'en privé, par l'enseignement, les pratiques, le culte et l'accomplissement des rites.* »

On comprend immédiatement que le droit à la liberté de religion est en fait triple. Il concerne la pensée, la conscience et la religion. Si ces trois libertés s'entrecroisent et se superposent, les débats concernant la religion *stricto sensu* relèvent d'abord des différentes conceptions de la religion, ensuite du lien entre science et religion et enfin de la liberté de changer de religion (y compris la transmission de la religion des parents aux enfants via l'éducation religieuse). L'enjeu de créer un cadre large dans lequel les différentes conceptions de la religion peuvent se retrouver a permis la formulation ci-dessus. On notera que la religion n'est pas conçue comme un élément appartenant à la sphère privée mais plutôt traversant les sphères publiques et privées ; ce qui va au-delà d'une conception libérale classique, telle que proposée par John Locke.

---

[193] V. Jadva, S. Imrie & S. Golombok, « Surrogate mothers 10 years on : A longitudinal study of psychological well-being and relationships with the parents and child », *Human Reproduction* 30 (2), 2014, p. 373–379.

Extrait 11 : la discussion relative à l'article 18, la liberté de religion, à la Troisième Commission (9 novembre 1948)

M. Pavlov (Union des Républiques socialistes soviétiques) attire l'attention de la Commission sur le fait que son amendement (E/800, page 33) souligne la nécessité d'assurer 'la liberté de pensée' et 'la liberté de manifester ses croyances par des pratiques religieuses'. Alors que le texte de l'article 16 [futur article 18 de la Déclaration universelle] adopté par la Commission des droits de l'homme ne fait qu'énoncer le droit à la liberté de pensée, de conscience et de religion, l'amendement de l'URSS garantit expressément la jouissance de ce droit.

La délégation de l'URSS insiste tout particulièrement sur la liberté de pensée, dont la consécration est nécessaire au **développement de la science moderne et tient compte de l'existence des libres penseurs qui, grâce à leur seule raison, se sont écartés de toute croyance arriérée et de tout fanatisme religieux. Les temps où l'on condamnait les savants à mourir sur le bûcher sont révolus** et la science occupe aujourd'hui une place de premier plan dans la vie humaine.

D'autre part, M. Pavlov indique que **certaines pratiques religieuses représentent un danger véritable pour la société**. Ainsi, en Afrique du Sud, des croyances étranges se manifestaient, récemment encore, par des **sacrifices humains**. C'est pourquoi la délégation de l'URSS estime que la législation nationale doit mettre fin à ces **pratiques inhumaines et barbares**.

Enfin, M. Pavlov attire l'attention sur l'existence, en Extrême-Orient par exemple, de **sectes dont le fanatisme religieux se manifeste par des flagellations et des mortifications cruelles**. L'amendement de l'URSS se propose de bannir ces cérémonies publiques contraires aux règles de la morale et pouvant avoir des effets déplorables sur la société, particulièrement sur les enfants qui sont témoins de pratiques de ce genre.

M. Baroody (Arabie saoudite) propose de ne conserver que la première phrase de l'article 16, suffisante à son avis pour assurer la liberté de pensée, de conscience et de religion. Il s'étonne que la Commission des droits de l'homme ait présenté un article dans lequel, après un énoncé de ces trois libertés, elle concentre uniquement son **attention sur la liberté de religion et le droit de changer de religion, sans parler du droit de changer sa pensée et de réorienter sa conscience.** Il se demande si **les membres de la Commission des droits de l'homme n'ont pas eu peur, en discutant de la**

question délicate de la liberté de pensée et de conscience, de s'affronter sur le terrain de leurs idéologies politiques différentes.

Expliquant les raisons de l'amendement présenté par sa délégation (A/C.3/247), M. Baroody rappelle qu'au **cours de l'histoire les missionnaires ont souvent abusé de leurs droits** pour devenir les précurseurs d'une intervention politique, entraînant plus d'une fois les peuples, par leurs efforts prosélytiques, dans des conflits meurtriers.

Ainsi les **croisades, sanglantes et impardonnables, organisées au nom de la religion, avaient pour raison véritable le but économique et politique d'acquérir de l'espace vital pour le surplus de la population de l'Europe. Les guerres de religion entre catholiques et protestants ont entraîné, en Europe, la mort de millions de personnes appartenant à deux religions à peine différentes.**

M. Baroody estime que **la religion est essentiellement la manifestation d'une émotion** ; il ne croit pas devoir analyser de façon détaillée tous les éléments psychologiques complexes qui la déterminent. Il indique que même à l'époque actuelle où, d'après certains, règne la tolérance, on se sert dans toutes les parties du monde de **l'arme dangereuse qu'est la propagande pour atteindre les peuples dans leurs émotions, religieuses ou non. Tout groupe humain peut, s'il le désire, se servir habilement d'une telle arme pour faire appel aux croyances religieuses d'un autre groupe qui, pour une raison matérielle quelconque, peut ne pas se trouver en mesure de faire de même ou qui désire tout simplement éviter le recours à une telle arme.** Un homme se déclare souvent supérieur à un autre simplement parce qu'il est plus riche que lui. De même, **certains groupes de personnes ont prétendu au cours de l'histoire être le peuple élu de Dieu ou appartenir à une religion supérieure simplement parce qu'ils étaient plus puissants que leurs voisins professant une croyance religieuse différente.** Ceux qui croient en Dieu devraient admettre que tous les êtres humains sont égaux devant lui, indépendamment de leur religion. Quant à ceux qui ne croient pas en Dieu, ils devraient comprendre qu'en spéculant sur les croyances religieuses des autres ils peuvent entraîner le monde dans une nouvelle croisade meurtrière. **Pour le monde arabe, une bonne religion est celle qui incite les hommes à la bienveillance et à la tolérance réciproques.**

Pour ces raisons, M. Baroody aimerait que la Commission rende la déclaration aussi universelle que possible et y **supprime toutes dispositions**

pouvant servir de prétextes faciles pour entretenir la haine et encourager des différences d'opinions dangereuses.

La délégation de l'Arabie saoudite sera même prête à accepter l'article 16 si l'on y supprime les mots : 'la liberté de changer de religion ou de croyance, ainsi que'.

Mme Roosevelt (Etats-Unis d'Amérique) appuie sans réserve le texte de l'article 16. Elle rappelle que cet article n'a été adopté par la Commission des droits de l'homme qu'après de longues discussions et à la suite de consultations avec les représentants de diverses organisations religieuses.

Elle indique que l'amendement du Pérou (A/C.3/225) peut être compris comme une interdiction de l'enseignement religieux.

L'amendement de Cuba (A/C.3/232) ne parle que de la liberté de **professer une croyance religieuse et philosophique, ce qui exclut les aspects culturels, scientifiques et politiques** des libertés que consacre l'article 16.

La délégation des Etats-Unis s'opposera à l'amendement de l'URSS, qui subordonne la liberté de pensée, de conscience et de religion aux lois nationales.

Mme Roosevelt estime que l'amendement de la Suède est inutile, car l'article 27 de la déclaration répond expressément aux inquiétudes qu'exprime cet amendement.

Indiquant que le droit de changer de religion est un des éléments essentiels de la liberté de religion, elle ne peut accepter la suppression que propose le représentant de l'Arabie saoudite.

Elle souligne que **la liberté de pensée donne à toute personne le droit de croire et celui de ne pas croire**, ce qui devrait satisfaire le représentant de l'URSS. D'autre part, il est inutile de mentionner dans l'article 16 les règles de la morale publique, toutes garanties étant données à cet égard par l'article 27 de la déclaration.

Enfin, elle estime que **les progrès de la civilisation et le développement de l'éducation mettront fin aux pratiques barbares** dont a parlé le représentant de l'URSS.

En conclusion, Mme Roosevelt, convaincue que le texte de base de l'article 16 est satisfaisant, insiste pour son adoption.

Mme Corbet (Royaume-Uni), tout en s'associant à la déclaration de la représentante des Etats-Unis, déclare que sa délégation aurait préféré un texte plus simple. Mais l'article 16, longuement discuté avant son adoption par la Commission des droits de l'homme, est un **texte de compromis excellent** ralliant les différentes opinions exprimées. La délégation du Royaume-Uni appuiera donc cet article.

En ce qui concerne l'amendement du Pérou, Mme Corbet regrette qu'il néglige la liberté de pensée.

Elle n'admet pas, d'autre part, que la liberté de pensée, de conscience et de religion soit limitée par les lois nationales, et votera contre l'amendement présenté par la délégation de l'URSS, car son pays attache une grande importance **au libre enseignement religieux, aux pratiques, au culte et à l'accomplissement des rites**.

Comprenant l'intention de l'amendement de l'Arabie saoudite, Mme Corbet estime toutefois que l'article 16 doit contenir le droit de changer de religion. C'est pourquoi elle ne peut accepter cet amendement.

Enfin, elle estime que l'amendement de la Suède est inutile, car la garantie qu'il donne figure déjà à l'article 27.

M. Contoumas (Grèce), s'associant aux opinions exprimées par les représentantes des Etats- Unis et du Royaume-Uni, accepte dans son ensemble le texte de l'article 16 tel qu'il a été adopté par la Commission des droits de l'homme, qu'il considère lui aussi comme un texte de compromis.

Il se demande pourtant si l'expression : **'liberté de manifester sa religion ou croyance' n'entraînera pas des pratiques déloyales de prosélytisme**. Il mentionne à ce sujet qu'il a eu l'occasion de constater dans un pays où toutes les religions étaient représentées une **véritable concurrence religieuse**. On offrait en effet des logements gratuits, des subsides matériels et nombre d'autres avantages aux personnes acceptant d'adhérer à telle ou telle religion.

M. Contoumas comprend que, dans une certaine mesure, la représentante de la Suède partage ses inquiétudes. Mais il estime que le danger de **ces pratiques déloyales de prosélytisme menace non seulement les minorités d'un pays**, comme l'a indiqué Mme Lindström, **mais également les majorités religieuses**. Admettant que chaque personne reste libre d'accepter ou de ne pas accepter la propagande religieuse à laquelle elle est soumise, il estime néanmoins **qu'on devrait mettre fin à cette concurrence déloyale dans le domaine de la religion**.

Sans faire de proposition formelle à ce sujet, la délégation de la Grèce accepterait de présenter un projet sur ce problème, si la Commission le jugeait utile.

Enfin, M. Contoumas s'oppose à l'amendement de l'URSS, qui subordonne la liberté de pensée, de conscience et de religion aux lois des différents pays et aux règles de la morale publique. Il estime qu'il ne faut pas piétiner sur le terrain des législations nationales et que la Déclaration des droits de l'homme doit, au contraire, comporter des directives à l'adresse des différents gouvernements. Quant aux limitations résultant des règles de la morale publique, celles-ci sont prévues par l'article 27.

M. Dehousse (Belgique) dit que sa délégation se bornera à présenter quelques observations sur les divers amendements présentés à l'article 16.

L'amendement de la délégation de l'URSS peut, en un certain sens, paraître plus large, à première vue, que le texte adopté par la Commission des droits de l'homme : c'est ce qui ressort notamment des commentaires de M. Pavlov. Mais si l'on compare attentivement les deux textes, on s'aperçoit qu'en réalité le texte de base a une portée plus étendue que le texte de l'URSS, qui ne retient pas les notions de liberté de conscience et de liberté de religion. De plus, l'amendement de l'Union soviétique contient **une référence aux législations nationales qui risque d'avoir le résultat exactement contraire à celui que la délégation de l'URSS cherche à obtenir, en ce qu'elle pourrait permettre le maintien de certaines pratiques religieuses qu'il serait utile de bannir du point de vue humain.** La délégation de la Belgique ne pourra donc pas se rallier à cet amendement.

L'amendement présenté par la délégation du Pérou a également un caractère restrictif en ce qu'il **limite la liberté de conscience à la seule profession de la foi religieuse, sans retenir la notion plus large de la liberté de conscience telle qu'elle s'applique aux conceptions philosophiques et aux idées scientifiques.** Ici encore, la délégation de la Belgique se trouve dans l'impossibilité d'accepter le texte proposé par la délégation du Pérou.

L'amendement proposé par la délégation de Cuba soulève diverses objections, et notamment une objection de forme : **il n'existe pas, en effet, de 'croyance… philosophique' à proprement parler.** Si la délégation de Cuba insiste sur son amendement, elle devrait tout au moins rectifier ce **terme impropre.**

M. Dehousse s'associe aux observations du représentant de l'Arabie saoudite dans la mesure où ce dernier a fait **le procès de l'intolérance et démontré jusqu'où peuvent conduire le fanatisme et le sectarisme, dans le domaine religieux comme dans les autres.** Mais la délégation de la Belgique ne peut suivre la délégation de l'Arabie saoudite lorsqu'elle propose de supprimer toute une partie du texte qui a trait aux **manifestations extérieures de la liberté de conscience.**

Il ne serait pas nécessaire de proclamer cette liberté si elle ne devait jamais s'extérioriser, si elle n'était destinée, pour ainsi dire, qu'à l'usage interne de l'homme. Mais il faut mettre l'accent sur les manifestations extérieures des cultes par où s'expriment les croyances. A ce titre, l'amendement de l'Arabie saoudite présente donc, lui aussi, un caractère restrictif.

Enfin, M. Dehousse voudrait connaître la portée exacte de l'amendement présenté par la délégation de la Suède. Cette proposition paraît animée par des mobiles louables, mais elle semble obscure tant du point de vue de sa conception que de sa rédaction. Que signifie exactement l'expression 'porter indûment atteinte à la liberté personnelle d'autrui', transposée dans le domaine religieux ? **Lorsqu'on affirme une croyance et qu'on essaye de la propager, on peut, dans une certaine mesure, porter atteinte à la liberté d'autrui en cherchant à lui imposer une idée qui lui est étrangère. Mais le prosélytisme n'est pas limité à une croyance ou à un groupe religieux. Si c'est un mal, c'est un mal essentiellement réciproque.** La délégation de la Belgique ne peut donc accepter l'amendement suédois tant qu'elle ne sera pas éclairée davantage sur son intention exacte.

En conclusion, M. Dehousse déclare qu'il votera en faveur de l'article 16 dans la rédaction proposée par la Commission des droits de l'homme.

M. Santa Cruz (Chili) rappelle que toutes les idées contenues dans les divers amendements présentés à l'article 16 ont déjà fait l'objet de longues discussions à la Commission des droits de l'homme.

Rappelant également la part jouée par le président de la Troisième Commission, M. Malik, dans l'élaboration de l'article 16, M. Santa Cruz annonce que sa délégation votera en faveur de ce texte et repoussera tous les amendements proposés, cela pour les raisons exposées par les représentants des Etats-Unis, du Royaume-Uni et de la Belgique, aux observations desquels il s'associe entièrement.

M. Aquino (Philippines) souligne que, **si les êtres humains s'accordent d'une manière générale sur ce qu'ils considèrent comme leurs libertés essentielles, ils diffèrent souvent dans la profession de leurs opinions et de leurs croyances.** Rien n'illustre mieux ce fait que l'intervention du représentant de l'Arabie saoudite. Pour lui, **la religion est la manifestation d'une émotion ; pour d'autres – dont M. Aquino – c'est l'expression d'une foi.** Ainsi donc, **il était inévitable que la définition de la liberté de religion donnât lieu à**

des divergences de vues. L'article 16 est le résultat d'un **compromis réalisé grâce à l'esprit de conciliation et de tolérance** témoigné par la Commission des droits de l'homme. C'est pourquoi la délégation des Philippines votera en sa faveur.

La délégation des Philippines votera contre l'amendement présenté par la délégation du Pérou, parce qu'il ne retient qu'une seule forme de la liberté de pensée : la liberté de pensée religieuse.

Elle considère, d'autre part, que l'amendement de la délégation de Cuba présente également un caractère négatif et limitatif.

La délégation des Philippines partage le souci de la délégation de la Suède d'assurer à l'individu **une protection efficace contre les manifestations du fanatisme religieux.** Il est évident que **tant que les tentatives de prosélytisme religieux restent dans les limites de l'ordre public, la liberté de pensée n'est pas menacée ; au contraire, le libre échange des idées religieuses est un des signes les plus salutaires de la liberté et de la démocratie.** Mais **lorsque l'action religieuse déborde du champ de l'idée pure, elle peut constituer une menace contre laquelle il faut assurer la protection de la société humaine.** La délégation des Philippines pense toutefois que le texte de base contient toutes les garanties désirables.

Analysant ensuite l'amendement proposé par l'URSS, M. Aquino tient à réaffirmer, dès l'abord, qu'il ne nourrit pas le moindre doute à l'égard des intentions qui ont inspiré cet amendement. Mais l'intention la plus noble n'est pas suffisante pour justifier un texte qui va nettement à l'encontre du but recherché. **Ce que la déclaration doit s'efforcer de faire, c'est exprimer une philosophie commune pour l'ensemble des nations** et aider ainsi au progrès du genre humain. Or l'amendement de l'URSS, s'il était adopté, aurait pour résultat de maintenir le *statu quo* dans le monde ; il présente donc **un caractère nettement réactionnaire.**

Enfin, M. Aquino fait remarquer au représentant de l'Arabie saoudite que les **précédents des croisades et des guerres de religion qu'il a évoqués, loin de militer contre l'adoption de l'article 16, démontrent au contraire l'utilité de dispositions qui tendent justement à éviter la répétition de pareils conflits.**

Le président annonce que la délégation de l'Arabie saoudite a retiré son amendement initial et qu'elle propose formellement de modifier l'article 16 par la suppression des mots suivants : 'la liberté de changer de religion ou de croyance, ainsi que' (A/C.3/247/Rev.l).

M. Cassin (France) déclare que la délégation de la France votera en faveur du texte de l'article 16 tel qu'il a été préparé par la Commission des droits de l'homme. Ce texte n'a pas fait l'objet de contestations quant au fond au sein de cette Commission, et les seules objections qui y furent élevées étaient des objections de rédaction d'ordre général.

Les amendements dont la Commission est saisie sont inspirés par des préoccupations diverses. Certains – comme ceux de l'URSS et de la Suède – voudraient qu'il y eût un frein légal aux manifestations excessives du prosélytisme religieux. Mais un texte proclamant les droits et les libertés de l'homme ne peut contenir de limitations, même légitimes. La délégation française est la première à condamner les **manifestations barbares** de tous ordres ; elle a admis que la morale et la sécurité publique peuvent inspirer certaines limitations, parfaitement admissibles, aux manifestations extérieures de la religion. Elle trouve toutefois toutes les garanties nécessaires à cet égard dans les dispositions générales de l'article 27.

La délégation de la France craint que le texte proposé par la délégation de l'URSS ne mène au-delà de ce qu'il recherche, car il pourrait, le cas échéant, avoir pour effet de limiter la liberté de pensée elle-même. C'est pourquoi elle ne pourra voter en sa faveur.

M. Cassin reconnaît **qu'il est délicat pour les tenants de certaines religions de voir proclamer que tous les hommes ont le droit de changer de croyance**. Il admet qu'il puisse résulter de l'adoption de cette clause **un sentiment de diminution pour ces religions**. Mais **la Commission doit se placer sur le plan plus large de l'humanité tout entière**. Non contente de proclamer la liberté de pensée, elle doit tirer toutes les conséquences de cette proclamation ; or **l'un des corollaires les plus importants de la liberté de pensée est la liberté de changer d'opinion**.

A ce sujet, le représentant de la France signale que la rédaction du texte français de l'article 16 est moins heureuse que celle du texte anglais. **Le texte français emploie le terme 'croyance', qui comporte une nuance essentiellement religieuse, alors que le texte anglais emploie le terme plus large de *belief*.**

M. Cassin propose donc **d'améliorer le texte français en remplaçant 'croyance' par 'conviction'** ; il suggère cette modification de pure forme étant bien entendu qu'il ne veut rien changer au sens ou aux termes du texte anglais, ni à la pensée des auteurs de l'article.

M. Beaufort (Pays-Bas) souligne que la liberté de pensée est un des droits essentiels de l'homme et qu'à ce titre la Déclaration se doit de la reconnaître et de la protéger sans réserves.

Les amendements proposés, et notamment ceux de l'URSS, du Pérou et de l'Arabie saoudite, sont malheureusement de nature à restreindre la liberté de conscience et la liberté religieuse de telle manière qu'elles ne sont plus garanties, dans tous les sens du terme. L'amendement de l'URSS, en particulier, donne à **l'Etat la possibilité de s'ingérer dans la vie religieuse de ses ressortissants**, ce qui le rend inacceptable aux yeux de la délégation des Pays-Bas.

M. Beaufort **admet que l'homme est libre, s'il le désire, de changer de croyance, mais il estime que ce droit est compris implicitement dans la liberté de conscience.** Toutefois, le texte établi par la Commission des droits de l'homme est simple et clair et la délégation des Pays-Bas votera donc en sa faveur.

M. Kural (Turquie) se prononce également en faveur du texte de base de l'article 16, pour les mêmes raisons que les nombreux orateurs qui ont pris la parole avant lui.

M. Chang (Chine) souligne que la Commission, avec l'examen de l'article 16, aborde l'un des principes les plus importants de la Déclaration. Dès le dix-huitième siècle, quand la notion des droits de l'homme prit naissance en Europe occidentale, la liberté de pensée figurait aux côtés des libertés essentielles de l'homme et s'étendait à la notion de la liberté religieuse. M. Chang estime du reste que **la liberté de pensée comprend, au même titre, la liberté de conscience et la liberté de religion**, mais, étant donné que la Déclaration est destinée à la grande masse des peuples, on ne saurait lui reprocher d'être trop explicite.

Le représentant de la Chine déclare que **1869, date de la publication des Traités de Darwin, marque réellement le point de départ du prétendu conflit entre la religion et la science.** On ne saurait suffisamment déplorer les effets, vieux déjà de quatre-vingts ans, de cette manifestation de l'esprit humain, effets que l'on a pu constater au sein même de la Commission. C'est pourquoi M. Chang insiste sur la nécessité d'étudier le problème de l'expression religieuse sous son aspect véritable.

Il voudrait tout d'abord, pour éclairer la question, exposer à la Commission la manière dont **les Chinois abordent le problème de la religion. La**

philosophie chinoise repose essentiellement sur une ferme croyance en une cause unitaire, qui se traduit sur le plan humain par une tolérance pluraliste. Cette philosophie considère que les actes de l'homme sont plus importants que la métaphysique, que l'art de vivre doit être placé au-dessus de la connaissance des causes de la vie, et que la meilleure manière pour l'homme de manifester la grandeur de la Divinité est de témoigner ici-bas d'une attitude exemplaire. Aux yeux des philosophes de la Chine, c'est **la tolérance pluraliste, se manifestant dans toutes les sphères de la pensée, de la conscience et de la religion, qui doit inspirer les hommes s'ils veulent fonder leurs relations sur la charité et la justice**.

Revenant à l'article 16, M. Chang dit qu'il a écouté avec sympathie et respect les objections élevées par le représentant de l'Arabie saoudite. Il rappelle que, **pour les pays de l'Extrême-Orient, le XIXe siècle, avec l'expansion de l'industrialisme occidental, n'a pas été toujours très clément, et il reconnaît que les missionnaires ne se sont pas toujours bornés à leur mission apostolique**.

M. Chang exprime cependant l'opinion que la liberté de pensée est bien défendue dans le texte proposé par la Commission des droits de l'homme. Au cours des discussions auxquelles s'est livrée cette dernière, il a été entendu que **la liberté de croyance faisait partie intégrante de la liberté de pensée et de conscience, et que si l'on insistait particulièrement sur la nécessité de la protéger c'était pour assurer l'inviolabilité de cette partie profonde de la pensée et de la conscience humaines qui, parce que l'émotion y est souveraine, peut entraîner l'homme dans des conflits irraisonnés**.

M. Encinas (Pérou) explique que sa délégation, estimant que les libertés de pensée, de conscience et de religion, bien que présentant des rapports étroits, devraient faire l'objet de trois articles séparés, n'a retenu pour l'article 16 que la notion de la liberté religieuse, écartant momentanément les deux autres droits, dans l'intérêt d'une rédaction meilleure. On ne peut donc l'accuser de vouloir restreindre l'une ou l'autre de ces libertés.

Cependant, plusieurs représentants, et notamment les membres de la Commission des droits de l'homme, ayant fait ressortir au cours de leurs interventions que le texte de base de l'article 16 était **le résultat d'un compromis entre des vues divergentes, la délégation du Pérou, sachant combien il est difficile de réaliser un compromis de cette qualité, retire son amendement** (A/C.3/225) **et se rallie au projet initial**.

Mme Ikramullah (Pakistan) constate qu'une fois de plus la délégation de l'URSS propose un amendement qui limite la portée du droit énoncé en le soumettant aux dispositions particulières des législations nationales. **Le but de la Déclaration est de définir les principes qui doivent régir une société civilisée. L'amendement de l'URSS va à l'encontre de ce but, car on ne peut dire que toutes les législations nationales aient atteint le même niveau dans le domaine social.**

La délégation du Pakistan comprend les difficultés propres à chaque pays, mais estime qu'elles sont couvertes par les réserves générales de l'article 27.

De plus, elle tient à souligner en conclusion **la nécessité de n'adopter aucun article pouvant heurter les sentiments religieux des différents peuples.**

M. Saint-Lot (Haïti) voudrait, **au nom de la grande masse des libres penseurs**, formuler une réserve en ce qui concerne le texte de l'article 16. Ce texte, contrairement à la méthode généralement adoptée par la Commission des droits de l'homme, n'est pas rédigé en termes généraux et larges ; **on a voulu y proclamer non seulement la liberté de croyance, mais aussi la liberté de changer de croyance. On peut donc s'étonner que ses auteurs n'aient pas songé à le préciser davantage en affirmant la liberté de ne pas croire.**

En ce qui concerne le texte français, la délégation de la France a proposé de remplacer le terme 'croyance' par le terme plus large de 'conviction'. C'est là une modification judicieuse, à laquelle la délégation d'Haïti est heureuse de s'associer.

Elle votera donc pour le texte initial, amendé dans le sens suggéré par M. Cassin.

M. Azkoul (Liban) déclare que sa délégation attache la plus haute importance à l'article 16 ; s'il ne figurait pas dans le corps de la Déclaration, la délégation du Liban ne pourrait accorder à celle-ci le même appui enthousiaste. Car, pour aussi totale et parfaite que serait par ailleurs l'énonciation des droits sociaux, économiques, politiques et juridiques de l'homme, **ils n'auraient pas de raison d'être si l'homme était privé de la liberté de pensée et de croyance.** Ces libertés essentielles sont les éléments qui enrichissent la vie, le bien suprême vers lequel vont les aspirations de tous.

L'article 16 répond, tel quel, aux principales préoccupations de la délégation du Liban, car **il condamne toute ingérence, non seulement dans les manifestations extérieures de la vie quotidienne de l'homme, mais aussi dans le développement de sa vie intérieure.** Ainsi que l'a dit le représentant de la Chine, **la liberté religieuse, la liberté de pensée et de conscience assurent à l'individu l'intégrité de ses convictions intimes et lui garantissent la possibilité de décider de sa propre destinée**. Cela explique la mention spéciale, faite dans le texte de l'article 16, à la **liberté de changer de religion, car un tel changement peut être à la base de toute une nouvelle orientation spirituelle**.

Quand on examine, à la lumière de ces considérations, les amendements proposés, on s'aperçoit qu'ils suppriment les éléments essentiels de l'article 16 et doivent, par conséquent, être écartés.

Le 9 novembre 1948 à 10 h 50, la Troisième Commission de l'Assemblée générale se rencontre pour la cent vingt-septième séance de la troisième session au Palais de Chaillot à Paris. Lors du point 51 de l'ordre du jour portant sur le projet de Déclaration internationale des droits de l'homme (E/800), les membres discutent, sous la présidence de Charles Malik, de l'article 16 qui deviendra l'article 19 de la Déclaration universelle des droits de l'homme concernant la liberté de pensée, de conscience et de religion (A/777).

D'abord, si la discussion ne se concentre pas sur une définition savante de ce qu'est la liberté de pensée, de conscience et de religion et, *a fortiori*, de ce qu'est une religion, plusieurs éléments intéressants à cet égard émergent. D'abord, plusieurs approches de la religion sont évoquées. Ainsi, M. Jamil Baroody (représentant de l'Arabie saoudite, chrétien de l'Eglise catholique grecque melkite né au Liban ayant étudié aux Etats-Unis) considère la religion comme une manifestation d'une émotion. Mme Begum Shaista Suhrawardy Ikramullah (représentante du Pakistan) la conçoit plutôt comme des sentiments qui ne devraient pas être heurtés. M. Aquino (représentant des Philippines), la voit comme l'expression d'une foi et M. Peng Chung Chang comme se distinguant partiellement de la philosophie chinoise fondée sur la croyance d'une cause unitaire qui se traduit par une action tolérante pluraliste. M. René Cassin s'arrête sur la traduction française du terme « *belief* ». Il dit préférer le terme « conviction » à celui de « croyance » – une préférence qui sera finalement retenue.

Ensuite, deux approches différentes du lien entre science et religion apparaissent. Ainsi, pour M. Alexei P. Pavlov (représentant de l'Union soviétique), la religion s'oppose clairement à la science, à la morale et à l'ordre public. Les religions se caractériseraient par une intolérance envers les progrès scientifique et rationnel, comme en seraient les exemples passés de la mise sur le bûcher de savants et les exemples présents de pratiques barbares telles que les sacrifices humains, les flagellations et les mortifications cruelles. A cela, M. Peng Chung Chang propose une vision plus conciliante en considérant que la date de parution des Traités de Darwin en 1869 ne serait l'origine que d'un prétendu conflit entre religion et science et que l'expansion de l'industrialisme occidental en Extrême-Orient au XIXe siècle n'a pas toujours été bénéfique.

Puis, les limites du texte sur la liberté de pensée, de conscience et de religion sont discutées. Ainsi, la liberté de changer de religion est remise en cause par M. Jamil Baroody. Pour ce faire, il questionne d'abord subtilement le fait que rien n'est dit sur la liberté de changer de pensée et de conscience, suggérant que cette lacune soit le fruit d'une volonté des représentants ne souhaitant pas voir leur propre population changer d'idéologies (communiste ou libérale). Enfin, il questionne le désir de domination, le fanatisme religieux, le prosélytisme et la propagande des missionnaires qui ont abusé, au cours de l'histoire, de leurs droits en s'impliquant politiquement et en poussant les peuples dans des conflits meurtriers. Il prend l'exemple des croisades qui auraient comme véritable raison des buts économiques et politiques à cause d'un surplus de population en Europe. Cet argument, bien que compliqué à défendre scientifiquement, revient fréquemment dans la rhétorique antioccidentale. Quant à M. Emile Saint-Lot (représentant d'Haïti), il questionne l'absence de la liberté de ne pas croire en prenant la défense des libres penseurs.

Enfin, si M. Aquino considère le projet comme l'expression d'une philosophie commune pour l'ensemble des Nations pour, précisément, éviter la répétition de conflits analogues aux croisades et que M. René Cassin demande de se placer sur un plan plus large de l'humanité entière (et non uniquement une frange religieuse particulière), c'est M. Peng Chung Chang qui contribue le plus fortement à sortir de l'impasse en rappelant que ces trois libertés sont étroitement liées depuis la naissance de la notion de droits de l'homme en Europe au XVIIIe siècle et que l'objectif est la production d'un texte de compromis qui a une visée plus large que la volonté d'un seul Etat, d'une seule religion ou d'une seule idéologie politique. Il s'agit d'assurer à « l'individu l'intégrité de ses convictions intimes et [...] la possibilité de décider de sa propre destinée ».

Source : A/C.3/SR.127, p. 391–399 (version officielle en français, nous soulignons en gras).

Les quatre éléments qui retiendront l'adoption unanime de la Déclaration universelle est la liberté de changer de religion ; l'égalité en droits entre hommes et femmes (pour l'Arabie saoudite), l'égalité des « races » (pour l'Afrique du Sud) et l'universalité des droits humains (pour les pays liés au bloc soviétique). C'est Charles Malik qui, s'il n'avait pas réussi à inscrire dans les projets de Déclaration universelle une référence au Créateur et un droit à la vie dès la conception, avait obtenu, au sein du Comité de rédaction, l'insertion du droit de changer de religion ou de croyance. Arrivé en Troisième Commission, cet élément est contesté par Jamil Baroody, autre Libanais chrétien, qui représentait l'Arabie saoudite. Il rappelle que l'idée de changer de religion est contraire au Coran – il s'agirait d'un acte d'apostasie – et pointe du doigt l'absence de mention de la liberté de changer de pensée et de conscience, suggérant que cette omission pourrait être liée au souhait des autres représentants d'Etats membres d'empêcher leur propre population de changer d'idéologie, qu'elle soit communiste ou libérale. Pourtant, comme nous allons le voir dans la figure ci-dessous, cette interprétation de l'apostasie dans le Coran n'est pas unanime. Elle est immédiatement critiquée par le représentant pakistanais de confession ahmadie, Mohammed Zafrullah Khan. Celui-ci se réfère au Coran[194], sourate 18, *Al-Kahf* (La caverne), verset 28 « Que celui qui veut croire, croie, que celui qui ne veut pas croire, ne croie pas » et il considère que le Coran condamne d'une façon formelle, non pas le manque de foi, mais l'hypocrisie. La valorisation de la sourate 18 pour traiter de la liberté religieuse – plutôt que la sourate 4, *An-Nisa* (Les femmes), verset 91[195] éventuellement implicite à la position de Jamil Baroody – apparaît aujourd'hui relayée par l'Observatoire d'Al-Azhar pour la lutte contre l'extrémisme.

---

194 Nous préférons ici la traduction d'Albin de Kasimirski Biberstein : « Dis : La vérité vient de Dieu, que celui qui veut croire croie, et que celui qui veut être infidèle, le soit », *Le Coran*, Flammarion, 1970.

195 « Ils ont voulu vous rendre infidèles comme eux, afin que vous soyez tous égaux. Ne formez point de liaisons avec eux jusqu'à ce qu'ils aient quitté leur pays pour la cause du Seigneur. S'ils retournaient à l'infidélité, saisissez-les et mettez-les à mort partout où vous les trouverez. Ne cherchez parmi eux ni protecteur ni ami », *Le Coran, ibid.*

Extrait 12 : la discussion relative à l'article 18, la liberté de religion, à l'Assemblée générale (10 décembre 1948)

CENT QUATRE-VINGT-DEUXIÈME
SÉANCE PLÉNIÈRE

Tenue au Palais de Chaillot, Paris,
le vendredi 10 décembre 1948, à 15 h 20.

Président : M. H. V. Evatt (Australie).

118. Suite de la discussion sur le projet de Déclaration universelle des droits de l'homme : rapport de la Troisième Commission (A/777)

Amendement proposé par le Royaume-Uni (A/778/Rev.1/Corr.1)
et amendements proposés par l'Union des Républiques socialistes soviétiques (A/784)
au projet de Déclaration

Projet de résolution proposé par l'Union des Républiques socialistes soviétiques (A/785/Rev.2).

Sir Mohammed Zafrullah Khan (Pakistan) rappelant les paroles prononcées la veille (179e séance plénière) par le président selon lesquelles l'adoption de la Convention sur le génocide est un événement considérable, déclare que l'adoption de la Déclaration universelle des droits de l'homme revêtira, elle aussi, ce caractère. La délégation du Pakistan s'associe pleinement à l'éloge qui a été fait de la Déclaration, et aux félicitations adressées à toutes les délégations qui ont participé à l'élaboration de ce document.

Les quelques observations que la délégation du Pakistan désire faire à propos de la Déclaration ont trait à **l'article 19 [futur article 18 de la Déclaration universelle] qui consacre la liberté de conscience, y compris la liberté de changer de religion**. Lorsque cette dernière question fut discutée à la Troisième Commission, toute sa portée n'avait pas été comprise ; c'est pourquoi Sir Mohammed croit nécessaire d'exposer très clairement la position de sa délégation en ce qui concerne cette partie de l'article 19.

Le Pakistan est un ardent défenseur de la liberté de conscience et de pensée et de toutes les libertés énoncées à l'article 19 ; il ne saurait y avoir aucune équivoque à ce sujet. Sir Mohammed souligne que si cette question ne revêtait qu'un aspect politique, la déclaration qu'il vient de faire serait suffisante ; mais ce problème a, pour la délégation du Pakistan, une valeur toute spéciale, car certains de ses aspects touchent à **l'honneur de l'Islam**. Sir Mohammed estime donc nécessaire d'exposer à l'Assemblée le point de vue de sa délégation à ce sujet, **point de vue qui ressort de l'enseignement de l'Islam dans ce domaine.**

L'enseignement de l'Islam est fondé sur le Coran, qui contient les révélations verbales faites au prophète Mahomet [*Mohammed* dans la version anglaise] et qui est donc, pour les musulmans, la parole même de Dieu. Or, le Coran déclare que la foi, pas plus que la conscience qui lui donne naissance, ne saurait faire l'objet d'aucune obligation. Le Coran dit expressément 'que celui qui veut croire, croie, que celui qui ne veut pas croire, ne croie pas' et condamne d'une façon formelle, non pas le manque de foi, mais l'hypocrisie. La religion musulmane est une religion missionnaire : elle s'efforce de persuader les hommes de changer de foi et de modifier leur manière de vivre, pour suivre la foi et la manière de vivre qu'elle prêche, mais elle reconnaît à d'autres religions le droit de conversion qu'elle-même exerce.

L'article 19 a provoqué des **inquiétudes** chez certaines délégations en raison de l'action exercée par **les missionnaires de certaines autres religions**. Sir Mohammed se plaît à **rendre hommage à l'œuvre accomplie par les missionnaires chrétiens en Orient, surtout en ce qui concerne l'éducation, l'hygiène et la médecine ; cependant, il est indéniable que leur activité a pris parfois un caractère politique, qui a pu donner lieu à des objections justifiées. Dans certains cas, les moyens employés pour obtenir la conversion ont fait de cette conversion un remède pire que le mal qu'elle se proposait de guérir.**

Il existe d'autres aspects du problème, mais il ne convient pas de les traiter à ce stade des travaux. La délégation du Pakistan estime que **l'essentiel est de répéter que la religion musulmane, pour sa part, a proclamé sans équivoque le droit à la liberté de conscience et s'est prononcée contre toute espèce d'obligation en ce qui concerne la foi ou les pratiques religieuses.**

Pour ces raisons, la délégation du Pakistan votera en faveur de l'article 19, et n'acceptera aucune limitation de ses dispositions.

Lors de la cent quatre-vingt-deuxième séance plénière de la troisième session de l'Assemblée générale tenue à Paris au Palais de Chaillot le vendredi 10 décembre 1948 à 15 h 20, alors présidée par M. H. V. Evatt (représentant de l'Australie), le point 118 de l'ordre du jour sur la suite de la discussion sur le projet de Déclaration universelle des droits de l'homme : rapport de la Troisième Commission (A/777) est discuté. Un élément retient notre attention. Le représentant du Pakistan, M. Mohammed Zafrullah Khan, explique en quoi il est particulièrement favorable à la liberté de religion. Il s'agit, pour lui, d'une question qui touche l'honneur de l'islam. Selon lui, le Coran, qui contient la parole même de Dieu, condamne non pas le manque de foi, mais l'hypocrisie et l'obligation de croire. C'est par la persuasion, et non par la force, que quelqu'un peut changer de foi et modifier sa manière de vivre. La religion musulmane reconnaît le droit de conversion à d'autres religions qu'elle-même exerce. Ce père fondateur du Pakistan, qui deviendra juge à la Cour internationale de justice, propose une vision conciliante, certainement influencée par son éducation au sein du mouvement islamique Ahmadiyya. Ce mouvement concilie l'idée que le prophète Mohammed est le sceau des prophètes et celle que Mirza Ghulam Ahmad (1835–1908) peut aussi être considéré comme un prophète. Au Pakistan, bien que les ahmadis se considèrent comme des musulmans, leur vision n'est pas nécessairement partagée par les membres des autres traditions musulmanes. Ils ont été directement visés par la législation adoptée dans les années 1980 sous la présidence de Muhammad Zia-ul-Haq (1977–1988). Suite aux discussions onusiennes en 1948, le représentant pakistanais votera en faveur de la Déclaration universelle des droits de l'homme et le représentant saoudien s'abstiendra. La Déclaration universelle sera mise au vote quelques heures plus tard, lors de la cent quatre-vingt-troisième séance plénière.

Source : A/SR.182, p. 889–891 (nous soulignons en gras).

Finalement, le droit de changer de religion sera rendu explicitement possible dans la Déclaration universelle des droits de l'homme où aucune mention sur le droit de changer de pensée et de conscience n'apparaît. Aucun Etat ne s'est opposé au texte. Sur les 58 Etats membres, 48 l'ont approuvé et 8 se sont abstenus de voter ou ont émis des objections. C'est le cas des représentants de l'Arabie saoudite qui s'opposent à l'idée de l'égalité juridique entre hommes et femmes et la possibilité de changer de religion et de l'Afrique du Sud de l'apartheid qui refuse l'affirmation du droit à l'égalité devant la loi sans distinction de naissance ou de « race ». La Pologne, la Tchécoslovaquie, la Yougoslavie et l'Union soviétique (Russie, Ukraine et Biélorussie) s'abstiennent, quant à elles, en raison d'un différend concernant la définition du principe fondamental d'universalité tel qu'il est énoncé dans l'article 2, alinéa 1. Enfin, les deux Etats n'ayant pas pris part au vote sont le Yémen et le Honduras. Notons que, si la question de changer de religion freine l'adoption de la Déclaration universelle par l'Arabie saoudite, il est intéressant de rappeler que tous les autres Etats présents proches de l'islam (Pakistan, Egypte, etc.) l'adoptent alors sans abstention.

Le jour même de l'adoption, le 10 décembre 1948, l'Assemblée générale demande à la Commission des droits de l'homme de préparer un projet de Pacte relatif aux droits de l'homme et d'envisager les mesures de mise en œuvre de ce Pacte. Ce projet prendra la forme du Pacte international relatif aux droits civils et politiques dont la mise en œuvre sera observée par le Comité des droits de l'homme et du Pacte international relatif aux droits économiques, sociaux et culturels dont le suivi sera effectué par le Comité des droits économiques, sociaux et culturels. Lors des discussions autour des projets de Pactes, la formulation concernant la liberté de religion dans la Déclaration universelle sera retravaillée. Il ne s'agira plus d'une liberté de *changer* de religion mais une liberté de *choisir* sa religion. Changer de religion se fera donc implicitement dans le Pacte international relatif aux droits civils et politiques. Pour autant, en 1993, le Comité des droits de l'homme produit l'Observation générale n° 22 sur l'article 18 du Pacte international sur le droit à la liberté de pensée, de conscience et de religion. Cette Observation explicite le droit de changer de religion (voir paragraphe 5). Au fil du temps, la position de l'Arabie saoudite, fondée sur une interprétation rigoriste de la charia, ne changera pas[196].

Entre 1947 et 1948, soit en moins de deux ans, un accord international est atteint pour régir les principes devant gouverner les rapports entre l'individu et la société. A une époque où un intense conflit idéologique divisait le monde en deux, il faut noter cette prouesse. Malgré les réserves, les Etats ont tout de même été invités à signer la Déclaration universelle des droits de l'homme et c'est un fait que l'écrasante majorité des Etats censés représenter les êtres humains dans le monde l'ait fait. La Déclaration universelle des droits de l'homme a été une source d'inspiration majeure pour la création de plus de 80 déclarations et traités internationaux concernant les droits

---

[196] E. Pisani, « Apostasie en islam. Vers la liberté religieuse ? », *Etudes* 11, 2015, p. 67–78.

de l'homme à l'échelle mondiale. De plus, elle a influencé la mise en place de nombreuses conventions régionales sur les droits de l'homme, ainsi que des projets de lois nationales et des dispositions constitutionnelles dans de nombreux pays. Cette vaste convergence a abouti à la création d'un système global juridiquement contraignant dédié à la promotion et à la protection des droits humains. En 2012, chaque Etat membre a ratifié au moins l'un des 10 traités internationaux[197] liés aux droits humains, tandis que 80 % d'entre eux avaient ratifié quatre traités ou davantage.

L'importante adhésion des Etats aux textes onusiens relatifs aux droits humains témoigne de l'importance de la Déclaration universelle et des normes internationales en matière de droits humains. De fait, la Déclaration universelle est le premier document du système onusien uniquement consacré aux droits humains. C'est un texte fondateur puisque les textes qui ont suivi soit découlent de ce texte, soit se réfèrent directement ou indirectement à lui. Si l'être humain en tant qu'individu est au centre de la Déclaration, les groupes semblent aussi être protégés. L'influence de la Déclaration sur les attentes mondiales des hommes et des femmes peut être partiellement évaluée à travers non seulement la quantité impressionnante des traductions de ce texte[198], mais également à travers les milliers de communications reçues chaque année par l'ONU provenant de personnes du monde entier qui invoquent la Déclaration pour exprimer leurs appels à l'aide et rapporter la violation de leurs droits. Cependant, comme le rappelle John P. Humphrey, « si l'adoption

[197] La Convention pour la prévention et la répression du crime de génocide (1948), la Convention internationale sur l'élimination de toutes les formes de discrimination raciale (1965), le Pacte international relatif aux droits civils et politiques (1966), le Pacte international relatif aux droits économiques, sociaux et culturels (1966), la Convention sur l'élimination de toutes les formes de discrimination à l'égard des femmes (1979), la Convention contre la torture et autres peines ou traitements cruels, inhumains ou dégradants (1984), la Convention relative aux droits de l'enfant (1989), la Convention internationale sur la protection des droits de tous les travailleurs migrants et des membres de leur famille (1990), la Convention relative aux droits des personnes handicapées (2006) et la Convention internationale pour la protection de toutes les personnes contre les disparitions forcées (2010).

[198] Il semblerait que, sur les 7000 langues parlées dans le monde, la Déclaration universelle des droits de l'homme a été traduite en environ 500 langues. Ainsi, si la Bible a été le livre le plus traduit de l'histoire avec environ 700 langues, la Déclaration universelle des droits de l'homme est le document le plus traduit au monde depuis plus de dix ans.

de la Déclaration est l'une des plus grandes réussites de l'ONU, l'incapacité de l'Organisation à répondre efficacement à ces appels est l'un de ses plus grands échecs »[199].

Avant d'observer plus en détail les deux Pactes internationaux, il importe de saisir le contexte de la signature de la Déclaration universelle des droits de l'homme. Les années 1947 et 1948 marquent une rupture de la Grande Alliance et contribuent à poser les deux blocs en ennemis évidents qui vont s'affronter de manières interposées durant plus de quarante ans. C'est la guerre froide. Ainsi, on comprend mieux pourquoi les organismes onusiens, notamment le Conseil de sécurité, sont des plateformes non pas toujours de dialogue mais aussi d'affrontements[200] entre les représentants des blocs de l'Est et de l'Ouest partisans de régimes et d'idéologies politiques différents que l'on pourrait, tout au moins au regard du pouvoir de l'Etat, diviser entre aspirations communistes et libérales. La période qui suit la signature de la Déclaration universelle est caractérisée par la course aux armements nucléaires et aux affrontements armés indirects. Le poids de l'ONU ne suffit pas pour endiguer les tendances expansionnistes des grandes puissances et de nombreux conflits ne parviennent pas à être évités, tels que la guerre de Corée de 1950 à 1953.

L'incapacité de l'Organisation des Nations unies à apaiser les différends[201] des grandes puissances pousse les Etats des deux blocs à modifier leur politique militaire. Pour contenir une éventuelle agression du bloc de l'Est, le bloc occidental crée l'Organisation du Traité de l'Atlantique nord (OTAN) en avril 1949. L'OTAN est issue du Traité de Washington[202] et est chargée de coordonner les actions militaires de ses membres qui s'engagent à se porter secours en cas d'attaque contre l'un d'entre eux (art. 5). Depuis le début, c'est un officier militaire américain qui commande les forces de l'OTAN. La création de l'OTAN a suscité des émois et est suivie en mai 1955 par le Pacte de Varsovie : une alliance entre des Etats du bloc de l'Est dans une

[199] J. P. Humphrey, « The memoirs of John P. Humphrey, the first director of the United Nations division of human rights », *Human Rights Quarterly* 5 (4), 1983, p. 438–439.

[200] E. Luard, *A history of the United Nations*, Palgrave Macmillan, 1989 [1982].

[201] Notamment, le « coup de Prague » du 25 février 1948 alarme le bloc de l'Ouest.

[202] Nommé aussi Traité de l'Atlantique Nord, signé par les Etats-Unis, le Royaume-Uni, le Japon, la France et l'Italie (la Grèce le 4 avril 1949) à Washington par lequel ils se promettent une mutuelle assistance lors d'attaques armées.

implication symétrique à l'OTAN. Les sept pays satellites d'Europe centrale signent ce Pacte avec l'Union soviétique : l'Albanie, la Bulgarie, la Hongrie, la Pologne, la République démocratique allemande (RDA), la Roumanie et la Tchécoslovaquie. C'est seulement en 1991[203], après une course aux armements très coûteuse, que l'Union soviétique implose, emportant avec elle le Pacte de Varsovie et marquant la fin de la guerre froide.

Les changements géopolitiques apparaissent en filigrane dans l'évolution des membres de l'Organisation du Traité de l'Atlantique nord. En 1949, l'Organisation regroupe initialement 12 membres : les Etats-Unis, le Royaume-Uni, le Canada, la France[204], le Danemark, l'Islande, l'Italie, la Norvège, le Portugal, la Belgique, les Pays-Bas et le Luxembourg. La Grèce (1952), la Turquie (1952) et la République fédérale allemande (1955) y adhèrent peu après, alors que l'Espagne (1982), la République tchèque (1999), la Hongrie (1999), la Pologne (1999), la Bulgarie (2004), l'Estonie (2004), la Lettonie (2004), la Lituanie (2004), la Roumanie (2004), la Slovaquie (2004), la Slovénie (2004), l'Albanie (2009), la Croatie (2009), le Monténégro (2017), la Macédoine du Nord (2020) suivent plus tardivement. En 2023, dans le contexte de la guerre en Ukraine, la Finlande et la Suède deviennent membres. Actuellement, l'OTAN compte donc 32 Etats membres.

Au moment de la formation des différentes alliances qui créent les blocs de l'Est et de l'Ouest, le mouvement des non-alignés est amorcé à l'initiative du Premier ministre indien, Jawaharlal Nehru. Initialement, le nom de ce mouvement est exprimé par celui-ci lors d'un discours à Colombo en 1954. Il y décrit les cinq principes (« *panchsheel* ») sur lesquels les relations sino-indiennes devraient reposer[205] :

---

[203] Un autre marqueur historique de la fin de la guerre froide, qui commence en 1947, est la chute des régimes communistes en Europe en 1989.

[204] La France sort momentanément de l'Organisation du Traité de l'Atlantique nord en 1966, sous le général de Gaulle.

[205] Accord de Panchsheel ou *Agreement between the Republic of India and the People's Republic of China on trade and intercourse between Tibet region of China and India*, le 29 avril 1954.

a) le respect mutuel envers l'intégrité du territoire et la souveraineté de chacun
b) la non-agression mutuelle
c) la non-interférence mutuelle
d) l'égalité et le bénéfice mutuels
e) la coexistence pacifique

Ces principes sont repris par le Premier ministre chinois Zhou Enlai mais c'est la Déclaration de Brioni du 19 juillet 1956, proposée par Gamal Abdel Nasser (alors président égyptien), Josip Broz Tito (représentant la Yougoslavie), Sukarno (alors président de la république d'Indonésie) et Jawaharlal Nehru, qui marque le début du mouvement, précédée en 1955 de la Conférence de Bandung réunissant 29 pays d'Afrique et d'Asie[206]. Ce mouvement, qui rassemblait des membres ayant des objectifs communs, cherchait à avoir un poids politique international coordonné[207] ainsi qu'à se protéger des influences des Etats-Unis et de l'Union soviétique. Pour autant, ses membres gardent des relations avec des (ex-)membres des blocs de l'Est ou de l'Ouest lorsque les intérêts nationaux sont en jeu[208].

B. Le Pacte international relatif aux droits civils et politiques (1966) ainsi que le Pacte international relatif aux droits économiques, sociaux et culturels (1966)

Après la Seconde Guerre mondiale, la nécessité de pratiquer les droits humains à l'échelle internationale et non plus seulement de les déclarer est telle que les représentants des Etats acceptent, au sein de l'ONU, de mettre en place

---

206 La Birmanie, Ceylan, l'Inde, l'Indonésie, le Pakistan, l'Afghanistan, le Cambodge, la République populaire de Chine, l'Egypte, l'Ethiopie, la Côte-de-l'Or, l'Iran, l'Irak, le Japon, la Jordanie, le Laos, le Liban, le Libéria, la Libye, le Népal, les Philippines, l'Arabie saoudite, le Soudan, la Syrie, Siam, la Turquie, la République populaire du Vietnam (Vietminh), l'Etat du Vietnam et le Yémen.

207 Actuellement, ce groupe rassemble le nombre le plus élevé d'Etats.

208 P. Willetts, *The non-aligned movement : The origins of a third world alliance*, Frances Pinter, 1978 et S. Kumar, « Nonalignment : International goals and national interests », *Asian Survey* 23 (4), 1983, p. 445–462.

des mécanismes de mise en œuvre. Si certains auteurs[209] considèrent que l'Europe passe alors d'une approche idéaliste à une vision juridictionnelle des droits humains, le processus en cours nous semble aller au-delà. Le poids des mots relatifs au sujet individuel, c'est-à-dire l'efficacité performative des paroles et des gestes relatifs à tout être humain, semble s'alourdir. Les mots, prononcés par une figure faisant autorité au niveau étatique, engagent et entraînent une crédibilité mise à l'épreuve. *Quand dire, c'est faire croire et éprouver.* Un lien entre les locuteurs étatiques et les citoyens est créé par la parole ; un lien qui fait penser, qui engage et qui, par les actions induites, est soumis à une expérience susceptible d'établir sa valeur[210]. Comme les mots engagent la réputation d'un Etat au niveau international, tout locuteur étatique s'astreint à les choisir précautionneusement au sein de l'ONU – s'il ne le fait pas, selon les thématiques, le locuteur étatique marque généralement sa volonté de rejeter des groupes d'appartenance politique. Ainsi, ce qui semble émerger à la fin de la Seconde Guerre mondiale relativement aux droits humains est le produit de la reconnaissance progressive de la subjectivité de tout être humain, dont la diffusion par la littérature romanesque au XVIIIe siècle, y compris celle[211] qui fusionne les philosophies politique et juridique, entraîne des changements de pratiques envers soi-même et autrui. L'accent mis sur la notion d'authenticité, soit la conformité à la vérité non seulement objective mais aussi subjective, se développe tant et si bien que, propulsée par la société de consommation, une véritable ère de l'ego[212] se cristallise dès les années 1960 en Occident.

Les représentants des Etats fondateurs de l'ONU éprouvent comme nécessaire l'intégration des droits humains dans la pratique étatique. En tant qu'autorités publiques, ils acceptent de suivre des principes et des règles et de se soumettre à un contrôle de leur capacité à suivre ces normes. Les obligations formelles qui encadrent les pratiques étatiques sont bien sûr

---

209 F. Rouvillois, *op. cit.*

210 Ainsi, des indicateurs de confiance de la population envers leur gouvernement sont progressivement apparus à l'échelle nationale et internationale.

211 On pense ici, évidemment, à Jean-Jacques Rousseau.

212 J. Stolz, J. Könemann, M. Schneuwly Purdie, T. Englberger & M. Krüggeler, *Religion et spiritualité à l'ère de l'égo*, Labor et Fides, 2015, p. 144–145 ; F. Gauthier, « Primat de l'authenticité et besoin de reconnaissance. La société de consommation et la nouvelle régulation du religieux », *Studies in Religion / Sciences Religieuses* 41 (1), 2012, p. 93–111.

transmises par les textes onusiens, mais les règles liturgiques qui les entourent le seront principalement oralement, par les bureaucrates onusiens, véritables techniciens du savoir-faire de la culture onusienne. Le travail continu des acteurs des organes onusiens tel que celui effectué au sein des organes des traités internationaux correspond au contrôle auquel se soumettent les Etats. Au niveau international[213], ces mécanismes de contrôle sont établis soit par des traités internationaux comme les deux Pactes internationaux[214], soit par des résolutions[215] onusiennes. A cet égard, la Commission des droits de l'homme établit progressivement des résolutions – c'est-à-dire des textes politiques non contraignants juridiquement – créant dans les années 1990 le système de rapporteurs spéciaux ayant soit des mandats par pays, soit des mandats thématiques.

Le premier mandat de rapporteur spécial sur l'intolérance religieuse et la discrimination fondée sur la religion ou la conviction est créé en 1986[216] et se transformera en 2000[217] en rapporteur spécial sur la liberté de religion ou de conviction. En 1989, le mandat exceptionnel[218] d'une rapporteuse spéciale sur les pratiques traditionnelles nuisibles aux femmes et aux enfants est créé et couvre, jusqu'en 2005, les questions relatives aux femmes victimes de violences exclusivement dans un contexte coutumier (en particulier l'excision).

---

[213] A. Cassese, *International law*, Oxford University Press, 2005 [2001], p. 386.

[214] Par exemple, le Comité des droits de l'homme qui est un organe des traités a été créé par le Pacte international relatif aux droits civils et politiques ; le Comité sur l'élimination de la discrimination à l'égard des femmes, également un organe des traités, a été créé pour faire suite à la Convention sur l'élimination de toutes les formes de discrimination à l'égard des femmes (1979).

[215] A. Cassese, *op. cit.*, p. 387–388, cite quatre principales sortes de mécanismes de contrôle créés par résolutions : 1. Ceux qui sont établis par la résolution 1235(XLII) de l'ECOSOC en 1967 ; 2) ceux par la résolution 1503(XLVIII) de l'ECOSOC en 1970 et révisée en 2000 ; 3) le système des rapporteurs spéciaux de pays ou de thématique créé par la Commission des droits de l'homme dans les années 1990 ; et 4) le Haut-Commissariat des Nations unies aux droits de l'homme créé par l'Assemblée générale dans la résolution 48/141 en 1993.

[216] E/CN.4/RES/1986/20, résolution adoptée par la Commission des droits de l'homme le 10 mars 1986 à sa quarante-deuxième session. Initialement, le mandat était d'une année. Il sera reconduit et existe encore aujourd'hui.

[217] E/RES/2000/261.

[218] A. Schwab, *op. cit.*, 2021a, p. 117.

Ce n'est qu'en 1994[219] qu'un mandat de rapporteuse spéciale sur la violence envers les femmes couvrant tant les contextes traditionnels que modernes est créé. Si le travail de rapporteur sur l'intolérance religieuse est guidé par la Déclaration sur l'élimination de toutes les formes d'intolérance et de discrimination fondées sur la religion ou la conviction, le travail de rapporteur sur les pratiques traditionnelles suit la Convention sur l'élimination de toutes les formes de discrimination à l'égard des femmes et le travail de rapporteur sur la violence suit principalement la Déclaration sur l'élimination de la violence envers les femmes. Les trois mandats s'appuient sur la Déclaration universelle des droits de l'homme.

Initialement sans dimension juridique contraignante, la Déclaration universelle obtient progressivement cette force par la coutume juridique internationale qui la renvoie toujours comme modèle. Comme le rappelle le premier directeur de la division des droits de l'homme à l'ONU, John P. Humphrey[220], en citant Eleanor Roosevelt, si cette dernière prédisait que la Déclaration « pourrait bien devenir la Magna Carta internationale de toute l'humanité » (notre traduction), elle considérait pourtant, comme la plupart des délégués de l'époque, que la Déclaration n'avait pas de portée juridique obligatoire et restait une déclaration de principes qui établissait une norme commune pour tous les peuples et toutes les nations. Cependant, une minorité de délégués auraient préféré lui donner immédiatement une portée juridique contraignante. Ainsi, le représentant chinois rappelait que la Déclaration énonçait explicitement des droits et que les Etats membres s'engageaient à les respecter. Par ailleurs, le représentant français proposait de voir la Déclaration comme un ensemble de principes généraux de droit qui, selon le statut de la Cour internationale de justice, sont une source de droit international. Dans ce sens, la Cour a effectivement eu un impact important dans la construction de la force juridique de la Déclaration universelle. Son avis consultatif sur les conséquences juridiques de la présence continue des Sud-Africains en Namibie datant du 21 juin 1971 a

---

219 E/CN.4/RES/1994/45, résolution adoptée par la Commission des droits de l'homme le 4 mars 1994 à sa cinquantième session puis acceptée par l'ECOSOC le 22 juillet 1994 dans sa décision 1994/254.

220 J. P. Humphrey, *op. cit.*, p. 435.

été important à cet égard. Dans cet avis, le juge libanais Fouad Ammoun considère que les principes énoncés dans la Déclaration universelle ont « acquis force de coutume par une pratique générale acceptée comme étant le droit [...] ».

Selon Antonio Cassese[221], la Déclaration universelle des droits de l'homme formule maintenant un concept unitaire et universellement valide des valeurs que tous les Etats doivent chérir au sein de leur propre ordre domestique. A cet égard, il faut rappeler que les pays socialistes n'étaient pas enthousiastes à l'égard de cette Déclaration parce qu'elle ne mettait pas l'accent sur les droits économiques et sociaux. Mais, malgré ce manque d'enthousiasme visible par leur abstention lors du vote final, les pays socialistes ainsi que les pays en voie de développement perçoivent la Déclaration comme un document valide qui a besoin d'être complété par des accords et des règlements. Plusieurs instruments contraignants sont établis à cette fin. Au niveau international, ces instruments contraignants incluent les traités généraux comme le Pacte international relatif aux droits civils et politiques et le Pacte international relatif aux droits économiques, sociaux et culturels en 1966 et les traités spécifiques comme la Convention sur l'élimination de toutes les formes de discrimination à l'égard des femmes en 1979.

Le Pacte international relatif aux droits civils et politiques et le Pacte international relatif aux droits économiques, sociaux et culturels ainsi que leur(s) protocole(s) facultatif(s) respectif(s) développent la Déclaration universelle des droits de l'homme, en particulier en ce qui nous concerne le droit à la vie, l'égalité devant la loi, la liberté de religion, la liberté d'expression et le droit à l'éducation. Avec la Déclaration universelle, ces deux Pactes internationaux constituent la Charte internationale des droits de l'homme. Ils réaffirment les principes de base des droits humains que sont l'universalité, l'interdépendance, l'indivisibilité, l'égalité et la non-discrimination et réaffirment l'obligation des signataires de les suivre. Ces deux textes sont entrés en vigueur en 1976, lorsque le taux minimal de signataires est atteint. Pour autant, le

---

221 A. Cassese, *op. cit.*, p. 381 : *The Universal Declaration of Human Rights* « *[...]* formulated *a unitary and universally valid concept of what values all States should cherish within their own domestic orders* » (il souligne).

dernier des deux protocoles facultatifs se rapportant au Pacte international relatif aux droits civils et politiques (1976 et 1989) entre en vigueur en 1991 et le seul protocole facultatif se rapportant au Pacte international relatif aux droits économiques, sociaux et culturels est créé bien plus tard, en 2008, et n'entrera en vigueur qu'en 2013.

Les deux Pactes internationaux relatifs aux droits civils et politiques et aux droits économiques, sociaux et culturels ont été adoptés à New York le 16 décembre 1966 par l'Assemblée générale des Nations unies dans sa résolution 2200 A (XXI). Ils rappellent, dans leur préambule, la Charte des Nations unies et la Déclaration universelle des droits de l'homme, en particulier la dignité inhérente à tous les membres de la famille humaine. Il nous semble essentiel de mettre en exergue les différents articles qui peuvent concerner les femmes et les religions car ces Pactes ont un caractère juridiquement contraignant. Le Pacte international relatif aux droits civils et politiques a son application assurée par le Comité des droits de l'homme, organe subsidiaire de l'Assemblée générale dont les 18 membres, des personnalités devant être de haute moralité, doivent observer les rapports des Etats parties. Le Pacte international relatif aux droits économiques, sociaux et culturels est quant à lui contrôlé par le Comité des droits économiques, sociaux et culturels, organe subsidiaire de l'ECOSOC, qui peut transmettre les rapports des pays à la Commission des droits de l'homme ou tout autre organe susceptible d'être intéressé.

Le Pacte international relatif aux droits civils et politiques regroupe 173 Etats parties en 2023 et comprend les droits et libertés classiques qui protègent les individus contre les ingérences de l'Etat, comme le droit à la vie, l'interdiction de la torture, de l'esclavage et du travail forcé, le droit à la liberté, etc. Le Pacte international relatif aux droits économiques, sociaux et culturels regroupe quant à lui 171 Etats parties en 2023. En le ratifiant, les Etats s'engagent à tout mettre en œuvre pour assurer *progressivement* le plein exercice des droits garantis par ce pacte : c'est-à-dire les droits individuels garantis à chaque être humain et qui impliquent en principe des obligations d'agir imposées aux Etats, ainsi que des objectifs à atteindre, comme le droit au travail, le droit à la sécurité sociale, le droit à l'éducation, etc. Une des différences notoires entre ces deux Pactes est le degré d'obligation demandée aux Etats parties. Ainsi, si le premier engage les Etats parties « à respecter et à garantir à tous les individus se trouvant sur leur territoire et relevant de leur compétence les droits reconnus dans le présent Pacte » (art. 2, § 1), le dernier ne les engage qu'« au maximum de [leurs] ressources disponibles, en vue d'assurer progressivement le plein exercice des droits reconnus dans le présent Pacte » (art. 2, § 1).

1) La question de l'égalité, des femmes et de la famille

Alors que le premier traité international à reconnaître et protéger les droits politiques des femmes (comme le droit de vote) est la Convention sur les droits politiques de la femme entrée en vigueur en 1954, les deux Pactes internationaux de 1966 stabilisent la question de l'égalité juridique sans distinction de sexe ni de religion. Les femmes enceintes sont spécifiquement protégées de la peine de mort dans le Pacte international relatif aux droits civils et politiques alors que l'égalité salariale est spécifiée dans le Pacte international relatif aux droits économiques, sociaux et culturels.

Tableau 1 : comparaison textuelle sur l'égalité entre hommes et femmes

Déclaration universelle des droits de l'homme	Pacte international relatif aux droits civils et politiques	Pacte international relatif aux droits économiques, sociaux et culturels
Article premier Tous les êtres humains naissent libres et égaux en dignité et en droits. Ils sont doués de raison et de conscience et doivent agir les uns envers les autres dans un esprit de fraternité.	**Article 2, § 1** Les Etats parties au présent Pacte s'engagent à respecter et à garantir à tous les individus se trouvant sur leur territoire et relevant de leur compétence les droits reconnus dans le présent Pacte, sans distinction aucune, notamment de race, de couleur, de sexe, de langue, de religion, d'opinion politique ou de toute autre opinion, d'origine nationale ou sociale, de fortune, de naissance ou de toute autre situation.	**Article 2, § 2** Les Etats parties au présent Pacte s'engagent à garantir que les droits qui y sont énoncés seront exercés sans discrimination aucune fondée sur la race, la couleur, le sexe, la langue, la religion, l'opinion politique ou toute autre opinion, l'origine nationale ou sociale, la fortune, la naissance ou toute autre situation.

(suite)

Tableau 1 : (suite)

Déclaration universelle des droits de l'homme	Pacte international relatif aux droits civils et politiques	Pacte international relatif aux droits économiques, sociaux et culturels
Article 2 1. Chacun peut se prévaloir de tous les droits et de toutes les libertés proclamés dans la présente Déclaration, sans distinction aucune, notamment de race, de couleur, de sexe, de langue, de religion, d'opinion politique ou de toute autre opinion, d'origine nationale ou sociale, de fortune, de naissance ou de toute autre situation. 2. De plus, il ne sera fait aucune distinction fondée sur le statut politique, juridique ou international du pays ou du territoire dont une personne est ressortissante, que ce pays ou territoire soit indépendant, sous tutelle, non autonome ou soumis à une limitation quelconque de souveraineté.	**Article 3** Les Etats parties au présent Pacte s'engagent à assurer le droit égal des hommes et des femmes de jouir de tous les droits civils et politiques énoncés dans le présent Pacte. **Article 6, § 5** Une sentence de mort ne peut être imposée pour des crimes commis par des personnes âgées de moins de 18 ans et ne peut être exécutée contre des femmes enceintes.	**Article 3** Les Etats parties au présent Pacte s'engagent à assurer le droit égal qu'ont l'homme et la femme au bénéfice de tous les droits économiques, sociaux et culturels qui sont énumérés dans le présent Pacte. **Article 7, § a, i** a) La rémunération qui procure, au minimum, à tous les travailleurs : i) Un salaire équitable et une rémunération égale pour un travail de valeur égale sans distinction aucune ; en particulier, les femmes doivent avoir la garantie que les conditions de travail qui leur sont accordées ne sont pas inférieures à celles dont bénéficient les hommes et recevoir la même rémunération qu'eux pour un même travail ;

Dans le Pacte international relatif aux droits civils et politiques, l'idée de dignité humaine oblige le respect de certains droits qui visent notamment à encadrer la violence. Toutes les personnes sont égales devant la loi et toute discrimination de « race », de couleur, de sexe, de langue, de religion, d'opinion politique ou autre, d'origine nationale ou sociale, de fortune, de naissance ou de toute autre situation est interdite (art. 26). Toute propagande en faveur de la guerre et tout appel à la haine nationale, raciale ou religieuse qui constitue une incitation à la discrimination, à l'hostilité ou à la violence sont interdits par la loi (art. 20). La potentielle dégradation de la dignité humaine par la violence physique (jusqu'à la mort) est encadrée. La peine de mort ne peut être appliquée qu'en vertu d'un jugement définitif rendu par un tribunal compétent (art. 6, al. 2). Cette peine ne peut être donnée à une personne de moins de 18 ans ou à une femme enceinte. Quant à la torture, nul n'y sera soumis ni à des peines ou traitements cruels, inhumains ou dégradants (art. 7) ; nul ne sera tenu en esclavage (art. 8) et chacun a droit à la reconnaissance en tous lieux de sa personnalité juridique (art. 16).

La question de l'égalité en dignité et en droits entre hommes et femmes pose celle de la famille. Alors que la famille est considérée comme l'élément naturel et fondamental de toute société par la Déclaration universelle et les deux Pactes internationaux, le mariage demeure sa pierre angulaire. Si les deux futurs époux doivent être consentants – le mariage forcé semble par là exclu –, le mariage avec un ou une mineure n'est pas exclu puisque seul un « âge nubile » est mentionné. Le pléonasme – le droit de se marier et de fonder une famille n'est possible qu'à l'âge nubile, soit littéralement à l'âge de se marier – révèle l'impossibilité de trouver un âge légal commun à tous les Etats. Par ailleurs, la dissolution du mariage est traitée par les trois textes de façon analogue ; les enfants issus du mariage devant être particulièrement protégés sans discrimination.

Si la famille est l'élément fondamental et naturel de toute société humaine selon le droit international, il semble que la jurisprudence en droit international[222] concernant la famille comprend ce terme comme assez restrictif

---

[222] Au niveau régional, la Cour européenne des droits de l'homme a abordé la question de la notion de famille (art. 8 de la CEDH). Elle a précisé que « la notion de famille au sens où l'entend cet article ne se borne pas aux seules relations fondées sur le mariage et peut englober d'autres liens 'familiaux' de fait lorsque les parties cohabitent en dehors du mariage » (arrêt de la CEDH Schalk et Kopf *contre* Autriche, 24 juin 2010, § 91). Compte tenu de l'évolution de plusieurs Etats européens ces dernières années, « il est artificiel de continuer à considérer que, au contraire d'un couple hétérosexuel, un couple homosexuel ne saurait connaître une 'vie familiale' aux fins de l'article 8 » (même arrêt, § 94). Ainsi, la relation qu'entretient un couple homosexuel ou hétérosexuel cohabitant de manière stable relève de la notion de « vie familiale » (arrêt de la CEDH Vallianatos et autres *contre* Grèce, 7 novembre 2013, § 73).

Tableau 2 : comparaison textuelle sur la famille

La Déclaration universelle des droits de l'homme	Le Pacte international relatif aux droits civils et politiques	Le Pacte international relatif aux droits économiques, sociaux et culturels
Article 12 Nul ne sera l'objet d'immixtions arbitraires dans sa vie privée, sa famille, son domicile ou sa correspondance, ni d'atteintes à son honneur et à sa réputation. Toute personne a droit à la protection de la loi contre de telles immixtions ou de telles atteintes. **Article 16** 1. A partir de l'âge nubile, l'homme et la femme, sans aucune restriction quant à la race, la nationalité ou la religion, ont le droit de se marier et de fonder une famille. Ils ont des droits égaux au regard du mariage, durant le mariage et lors de sa dissolution. 2. Le mariage ne peut être conclu qu'avec le libre et plein consentement des futurs époux. 3. La famille est l'élément naturel et fondamental de la société et a droit à la protection de la société et de l'Etat.	**Article 17** 1. Nul ne sera l'objet d'immixtions arbitraires ou illégales dans sa vie privée, sa famille, son domicile ou sa correspondance, ni d'atteintes illégales à son honneur et à sa réputation. 2. Toute personne a droit à la protection de la loi contre de telles immixtions ou de telles atteintes. **Article 23** 1. La famille est l'élément naturel et fondamental de la société et a droit à la protection de la société et de l'Etat. 2. Le droit de se marier et de fonder une famille est reconnu à l'homme et à la femme à partir de l'âge nubile. 3. Nul mariage ne peut être conclu sans le libre et plein consentement des futurs époux. 4. Les Etats parties au présent Pacte prendront les mesures appropriées pour assurer l'égalité de droits et de responsabilités des époux au regard du mariage, durant le mariage et lors de sa dissolution. En cas de dissolution, des dispositions seront prises afin d'assurer aux enfants la protection nécessaire.	**Article 10** Les Etats parties au présent Pacte reconnaissent que : 1. Une protection et une assistance aussi larges que possible doivent être accordées à la famille, qui est l'élément naturel et fondamental de la société, en particulier pour sa formation et aussi longtemps qu'elle a la responsabilité de l'entretien et de l'éducation d'enfants à charge. Le mariage doit être librement consenti par les futurs époux. 2. Une protection spéciale doit être accordée aux mères pendant une période de temps raisonnable avant et après la naissance des enfants. Les mères salariées doivent bénéficier, pendant cette même période, d'un congé payé ou d'un congé accompagné de prestations de sécurité sociale adéquates.

La Déclaration universelle des droits de l'homme	Le Pacte international relatif aux droits civils et politiques	Le Pacte international relatif aux droits économiques, sociaux et culturels
		3. Des mesures spéciales de protection et d'assistance doivent être prises en faveur de tous les enfants et adolescents, sans discrimination aucune pour des raisons de filiation ou autres. Les enfants et adolescents doivent être protégés contre l'exploitation économique et sociale. Le fait de les employer à des travaux de nature à compromettre leur moralité ou leur santé, à mettre leur vie en danger ou à nuire à leur développement normal doit être sanctionné par la loi. Les Etats doivent aussi fixer des limites d'âge au-dessous desquelles l'emploi salarié de la main-d'œuvre enfantine sera interdit et sanctionné par la loi.

car il s'agit toujours d'un couple de deux personnes. Ni la polygamie[223] ni le mariage homosexuel[224] ne sont ouvertement critiqués ou interdits. Même s'il

[223] En revanche, la polygamie est clairement critiquée au sein de la Commission de la condition de la femme par les représentantes chrétiennes, voir A. Schwab, *op. cit.*, 2021a, p. 80–90.

[224] Le mariage homosexuel semble être un tabou au sein de l'ONU. Selon de nombreux délégués d'ONG reconnues au sein de l'ONU ainsi que des bureaucrates onusiens de notre connaissance, la question de l'homosexualité est une pierre d'achoppement dans les relations internationales.

est sous-entendu que la famille doit être fondée par l'union d'un homme et d'une femme, on pourrait éventuellement interpréter ces articles comme ouverts au mariage homosexuel. Le mariage doit être fondé sur un choix libre, sans coercition, des futurs époux. Leur âge est important mais il diffère de pays en pays, comme le démontre le terme « nubile », ouvert à interprétation. A cet égard, l'article 2 de la Convention supplémentaire à l'abolition de l'esclavage, de la traite des esclaves et des institutions et pratiques analogues à l'esclavage adoptée par une conférence plénipotentiaire créant la résolution 608 (XXI) du Conseil économique et social des Nations unies en 1956 demande de fixer un âge minimum approprié pour le mariage dans le but de mettre fin aux institutions et pratiques analogues à l'esclavage, telles que le mariage forcé. Pour autant, aucun âge précis n'a été adopté au sein du système métanormatif onusien.

La Convention sur le consentement au mariage, l'âge minimum du mariage et l'enregistrement des mariages, soit la résolution 1763 A (XVII) prise par l'Assemblée générale le 7 novembre 1962, demande seulement, dans son article 2, que les « Etats parties [...] prendront les mesures législatives nécessaires pour spécifier un âge minimum pour le mariage. Ne pourront contracter légalement le mariage les personnes qui n'auront pas atteint cet âge, à moins d'une dispense d'âge accordée par l'autorité compétente pour des motifs graves et dans l'intérêt des futurs époux. » En outre, durant la cinquante-sixième session de la Commission de la condition de la femme en 2012, il semblerait que certains gouvernements comme la Russie, l'Inde et le Vatican s'opposent à l'utilisation des termes « pratiques traditionnelles néfastes » pour inclure les « mariages précoces » et préfèrent l'inclusion des « mariages d'enfants » ; une façon peut-être détournée de légitimer les mariages d'adolescents.

Il convient de comprendre le mariage entre deux personnes de sexes différents, a priori, comme l'élément d'ouverture de la sphère privée. C'est à travers lui que le droit de la famille prend effet avec, notamment, la question des droits successoraux et l'héritage, financier mais aussi culturel et religieux (par l'éducation). Le mariage (et la famille) représente donc le lieu de transmission par excellence. Tout ce qui peut porter atteinte à cette union porterait atteinte aux familles d'origine des deux époux. C'est donc une ouverture, un lieu de « passage », un moment à la fois numériquement marginal et socialement central : marginal parce qu'il représente la plus petite cellule familiale (potentiels parents) et central parce qu'il est au cœur de la création d'une nouvelle famille, au centre des transmissions familiales et des sociétés humaines, comme veulent le confirmer les deux Pactes internationaux.

Dans le Pacte international relatif aux droits civils et politiques, la famille d'un individu est protégée de toute immixtion arbitraire, notamment de l'Etat (art. 17). L'honneur et la réputation d'un individu sont aussi protégés. Sans pouvoir faire une histoire du terme « honneur » en droit international, il convient de s'arrêter un instant sur cette information importante. Le terme « honneur » est présent en droit international, sans qu'il y soit spécifiquement défini. Il fait partie du champ lexical de la vie privée, au même titre que la famille. Cette compréhension de l'honneur comme appartenant à la famille n'est donc pas propre aux peuples dits traditionnels. Pourtant, actuellement la dimension de réputation tend à toucher non seulement les individus ou les familles mais aussi les religions. En effet, comme le démontrent les débats sur la diffamation des religions[225] au Conseil des droits de l'homme, certains pays cherchent à intégrer et à faire reconnaître internationalement le fait que la réputation peut avoir comme sujet non seulement des personnes mais également des « religions », sous-entendu des institutions religieuses reconnues. Si nous développons ce point dans le chapitre IV du livre, rappelons que, lors des discussions autour de la Déclaration universelle, un des arguments en faveur du droit de changer de religion[226] était l'honneur de l'Islam ; changer de religion doit se faire par choix et sans coercition.

Alors que l'honneur fait partie de la sphère privée selon le Pacte international relatif aux droits civils et politiques, aucun individu ni même Etat ne peut s'immiscer dans les questions familiales. Le caractère privé auquel la sphère familiale appartient est ambigu. D'un côté, le caractère privé est fermé puisque personne ne peut s'immiscer, de l'autre, il est intrinsèquement ouvert puisque la famille est à l'origine de la société, comme en témoignent les alinéas 1 à 3 de l'article 23 du Pacte international relatif aux droits civils et politiques et l'article 10 du Pacte international relatif aux droits économiques,

---

[225] E. Polymenopoulou, *La liberté de l'art face à la protection des croyances religieuses. Etude d'un conflit des valeurs au prisme du droit international*, thèse de doctorat, Université de Grenoble et Université d'Athènes, 2011 et Ch. Roduit, *Le blasphème en droit international*, Institut universitaire de hautes études internationales, 2000.

[226] A/SR.182, 1948.

sociaux et culturels qui reprennent l'article 16 de la Déclaration universelle des droits de l'homme.

2) La question de la religion et de l'expression

En ce qui concerne la liberté de religion, faisant écho à la deuxième liberté énoncée par Roosevelt lors de son Discours en 1941 et faisant directement suite à l'article 18 de la Déclaration universelle, la liberté de religion est spécifiée dans l'article 18 du Pacte international relatif aux droits civils et politiques. Comme dans la Déclaration universelle, on voit que le droit à la liberté de religion croise la liberté de pensée et la liberté de conscience. Pour autant, le Pacte précise la Déclaration universelle. La précision est rendue visible notamment par le fait que l'article 18 passe d'un seul paragraphe (Déclaration) à quatre paragraphes (Pacte). Le Pacte international relatif aux droits civils et politiques développe également la liberté de pensée dans sa dimension communicationnelle, c'est-à-dire la liberté d'expression (articles 19 de la Déclaration universelle et du Pacte international relatif aux droits civils et politiques). La liberté de religion peut se manifester à travers des rites, des pratiques et des enseignements. Cette liberté part d'une sphère privée (« toute personne », « individuellement », « en privé », « de son choix ») pour rejoindre la sphère publique (« en commun », « en public », « l'enseignement », « l'éducation religieuse et morale »). La liberté de religion n'a donc pas de frontière nette entre l'individu et la collectivité et peut même se perpétuer à travers l'enseignement et l'éducation donnés par les responsables des enfants. Cette idée est soutenue par le fait que l'article 27 du Pacte international relatif aux droits civils et politiques protège explicitement la liberté religieuse des minorités. Cela montre que la liberté de religion est un élément qui est juridiquement reconnu comme concernant non seulement l'individu mais aussi le groupe.

La liberté de religion n'est pas un droit absolu et possède des limites. Les restrictions énoncées sont doubles. Elles concernent le droit de la personne, mais aussi le droit public : la sécurité, l'ordre, la santé publique, la morale et les libertés et droits fondamentaux d'autrui. La liberté de religion s'arrête où commencent d'autres droits fondamentaux. Ces derniers doivent aussi s'arrêter à la lisière de ceux-ci. Comment faire lorsque des droits fondamentaux semblent se contredire comme, dans bien des cas, lorsqu'il s'agit de l'égalité juridique entre hommes et femmes dans une perspective religieuse ?

Tableau 3 : comparaison textuelle sur la religion et l'expression

Déclaration universelle des droits de l'homme	**Pacte international relatif aux droits civils et politiques**	**Pacte international relatif aux droits économiques, sociaux et culturels**
Article 18 Toute personne a droit à la liberté de pensée, de conscience et de religion ; ce droit implique la liberté de changer de religion ou de conviction ainsi que la liberté de manifester sa religion ou sa conviction seule ou en commun, tant en public qu'en privé, par l'enseignement, les pratiques, le culte et l'accomplissement des rites.	**Article 18** 1. Toute personne a droit à la liberté de pensée, de conscience et de religion ; ce droit implique la liberté d'avoir ou d'adopter une religion ou une conviction de son choix, ainsi que la liberté de manifester sa religion ou sa conviction, individuellement ou en commun, tant en public qu'en privé, par le culte et l'accomplissement des rites, les pratiques et l'enseignement. 2. Nul ne subira de contrainte pouvant porter atteinte à sa liberté d'avoir ou d'adopter une religion ou une conviction de son choix. 3. La liberté de manifester sa religion ou ses convictions ne peut faire l'objet que des seules restrictions prévues par la loi et qui sont nécessaires à la protection de la sécurité, de l'ordre et de la santé publique, ou de la morale ou des libertés et droits fondamentaux d'autrui. 4. Les Etats parties au présent Pacte s'engagent à respecter la liberté des parents et, le cas échéant, des tuteurs légaux de faire assurer l'éducation religieuse et morale de leurs enfants conformément à leurs propres convictions.	**Article 13, § 3** Les Etats parties au présent Pacte s'engagent à respecter la liberté des parents et, le cas échéant, des tuteurs légaux, de choisir pour leurs enfants des établissements autres que ceux des pouvoirs publics, mais conformes aux normes minimales qui peuvent être prescrites ou approuvées par l'Etat en matière d'éducation, et de faire assurer l'éducation religieuse et morale de leurs enfants, conformément à leurs propres convictions.

(suite)

Tableau 3 : (suite)

Déclaration universelle des droits de l'homme	**Pacte international relatif aux droits civils et politiques**	**Pacte international relatif aux droits économiques, sociaux et culturels**
Article 19 Tout individu a droit à la liberté d'opinion et d'expression, ce qui implique le droit de ne pas être inquiété pour ses opinions et celui de chercher, de recevoir et de répandre, sans considérations de frontières, les informations et les idées par quelque moyen d'expression que ce soit.	**Article 19** 1. Nul ne peut être inquiété pour ses opinions. 2. Toute personne a droit à la liberté d'expression ; ce droit comprend la liberté de rechercher, de recevoir et de répandre des informations et des idées de toute espèce, sans considération de frontières, sous une forme orale, écrite, imprimée ou artistique, ou par tout autre moyen de son choix. 3. L'exercice des libertés prévues au paragraphe 2 du présent article comporte des devoirs spéciaux et des responsabilités spéciales. Il peut en conséquence être soumis à certaines restrictions qui doivent toutefois être expressément fixées par la loi et qui sont nécessaires : a) au respect des droits ou de la réputation d'autrui b) à la sauvegarde de la sécurité nationale, de l'ordre public, de la santé ou de la moralité publiques. **Article 20** 1. Toute propagande en faveur de la guerre est interdite par la loi. 2. Tout appel à la haine nationale, raciale ou religieuse qui constitue une incitation à la discrimination, à l'hostilité ou à la violence est interdit par la loi. **Article 27** Dans les Etats où il existe des minorités ethniques, religieuses ou linguistiques, les personnes appartenant à ces minorités ne peuvent être privées du droit d'avoir, en commun avec les autres membres de leur groupe, leur propre vie culturelle, de professer et de pratiquer leur propre religion, ou d'employer leur propre langue.	

Existe-t-il une hiérarchie des droits pour déterminer par avance lequel doit primer ? Nous mentionnerons qu'il existe un courant[227] de pensée philosophique et juridique qui suit le principe d'universalité des droits humains et tente de montrer que les droits fondamentaux sont interdépendants et ne se contredisent pas.

L'un des points sensibles des droits fondamentaux se situe entre la liberté religieuse et la liberté d'expression. Cette liberté apparaît à l'article 19 du Pacte international relatif aux droits civils et politiques (et aussi de la Déclaration universelle). Elle met en exergue la liberté d'opinion. Tout comme la liberté de religion, il existe des limites de la liberté d'expression scientifique, politique, artistique, religieuse, etc. En plus de la sécurité, de l'ordre, de la santé et de la moralité, il est intéressant de noter que la réputation d'autrui est également limitative. Le terme de « réputation » est un synonyme du mot « honneur », mais également des termes « autorité », « mémoire » et « renommée ». Présente dans un nombre important de traités internationaux et de textes juridiques nationaux[228], la réputation d'une personne et de sa famille est citée comme une limite à la liberté d'expression. Bien que le terme « honneur » ne soit pas présent dans la liste, cette notion est proche non seulement sémantiquement mais également formellement puisqu'elle apparaît peu avant accompagnée de la « réputation » à l'article 17 du Pacte international relatif aux droits civils et politiques.

3) La question des peuples et des minorités

La question des peuples et des minorités est étroitement liée à celle du droit des peuples à disposer d'eux-mêmes (ou droit à l'autodétermination), dont les définitions juridiques et, par conséquent, l'accès évoluent et sont toujours controversés au niveau global. Le droit des peuples à disposer d'eux-mêmes

---

[227] M. Bidault, « Ce que déclarer des droits culturels veut dire », *Droits fondamentaux* 7, 2008 : https://www.crdh.fr?p=5050 ; J. Donnelly, « The relative universality of human rights », *Human Rights Quarterly* 29 (2), 2007, p. 281–306 ; M. Ignatieff, « The attack on human rights », *Foreign Affairs* 80 (6), 2001, p. 102–116.

[228] Dans la Constitution fédérale suisse par exemple, l'honneur de la nation suisse est présent, et ce dès le préambule, à la deuxième phrase. En Suisse, l'honneur n'est pas seulement une notion nationale, il est également individuel, comme le montrent les articles 173 à 178 du Code pénal suisse sous le titre 3 « Infractions contre l'honneur et contre le domaine secret ou le domaine privé ».

est la pierre angulaire[229] normative de la capacité d'agir et de s'organiser légitimement de tout peuple autoconstitué. Le droit de disposer de lui-même concerne de près la reproduction bioculturelle d'un peuple, soit les rapports variables que chaque peuple entretient avec lui-même, ses membres (en particulier les femmes), ses discours pratiques et symboliques (en particulier les rites et les mythes) et avec les autres peuples avec qui il est en relation, ainsi que les terres, les airs, les eaux, et tous les existants[230] avec qui il partage l'espace[231] et l'existence.

Au niveau onusien, « l'égalité de droits des peuples et [...] leur droit à disposer d'eux-mêmes » (article premier) est le principe fondateur de la Charte des Nations unies et, ce faisant, du droit international de l'Organisation des Nations unies. Comme le présuppose la première phrase du préambule, « Nous, peuples des Nations unies », les « peuples des Nations unies » sont les auteurs abstraits (les narrateurs dirions-nous pour une œuvre romanesque) et les bénéficiaires concrets de la Charte. Les auteurs concrets de la Charte sont les représentants des Etats membres signataires de la Charte. Ainsi, le corps projeté des Nations unies représente l'ensemble des peuples présents sur les espaces occupés par les Etats. Au sein des Nations unies, chaque Etat représenterait un seul peuple homogène ou une seule nation ; ce qui, évidemment, ne correspond pas à la réalité. En effet, les territoires étatiques chevauchent bien souvent les territoires d'autres peuples qui ne sont pas toujours constitués en Etat-nation. En particulier, les situations postcoloniales, que celles-ci touchent les peuples anciennement comme récemment colonisés par des puissances européennes[232], révèlent une diversité de peuples vivant au sein d'un même espace.

---

229 I. Schulte-Tenckhoff, « Treaties, peoplehood, and self-determination : Understanding the language of indigenous rights », *in* E. Pulitano (ed.), Indigenous rights in the age of the UN Declaration, Cambridge, Cambridge University Press, 2012, p. 65–86.

230 Ph. Descola, *op. cit.*

231 Nous préférons le terme « espace » à « territoire » car ce dernier renvoie à des frontières posées conventionnellement dans l'espace. Pour autant, notre choix terminologique ne doit pas évacuer les débats et luttes constantes relatives aux territoires, notamment entre les territoires des peuples autochtones et ceux produits par des gouvernements étatiques.

232 Pour être plus nuancé, il faudrait ajouter à ce schéma chronologique les colonisations effectuées par les puissances non européennes, comme la Chine.

Par commodité, nous séparons schématiquement, autour de l'axe temporel onusien, les peuples anciennement colonisés des peuples récemment colonisés par les puissances européennes. Les peuples *anciennement* colonisés renvoient à des peuples qui, entre les XIVe et XVIIIe siècles, ont commencé à subir la domination de colonies européennes dans les Amériques, dit le Nouveau Monde ; colonies qui ont gagné leur indépendance en tant qu'Etats vis-à-vis de l'Europe dans le courant du XIXe siècle. Les peuples *récemment* colonisés renvoient à des peuples qui, dans le courant du XIXe siècle, ont commencé à subir la domination de colonies européennes en Afrique et en Asie ; colonies qui ont gagné leur indépendance en tant qu'Etats vis-à-vis de l'Europe dans la dernière partie du XXe siècle. Il faudrait ajouter à ce schéma les peuples *très anciennement* colonisés qui désignent les peuples colonisés dès l'Antiquité ou depuis le Moyen-Âge et dont les descendants semblent encore exister aujourd'hui, comme les yézidis ou les mazdéens. Dans ce schéma temporel, le cas du peuple juif est singulier puisque l'émotion collective de représentants d'Etats face à la persécution génocidaire dont ce peuple a été victime durant la première partie du XXe siècle constitue le fondement moral de la création de l'Organisation des Nations unies.

En ce qui concerne les peuples colonisés, l'Organisation des Nations unies hérite des classifications de la Société des Nations (1919–1946). Ces classifications s'appuient partiellement sur le principe sous-jacent au droit des peuples à disposer d'eux-mêmes qui avait été évoqué pendant la Première Guerre mondiale dans les 14 points du président états-unien Woodrow Wilson. Mais ce principe n'a pas été appliqué par la Société, en particulier par rapport aux Irlandais et à de nombreux peuples récemment comme anciennement colonisés. Au contraire, l'article 22 du Pacte de la Société des Nations applique le principe d'une « mission sacrée de civilisation » car il existerait « des peuples non encore capables de se diriger eux-mêmes ». C'est sur cet argument autoritaire et paternaliste que s'appuient les « nations civilisées » qui, en raison de « leurs ressources, de leur expérience et de leur position géographique » deviennent les tutelles officielles des nations considérées comme insuffisamment développées (art. 22, § 2). Le régime international de tutelle des peuples récemment colonisés mis en place par la Société des Nations est récupéré par l'Organisation des Nations unies via sa Charte et la constitution de l'organe principal onusien de Conseil des tutelles.

Le maintien du régime onusien de tutelle n'est justifié que dans une perspective d'accès à l'indépendance et à la capacité des peuples à s'autoadministrer (art. 76, § b de la Charte). Malgré l'aspect provisoire du régime de tutelle onusien, ce n'est qu'après l'acceptation de plusieurs textes internationaux contraignants dans les années 1960 et 1970 que le processus d'accès au droit des peuples à disposer d'eux-mêmes s'est accéléré pour les peuples récemment colonisés. Les accords entre Alliés restent entre-temps prioritaires et ceux-ci ne mentionnent pas la question des peuples colonisés. Par ailleurs, les Etats-Unis, qui dominent militairement le monde, ont une position ambiguë[233]. Ils se montrent plus inquiets par leur inimitié avec l'Union soviétique et par la stabilisation socioéconomique de l'Europe que par l'indépendance des pays colonisés. La crainte de l'expansion communiste se traduit par la théorie géopolitique des dominos selon laquelle l'adhésion idéologique d'un pays en faveur du communisme serait suivie par celle des pays voisins. Si la promotion de la lutte contre le colonialisme et la dénonciation de l'impérialisme occidental sont au cœur de la politique étrangère soviétique, l'Union soviétique poursuit ses propres intérêts stratégiques tout en soutenant fortement les mouvements de libérations nationales dans les espaces colonisés d'Afrique, d'Asie et d'Amérique latine.

Dès les débuts de l'Organisation des Nations unies, une grande partie des régions qui avaient été colonisées récemment par les puissances européennes demande l'indépendance aux métropoles et l'obtient par négociation ou par insurrection. Dans certains cas, les dominions ne souhaitent pas l'indépendance. Parfois ils sont partiellement assimilés à leur métropole, parfois ils sont abandonnés par leur métropole. Ce mouvement dynamique de l'accès au droit des peuples à disposer d'eux-mêmes passe parfois par une conceptualisation fortement nationaliste et des conflits armés[234]. Le 14 décembre 1960,

---

[233] D. Ryan & V. Pungong (ed.), *The United States and decolonization : Power and freedom*, St. Martin's, 2000. Outre les considérations géopolitiques, il nous semble que la question des peuples colonisés renvoie le gouvernement états-unien d'alors à une mémoire historique constitutive de sa création et de sa construction en tant que puissance économique et militaire qui est particulièrement honteuse. D'abord, la mémoire des génocides des peuples amérindiens, puis de l'esclavage de personnes issues de peuples africains et enfin les discriminations à l'égard de leurs descendants favorisent le déni collectif.

[234] J.-C. Allain, « 'Introduction'. La décolonisation. Regards sur les années 1950 », *Relations internationales* 1 (133), 2008, p. 4–5.

l'Assemblée générale onusienne vote la Déclaration sur l'octroi de l'indépendance aux pays et aux peuples coloniaux[235]. La Déclaration réaffirme le principe de la libre détermination de tous les peuples en refusant tout retard dans l'accession ou l'octroi de l'indépendance. Elle précise que le manque de préparation à l'indépendance ne peut plus être invoqué pour retarder le processus. Le 15 décembre 1960, l'Assemblée générale vote la résolution 1541 (XV)[236] qui précise les trois modalités d'exercice du droit des peuples à disposer d'eux-mêmes : a. lorsqu'un territoire non autonome est devenu un Etat indépendant et souverain ; b. lorsqu'il est librement associé à un Etat indépendant ; ou c. lorsqu'il s'est intégré à un Etat indépendant. De plus, la résolution 2625 (XXV) du 24 octobre 1970[237] ajoute une quatrième modalité : « l'acquisition de tout autre statut politique librement décidé par un peuple ». Dans ce sens, à la fin de l'année 1970, le Conseil de sécurité onusien déclare illégale la présence de l'Afrique du Sud en Namibie. Cette position est confirmée par la Cour internationale de justice via son avis consultatif du 21 juin 1971.

En 1966, les deux Pactes internationaux sont adoptés par l'Assemblée générale. Ils reconnaissent, ensemble, les droits individuels, les droits collectifs (les minorités) et les droits des groupes (les peuples). Le droit des peuples à disposer d'eux-mêmes et l'abstraction proposée par la Charte d'une unité nationale que représenterait l'Etat-nation se précisent avec les deux articles premiers des deux Pactes. En vertu de ce droit, tous les peuples peuvent déterminer librement leur statut politique et assurer librement leur développement économique, social, religieux et culturel, notamment en disposant librement de leurs richesses et ressources naturelles. Mais, une distinction faite entre les « peuples » et les « minorités » est rendue visible dans le Pacte international relatif aux droits civils et politiques, par l'introduction de l'article 27 :

---

[235] La résolution 1514 (XV).

[236] A/RES/1541 (XV) « Principes qui doivent guider les Etats membres pour déterminer si l'obligation de communiquer des renseignements, prévue à l'alinéa *e* de l'article 73 de la Charte, leur est applicable ou non ».

[237] A/RES/2625 (XXV) « Déclaration relative aux principes du droit international touchant les relations amicales et la coopération entre les Etats conformément à la Charte des Nations unies », résolution adoptée par l'Assemblée générale le 24 octobre 1970.

> *« Dans les Etats où il existe des minorités ethniques, religieuses ou linguistiques, les personnes appartenant à ces minorités ne peuvent être privées du droit d'avoir, en commun avec les autres membres de leur groupe, leur propre vie culturelle, de professer et de pratiquer leur propre religion, ou d'employer leur propre langue. »*

Alors que l'article premier, paragraphe 2 du Pacte protège les peuples des Nations unies dans leur lien à la terre puisqu'ils « peuvent disposer librement [...] de leurs ressources naturelles », l'article 27 exclut tout rapport particulier et prioritaire des minorités à la terre qu'elles occupent, laissant leur distinction identitaire s'effectuer à travers leur rapport à un Etat et un territoire qui ne leur appartient pas. En 1992, l'article 27 sera suivi de l'adoption par l'Assemblée générale par consensus de la Déclaration des droits des personnes appartenant à des minorités nationales ou ethniques, religieuses et linguistiques. En 2005, le mandat de rapporteur spécial sur les questions relatives aux minorités est créé par la Commission des droits de l'homme. Concernant les peuples, « les Etats parties [...] sont [toujours] tenus de faciliter la réalisation du droit des peuples à disposer d'eux-mêmes » (article premier, § 3 du Pacte). Cependant, les représentants des Etats parties issus d'anciennes puissances coloniales européennes ont cherché à limiter l'accès au droit des peuples des Nations unies pour les peuples avec qui ils partagent un espace et avec qui ils ont signé de multiples traités de paix et des traités délimitant les territoires réciproques.

Dans les années 1970, le problème de discrimination à l'encontre des peuples autochtones[238] retient l'attention de la Sous-Commission de la lutte contre les mesures discriminatoires et de la protection des minorités, organe subsidiaire de la Commission des droits de l'homme. La fameuse et volumineuse *Etude du problème de discrimination à l'encontre des populations autochtones*, dite Etude Cobo, commencée en 1971 et terminée en 1987[239] par le rapporteur de la Sous-Commission, José Martínez Cobo, propulse

---

238 Sur cette question, voir notamment I. Schulte-Tenckhoff, *La question des peuples autochtones*, Bruylant, 1997 ; J. Anaya, *Indigenous peoples in international law*, Oxford University Press, 2004 [1996] ; J. Anaya, *International human rights and indigenous peoples*, Aspen Publishing, 2009.

239 La dernière version de cette *Etude du problème de discrimination à l'encontre des populations autochtones* commencée en 1971 date de 1987 : E/CN.4/Sub.2/1986/7/Add.4.

la question des peuples autochtones au niveau international. La question émerge véritablement par le biais d'une conférence sur la « [d]iscrimination à l'encontre des populations autochtones dans les Amériques » organisée par le Sous-Comité sur le racisme, la discrimination raciale, l'apartheid et la décolonisation du Comité spécial des ONG internationales pour les droits humains du 20 au 23 septembre 1977 au Palais des Nations à Genève. A son issue, une Déclaration de principes pour la défense des nations et peuples autochtones de l'hémisphère occidental est adoptée. Elle demande notamment aux Etats de renoncer à réclamer des terres sur les territoires reconnus comme appartenant aux peuples autochtones.

En 1981, une autre conférence se nourrit de l'apport de l'Etude Cobo. En 1982, un Groupe de travail sur les populations autochtones est créé dans le cadre de la Sous-Commission. Mais, les classifications proposées par les représentants d'Etats restent souvent problématiques car elles renvoient à l'abstraction d'une unité nationale. Les représentants de peuples autochtones, soutenus par le travail de José Martínez Cobo, demandent à revoir la Convention n° 107 relative aux populations aborigènes et tribales adoptée en 1957 par l'Organisation internationale du travail. S'ils ne sont pas conviés au processus de révision, les représentants de peuples autochtones suivent de près l'Organisation internationale du travail qui adopte en 1989 la Convention n° 169 relative aux peuples indigènes et tribaux. Dans ce document, un « peuple indigène » serait constitué de descendants d'un groupe habitant une terre particulière alors qu'un « peuple tribal » serait minoritaire par rapport à une « communauté nationale » majoritaire.

Si le lien bioculturel avec la terre est reconnu pour un « peuple indigène », dont on préférera, pour sa précision étymologique, le qualificatif d'« autochtone », la définition proposée dans l'Etude Cobo, n'est pas pleinement intégrée[240] :

[240] E/CN.4/Sub.2/1986/7/Add.4, § 375.

> *« 375. C'est compte tenu de cette situation et de ces droits [historiques qu'elles ont sur leurs terres et de leurs droits qu'elles ont d'être différentes et d'être considérées comme telles] qu'il faut aborder la question de la définition [des populations autochtones]. Les sociologues sont arrivés à la conclusion que les groupes ethniques ne peuvent se caractériser que par les différences qu'eux-mêmes perçoivent entre eux et d'autres groupes avec lesquels ils doivent maintenir des relations. Ils existent en tant que groupes ethniques dans la mesure où ils se considèrent comme différents des autres groupes. Chaque groupe ethnique fixe lui-même les conditions d'appartenance au groupe, en prévoyant d'y inclure ou d'en exclure ceux qu'il peut accepter ou qu'il rejette comme membres, ceux qu'il va adopter ou exclure et ceux qui peuvent ou ne peuvent pas le représenter. Du point de vue de l'individu, l'appartenance à un groupe dépend de deux facteurs : l'autoidentification en tant que membre du groupe (conscience du groupe) et la reconnaissance par le groupe de l'appartenance au groupe (acceptation par le groupe). C'est ainsi que le groupe peut, conformément aux conditions d'appartenance, d'inclusion ou d'exclusion qu'il s'est fixées lui-même, accepter ou rejeter telle ou telle personne, et adopter ou exclure telle autre. Il peut aussi modifier ces conditions s'il en a le désir, ou ne pas le faire, sans ingérence extérieure. »*

L'autoidentification à un peuple autochtone et la reconnaissance de cette identification par ce même peuple, tout aussi déterminante que le lien étroit à la terre, supposent qu'il ne peut exister de définition universelle des « peuples autochtones ». Pour autant, cela ne doit pas empêcher la précision des droits de ces peuples. Dans ce sens, le Groupe de travail onusien sur les populations autochtones commence à élaborer une Déclaration sur les droits des peuples autochtones en marginalisant initialement leurs représentant-e-s de la discussion. Mais, ces représentant-e-s, qui viennent directement de leur communauté issue des trois Amériques, d'Afrique centrale ou du Nord, d'Asie centrale ou du Sud-Est, de Russie, d'Australie, de Nouvelle-Zélande, du Cercle circumpolaire ou d'ailleurs ont réussi à imposer leur présence et leur agentivité dans les espaces de débats onusiens au sein desquels le texte qui les concerne au plus haut point s'est construit.

Les discussions au sein et autour du Groupe de travail onusien sur les populations autochtones sont longues et ardues, principalement en raison des divergences entre les représentant-e-s d'Etats membres sur la portée et la nature des droits à reconnaître aux peuples autochtones. Certains craignent que la Déclaration ne reconnaisse trop d'autonomie aux peuples autochtones au détriment de la souveraineté nationale. Même si la volonté de faire sécession n'est pas le leitmotiv de la plupart des peuples autochtones, le risque de morcellement du territoire[241] ou de la fragmentation politique est particulièrement craint par les Etats construits sur les fondements d'une colonie. Finalement, le 13 septembre 2007, après près de vingt-cinq ans de délibérations intégrant les points de vue autochtones, la Déclaration[242] sur les droits des peuples autochtones est adoptée par l'Assemblée générale par 143 votes en faveur, 4 votes contre (Australie, Canada, Nouvelle-Zélande et les Etats-Unis – tous des « enfants » de la couronne d'Angleterre construits sur le génocide de nombreux peuples autochtones) et 11 abstentions (Azerbaïdjan, Bangladesh, Bhoutan, Burundi, Colombie, Géorgie, Kenya, Nigéria, Fédération de Russie, Samoa et Ukraine) – 35 Etats étant absents. Finalement, en 2010, les quatre Etats défavorables souscrivent à la Déclaration.

La Déclaration, non contraignante mais forte de son adoption largement majoritaire, reconnaît et protège un large éventail de droits des peuples autochtones, notamment leurs droits culturels, religieux, territoriaux, environnementaux, sociaux, politiques et économiques. Elle garantit leur droit à l'autodétermination, à la préservation de leurs langues et de leurs traditions, ainsi qu'à la participation à la prise de décision concernant les questions qui les affectent. Malgré son adoption, certains pays, y compris des Etats qui cohabitent avec une population autochtone significative comme la Fédération de Russie, ont exprimé des réserves. Pour autant, la Déclaration sur les droits des peuples autochtones reste un instrument essentiel pour la promotion et la protection des droits des peuples et communautés autochtones dans le monde entier. Dans une perspective globale, elle permet en outre de jeter un regard renouvelé sur la capacité que l'être humain peut avoir d'entrer en relation avec les existants de son espace en tissant des liens étroits et solides et en les cultivant :

---

241 Ce phénomène est appelé parfois « *balkanization* », J.-P. Rioux, « Point de vue – la décolonisation, cette histoire sans fin », *Vingtième Siècle. Revue d'histoire* 4 (96), 2007, p. 229.

242 I. Schulte-Tenckhoff, « La Déclaration des Nations unies sur les droits des peuples autochtones : prétexte à quelques réflexions sur les usages de la diversité culturelle » *in* V. Négri (dir.), La diversité dans la gouvernance internationale. Perspectives culturelles, écologiques et juridiques, Bruylant, 2016b, p. 33–53.

> « *Article 25*
>
> *Les peuples autochtones ont le droit de conserver et de renforcer leurs liens spirituels particuliers avec les terres, territoires, eaux et zones maritimes côtières et autres ressources qu'ils possèdent ou occupent et utilisent traditionnellement, et d'assumer leurs responsabilités en la matière à l'égard des générations futures.* »

La Déclaration sur les droits des peuples autochtones met en évidence les relations étroites que peut développer toute communauté humaine en lien avec la terre dont elle est issue et/ou où elle habite – pour reprendre l'étymologie grecque du terme « autochtone ». Cette perspective rappelle l'importance de l'environnement dans la reproduction bioculturelle d'une communauté humaine. Les communautés produisent des systèmes métanormatifs régissant leurs relations avec les autres existants ; elles participent, ainsi, à la structure de l'écosystème qui les comprend. Ces relations, d'ordre spirituel selon les termes de la Déclaration, touchent notamment les terres, les territoires, les eaux et les côtes. Elles visent une responsabilisation envers les générations futures. L'accent mis sur la protection des générations futures entre en résonance avec la notion onusienne de développement durable dont la définition[243] proposée par la Commission Brundtland dans son rapport de 1987 intitulé *Our Common Future* fera date : « *Humanity has the ability to make development sustainable to ensure that it meets the needs of the present without compromising the ability of future generations to meet their own needs.* » (§ 27) Dans ce sens, la reconnaissance du rôle des générations futures et, par conséquent, des femmes qui les engendrent, devient progressivement centrale, non seulement pour l'ONU mais aussi et surtout pour les communautés humaines, en particulier les peuples autochtones.

Le rôle fondamental des femmes dans la reproduction bioculturelle des peuples les rend plus souvent la cible de batailles identitaires et physiques entre les communautés qui se considèrent comme différentes. Dans le cas canadien par exemple, les mises en lumière récurrentes de cas de tombes, souvent anonymes, d'enfants autochtones enrôlés de force dans des pensionnats gérés par le gouvernement canadien et l'Eglise catholique donnent,

---

243 L'accent mis sur les générations futures ne sera pas repris par les Objectifs du millénaire pour le développement (2000) mais le sera par les Objectifs de développement durable (2015).

en creux, un aperçu des violences systématiques qu'ont pu subir les peuples autochtones depuis leur colonisation. En 2005, le programme The Sisters in Spirit, lancé par la Native Women's Association of Canada et financé par le Status of Women Canada, rappelle que les femmes autochtones sont aujourd'hui davantage tuées[244] par une personne inconnue et qu'elles sont huit fois plus souvent tuées par leur conjoint que les autres femmes canadiennes. Ces résultats ont engendré la création d'une commission nationale d'enquête de 2016 à 2019 : la National Inquiry into Missing and Murdered Indigenous Women and Girls. Mais, à cause des restrictions liées à la Covid-19, la mise en œuvre de son plan d'action a pris du retard[245]. Alors que les Autochtones n'ont obtenu le droit de vote au niveau fédéral qu'en 1960, les discriminations qu'ils subissent depuis des siècles sont souvent invisibilisées dans les enquêtes étatiques qui classifient en fonction des « races » (blanches, noires, hispaniques…) et non des peuples.

Parce que les situations de discriminations étatiques vécues par les peuples autochtones et en particulier les femmes autochtones ne sont généralement pas reconnues comme découlant d'un manque de décolonisation, les abus terminologiques, juridiques et politiques des Etats envers ces peuples perdurent. Ainsi, alors que la concurrence pour les ressources environnementales s'intensifie dans le monde, on remarque depuis les années 1990 une tendance de certains Etats à accaparer abusivement leurs droits ancestraux à la terre[246], notamment en assimilant les « peuples autochtones », pour des raisons stratégiques, à des « minorités ». Le droit des peuples à disposer d'eux-mêmes deviendrait alors un simple droit humain collectif dont les seuls garants seraient les Etats membres des Nations unies et non plus, en suivant

---

[244] Par exemple, le cas actuel de femmes autochtones tuées et vraisemblablement jetées dans la décharge Prairie Green au Manitoba illustre non seulement le degré de dégradation que peuvent subir les corps féminins autochtones, mais aussi les dissensions autour de la valeur symbolique et financière qu'il faut attribuer à leur réparation.

[245] Une analyse de cette enquête montre que la police canadienne utilise régulièrement des stratégies narratives, pour répondre à la violence contre les peuples autochtones, qui contribuent à poursuivre la réalisation du projet colonial, voir J. Flores & A. Román Alfaro, « Building the settler colonial order : Police (in)actions in response to violence against indigenous women in 'Canada' », *Gender & Society* 37 (3), 2023, p. 391–412.

[246] Pour le cas canadien actuel, voir par exemple L. Roudier, F. Lasserre & P.-L. Têtu, « Oléoducs et gazoducs : Catalyseurs d'enjeux de pouvoir sur des territoires dans l'Ouest canadien », *Cybergeo : European Journal of Geography* 971, 2021, p. 1–24.

pourtant le principe du droit des peuples à disposer d'eux-mêmes au cœur de la Charte des Nations unies, un droit à s'organiser politiquement de façon libre, sans nécessairement opter pour le choix d'un statut étatique : « Refuser aux peuples autochtones leur statut de peuple par principe en raison de leur 'autochtonie' revient à une forme de discrimination qui perpétue des notions racistes remontant à l'époque de l'expansion coloniale européenne [...], tout en légitimant l'action unilatérale (de l'Etat) visant à s'approprier les terres, les ressources et la juridiction des peuples autochtones. »[247]

[247] I. Schulte-Tenckhoff, *op. cit.*, 2012, p. 82 (notre traduction).

III. Le façonnement des droits humains des femmes

A. La Déclaration sur l'élimination de la discrimination à l'égard des femmes (1967)

Une année après la création des deux Pactes internationaux, l'Assemblée générale adopte la Déclaration sur l'élimination de la discrimination à l'égard des femmes par la résolution A/RES/2263 (XXII) proclamée par l'Assemblée générale le 7 novembre 1967. C'est aussi durant l'année 1967 que les mécanismes des procédures spéciales apparaissent au sein du système onusien[248]. Les rapporteurs spéciaux font partie de ces procédures spéciales qui ont le mandat d'examiner, de contrôler, de conseiller et de rapporter publiquement la mise en œuvre des normes des droits humains dans un contexte géographique précis ou une thématique spécifique. Même si le statut de rapporteur spécial sur la violence envers les femmes ne se constitue que dans les années 1990, le travail de sensibilisation de la Commission sur la condition de la femme commence bien en amont. C'est par ce travail que sera rédigée et adoptée la Déclaration sur l'élimination de la discrimination à l'égard des femmes.

La Déclaration présente de grandes précisions sur les droits spécifiques aux femmes. Dans son préambule, la discrimination à l'égard des femmes est conçue comme une atteinte à la dignité humaine et au bien-être de la famille et de la société. Les femmes jouant un rôle social, politique, économique et culturel, au sein de la famille et en particulier dans l'éducation des enfants,

[248] Les premières procédures spéciales apparurent en 1967 pour s'occuper de la situation des droits humains sous l'apartheid en Afrique du Sud et, plus tard, en Palestine occupée (après la guerre israélo-arabe de 1967).

leur participation dans tous les domaines (et pas uniquement dans celui de la sphère privée) contribue au développement complet du bien-être et de la paix mondiale. L'objectif principal de la Déclaration est de faire reconnaître le principe d'égalité entre hommes et femmes en dignité et en droits. Cela se traduit par une série de mesures juridiques, politiques et sociétales à prendre :

- Abolir les lois, les coutumes, les règlements et les pratiques en vigueur qui sont discriminatoires (art. 2).
- Eduquer l'opinion publique et inspirer le désir d'abolir les préjugés, de supprimer les pratiques coutumières et autres qui sont fondées sur l'idée de l'infériorité de la femme (art. 3).
- Assurer l'égalité de droit de vote à travers une législation claire (droit de vote aux élections et être éligible ; droit de vote dans tous les référendums publics ; droit d'occuper des emplois publics) (art. 4).
- Assurer l'égalité au sein du mariage, en particulier par rapport à la nationalité (art. 5).
- Assurer l'égalité dans la famille (art. 6), notamment par rapport à la gestion des biens et de l'héritage et par rapport à l'âge du mariage (il faut interdire le mariage d'enfants et de filles impubères et il faut prendre des dispositions pour fixer un âge minimum au mariage).
- Oter toutes les dispositions des codes pénaux qui constituent une discrimination à l'égard des femmes (art. 7).
- Combattre le trafic des femmes et l'exploitation de leur prostitution (art. 8).
- Permettre un accès égal à l'éducation (art. 9).

En 1967, le projet de la Déclaration de la Commission de la condition de la femme, accepté et proposé par le Conseil économique et social[249] avec quelques modifications non de substance mais de tonalité, est adopté unanimement par l'Assemblée générale[250]. C'est une première grande victoire pour la Commission de la condition de la femme car la Déclaration reconnaît

---

[249] La résolution proposée par la Commission, E/CN.6/RES/I (XX), devient, pour l'ECOSOC, E/RES/1206 (XLII) dont l'article 2 change un tout petit peu : « Toutes mesures appropriées *doivent* être prises pour abolir les lois, coutumes, règlements et pratiques en vigueur qui constituent une discrimination à l'égard des femmes » (nous soulignons), tandis que l'article 3 est identique.

[250] A/RES/2263 (XXII), résolution adoptée par l'Assemblée générale le 7 novembre 1967 lors de la vingt-deuxième session.

internationalement la discrimination vécue par les femmes de manière systémique. Elle annonce une série d'autres réussites. D'abord, l'ECOSOC[251] demande de diffuser largement la Déclaration en considérant que l'Année internationale des droits de l'homme (1968) présente une occasion intéressante à cet effet.

Ensuite, en 1972, l'Assemblée générale[252] accepte la recommandation du Conseil économique et social d'adopter la résolution E/RES/1681 (LII) qui consiste en la proclamation de l'année 1975 comme « Année internationale de la femme » et qui a comme objectif d'intensifier l'action autour de la promotion de la condition de la femme. Puis, durant l'Année internationale de la femme, une Conférence internationale a lieu du 19 juin au 2 juillet à Mexico ; elle sera la première conférence mondiale sur les femmes. Plusieurs questions fondamentales ressortent de cette Conférence[253], comme la violence à l'égard des femmes, les pratiques traditionnelles (dont le crime d'honneur[254]) et la tension entre les traditions néfastes aux femmes et le respect des traditions nationales[255].

En faisant suite à la résolution 25[256] adoptée durant la Conférence de Mexico, la préparation de la Convention sur l'élimination de la discrimination à l'égard des femmes par la Commission de la condition de la femme s'accélère. La résolution 25 rappelle les résolutions A/RES/3010 (XXVII) du 18 décembre 1972 et A/RES/3275 (XXIX) du 10 décembre 1974, adoptées par l'Assemblée générale, et demande de mettre en œuvre des changements socioéconomiques dans le but d'accomplir une amélioration substantielle de la situation des femmes à travers le monde. Elle demande par ailleurs d'appliquer

---

[251] E/RES/1325 (XLIV) : Mesures visant à mettre en œuvre la Déclaration sur l'élimination de la discrimination à l'égard des femmes.

[252] A/RES/3010 (XXVII), résolution adoptée par l'Assemblée générale le 18 décembre 1972 lors de la deux mille cent treizième séance plénière.

[253] E/CONF.66/34, rapport de la Conférence.

[254] *Ibid., chapter II : Plans of Action, B : Statements made by participants on the world plan of action*, p. 49, § 37.

[255] *Ibid., chapter VII : Consideration of the draft World Plan of Action and the draft Declaration, A : Report of the first Committee, 4: Statements by representatives of the world plan of action*, p. 145, § 135 : « *A number of representatives emphasized that as indicated in the Plan, each country should implement the Plan taking into account its own national plans, priorities, social and cultural conditions and* national traditions. » (nous soulignons)

[256] *Ibid., chapter III : Resolutions and decision adopted by the Conference, resolution 25: Equality between men and women and elimination of discrimination against women*, p. 101–102.

les principes de la Déclaration sur l'élimination de la discrimination à l'égard des femmes. Tout en remerciant la Commission de la condition de la femme de son travail de rédaction d'une proposition de Convention, elle demande aux Etats membres de commenter le brouillon. Elle prie par ailleurs le Conseil économique et social de demander à la Commission de la condition de la femme de préparer le brouillon pour le soumettre au Conseil et à l'Assemblée générale. L'année 1976 devra avoir comme priorité la préparation et l'adoption de la Convention sur l'élimination de la discrimination à l'égard des femmes.

Durant la première Année internationale de la femme, en 1975, d'autres organes onusiens préoccupés par les droits des femmes sont créés. Il s'agit de l'International Research and Training Institute for the Advancement of Women (incorporé plus tard par l'ONU Femmes) et l'United Nations Development Fund for Women. Ces deux organes s'occupent, respectivement, de recherche, de formation et de gestion pour parvenir à l'égalité des genres et à l'autonomisation des femmes et de fournir une assistance financière et technique pour des approches innovantes ayant le but d'encourager l'émancipation des femmes et l'égalité entre les genres.

B. La Convention sur l'élimination de toutes les formes de discrimination à l'égard des femmes (1979)

Cinq mois après la Conférence de Mexico (décembre 1975), la Décennie des Nations unies pour la femme (1976–1985) est proclamée par l'Assemblée générale[257]. Les objectifs sont le développement, l'égalité et la paix. Durant cette Décennie, la Convention sur l'élimination de toutes les formes de discrimination à l'égard des femmes[258] est adoptée par l'Assemblée générale le 18 décembre 1979 (A/RES/2200 (XXI)). La mise en œuvre de la Convention prend effet dès le 3 septembre 1981, après le dépôt du vingtième instrument de ratification ou d'adhésion (art. 27 (1))[259]. En 2024, il est important de noter que plus d'Etats sont parties à la Convention qu'aux deux Pactes internationaux.

---

[257] A/RES/3520 (XXX), résolution adoptée par l'AG le 15 décembre 1975.

[258] A/RES/34/180, résolution adoptée par l'AG le 18 décembre 1979.

[259] Pour un commentaire juridique systématique du traité et de son protocole, voir M. Hertig Randall, M. Hottelier & K. Lampen (éd.), *La Convention sur l'élimination de toutes les formes de discrimination à l'égard des femmes et son Protocole facultatif. Commentaire*, Schulthess Verlag, 2019.

En effet, alors que la Convention compte 189 Etats parties, le Pacte international relatif aux droits civils et politiques en compte 173 et le Pacte international relatif aux droits économiques, sociaux et culturels 171. Les Etats-Unis et la république des Palaos sont les deux seuls Etats à l'avoir signée sans la ratifier et la Somalie, le Soudan, la république islamique d'Iran, le Saint-Siège et le royaume des Tonga et Niue sont les six seuls Etats n'ayant pris aucune mesure.

L'adoption de la Convention est une étape extrêmement importante pour comprendre les fondements juridiques sur lesquels repose la norme internationale sur les droits humains des femmes, et ce malgré les nombreuses réserves et déclarations des Etats parties qui contredisent parfois la nature même de la Convention. Après la Convention relative aux droits de l'enfant, elle est le traité de droits humains retenant le plus de réserves[260], notamment concernant l'article premier qui donne une définition de la « discrimination à l'égard des femmes » (cf. Extrait 13). La Convention place la question de la distinction, de l'exclusion ou de la restriction fondée sur le sexe qui a pour effet de compromettre la reconnaissance des droits et des libertés fondamentales des femmes au cœur d'un traité international, chose qui prête à débat, en particulier en ce qui concerne le(s) rôle(s) des femmes dans la société. La Convention permet la création du Comité sur l'élimination de la discrimination à l'égard des femmes[261]. Il vise à contrôler la mise en œuvre de la Convention par les Etats parties, principalement par le biais de questionnaires de suivis.

---

[260] A. Marsha Freeman, *Reservations to CEDAW : An analysis for UNICEF*, UNICEF, 2009 ; S.-Y. Cho, « International women's convention, democracy, and gender equality », *Social Science Quarterly* 95 (3), 2014, p. 719–739 ; L. Keller, « The impact of states parties' reservations to the Convention on the elimination of all forms of discrimination against women », *Michigan State Law Review*, 2014, p. 309–326 ; E. Ahlgren, « Ratification, reservations, and review : Exploring the role of the CEDAW compliance mechanisms in women's rights », *Journal of Public & International Affairs*, 2021, p. 1–17.

[261] Bien que les informations concernant les pratiques traditionnelles ou coutumières affectant les femmes et les enfants contenues dans les rapports des Etats parties ne soient pas étendues dans les rapports des pays où ces pratiques existent, le Comité propose des recommandations spécifiques pour les éliminer.

La Convention se fonde principalement sur la Déclaration sur l'élimination de la discrimination à l'égard des femmes et rappelle aussi les deux Pactes internationaux. Dans son préambule, il apparaît que les membres de l'Assemblée générale sont « convaincus que l'instauration du nouvel ordre économique international fondé sur l'équité et la justice contribuera de façon significative à promouvoir l'égalité entre l'homme et la femme ». Ce nouvel ordre économique ne peut pas compter sur la discrimination raciale, le colonialisme, la domination étrangère et l'ingérence dans les affaires intérieures des Etats. Au contraire, il doit contribuer au désarmement nucléaire, à la réalisation du droit des peuples assujettis à une domination étrangère et coloniale et à contrer toute occupation ne respectant pas la souveraineté nationale. Ces bases favoriseraient le progrès social et le développement et contribueraient, par conséquent, à la réalisation de l'égalité entre l'homme et la femme. Cette logique qui met le progrès économique comme cause du progrès social est au cœur du « consensus de Washington ».

Le rôle des femmes au sein de la famille est particulièrement appuyé dans la Convention. La contribution au « bien-être de la famille et au progrès de la société » n'étant pas pleinement reconnue, il faut prendre conscience et prendre des mesures juridiques et politiques sur le fait que « le rôle de la femme dans la procréation ne doit pas être une cause de discrimination et que l'éducation des enfants exige le partage des responsabilités entre les hommes, les femmes et la société dans son ensemble ». Le « rôle traditionnel de l'homme dans la famille et dans la société doit évoluer autant que celui de la femme si on veut parvenir à une réelle égalité de l'homme et de la femme ». L'idée est là : il faut passer d'une vision traditionnelle comprise comme anachronique et passée à une vision moderne des rôles entre hommes et femmes.

Outre la reprise détaillée du contenu de la Déclaration sur l'élimination de la discrimination à l'égard des femmes, la Convention mentionne la procréation (absente de la Déclaration qui, cependant, parle de maternité (art. 10)). Elle donne une définition de la discrimination (article premier), oblige un accès à la planification familiale (art. 10 et 12), aux sports (art. 13) et un droit économique (art. 13). La Convention rappelle par ailleurs la question des pratiques coutumières et traditionnelles (art. 5), sans pour autant les nommer plus spécifiquement que la Déclaration sur l'élimination de la discrimination à l'égard des femmes.

Extrait 13 : la Convention sur l'élimination de la discrimination à l'égard des femmes

Article premier
Aux fins de la présente Convention, l'expression « discrimination à l'égard des femmes » vise toute distinction, exclusion ou restriction fondée sur le sexe qui a pour effet ou pour but de compromettre ou de détruire la reconnaissance, la jouissance ou l'exercice par les femmes, quel que soit leur état matrimonial, sur la base de l'égalité de l'homme et de la femme, des droits de l'homme et des libertés fondamentales dans les domaines politique, économique, social, culturel et civil ou dans tout autre domaine.

Article 2, § f
[Les Etats parties s'engagent à p]rendre toutes les mesures appropriées, y compris des dispositions législatives, pour modifier ou abroger toute loi, disposition réglementaire, coutume ou pratique qui constitue une discrimination à l'égard des femmes ;

Article 5
Les Etats parties prennent toutes les mesures appropriées pour :
Modifier les schémas et modèles de comportement socioculturel de l'homme et de la femme en vue de parvenir à l'élimination des préjugés et des pratiques coutumières, ou de tout autre type, qui sont fondés sur l'idée de l'infériorité ou de la supériorité de l'un ou de l'autre sexe ou d'un rôle stéréotypé des hommes et des femmes ;

Faire en sorte que l'éducation familiale contribue à faire bien comprendre que la maternité est une fonction sociale et à faire reconnaître la responsabilité commune de l'homme et de la femme dans le soin d'élever leurs enfants et d'assurer leur développement, étant entendu que l'intérêt des enfants est la condition primordiale dans tous les cas.

Article 10, § c
[Les Etats parties prennent toutes les mesures appropriées pour l]'élimination de toute conception stéréotypée des rôles de l'homme et de la femme à tous les niveaux et dans toutes les formes d'enseignement en encourageant l'éducation mixte et d'autres types d'éducation qui aideront à réaliser cet objectif et, en particulier, en révisant les livres et programmes scolaires et en adaptant les méthodes pédagogiques [...]

L'article 5 attaque clairement les pratiques nuisibles aux femmes fondées sur une idée d'infériorité féminine ainsi que l'absence de partage entre parents dans les tâches éducatives qui se fondent sur l'idée que la fonction de mère est biologique et doit, de ce fait, être sociale, en d'autres termes, la fonction culturelle (materner et éduquer) se confond avec une capacité « naturelle » (procréer). On comprend immédiatement qu'il existe une tension entre l'idée que l'Etat ne doit pas s'immiscer dans la sphère privée y compris la famille et l'idée qu'il faut modifier les répartitions des tâches et repenser les schémas familiaux. L'application de cet article apparaît pour le moins complexe, et c'est d'ailleurs un des articles qui a retenu le plus de réserves et de déclarations de la part des Etats parties. A la lecture de ces déclarations, on voit qu'il ne fait pas l'unanimité et que certains représentants des Etats parties éprouvent une réticence à modifier le schéma familial « traditionnel », notamment en s'inquiétant ou en refusant d'appliquer l'article 5 car il serait contraire à des coutumes et des pratiques encore en vigueur et qu'il encouragerait la femme à délaisser son rôle de mère et d'éducatrice.

A mi-chemin de la Décennie, la Deuxième Conférence mondiale sur les femmes est organisée à Copenhague en 1980 dans laquelle il ressort une résolution sur les femmes battues[262]. En 1985, la Troisième Conférence mondiale sur les femmes a lieu à Nairobi. La violence envers les femmes est largement débattue[263] et est considérée comme un des principaux obstacles au développement, à l'égalité et à la paix : les trois objectifs de la Décennie. La même année, l'Assemblée générale adopte une résolution[264] sur la violence domestique fondée sur une recommandation de la Commission de la condition de la femme à l'ECOSOC et résultant du Sixième Congrès des Nations unies pour la prévention du crime et le traitement des délinquants. Elle inclut la planification d'une réunion d'un Groupe d'experts sur la violence au sein

---

262 A/CONF.94/35, résolution 5 intitulée *Battered women and violence in the family*, p. 67, adoptée par l'AG à Copenhague du 14 au 30 juillet 1980. Cette résolution demande notamment au secrétaire général d'effectuer une étude sur la question des femmes battues et de transférer cette étude à la Commission de la condition de la femme. Elle met en exergue, entre autres, deux facteurs aggravants de cette violence et qui concernent la victime : un isolement social et une estime de soi basse pour la victime. La question des facteurs de la violence de l'auteur n'est pas mentionnée.

263 A/CONF/116/28, rapport adopté par l'Assemblée générale à Nairobi du 15 au 26 juillet 1985.

264 A/RES/40/36, résolution adoptée par l'Assemblée générale le 25 novembre 1985.

de la famille, avec un accent mis sur les effets sur les femmes. La réunion[265] adopte des recommandations concernant des réformes sur les lois, la police, le ministère public et le secteur de la formation en santé et un soutien social pour les victimes. Elle met aussi en évidence que la violence domestique est un phénomène global qui est significativement sous-évalué[266].

Une publication onusienne sur la violence envers les femmes au sein de la famille sort en 1989. Ce document questionne le fait que la violence envers les femmes puisse être tolérée et même admise par les communautés et par les Etats. C'est aussi en 1989 que le Comité pour l'élimination de la discrimination à l'égard des femmes adopte la recommandation générale 12 sur la violence envers les femmes qui, comme toutes les recommandations générales, donne des précisions sur l'interprétation qu'il faut donner à certains termes ou expressions de la Convention. La recommandation générale 12 demande aux Etats d'inclure, dans leurs rapports au Comité, des informations au sujet de la violence contre les femmes. En 1990, une autre recommandation est rédigée, la recommandation générale 14. Elle s'inspire explicitement du travail de la rapporteuse spéciale sur les pratiques traditionnelles affectant la santé des femmes et des enfants, Halima Embarek Warzazi, et concerne prioritairement l'excision mais aussi d'autres « pratiques nuisibles aux femmes ». Le crime d'honneur et le crime passionnel n'apparaissent pas explicitement dans cette recommandation.

Deux ans plus tard, en 1992, alors que le Comité émet la recommandation générale 19[267] adressée à tous les Etats parties, la question de l'honneur est présente. Les observations du Comité concernant les articles 2f, 5 et 10c de la Convention ainsi que la recommandation concrète r) ii) retiennent notre attention. En effet, non seulement les « attitudes traditionnelles faisant de la femme un objet de soumission ou lui assignant un rôle stéréotypé »[268] sont attaquées, mais elles sont partiellement nommées. Ainsi, les « mariages forcés », les « meurtres d'épouses pour non-paiement de la dot », les « attaques

265 E/CN.6/1992/4, 1991 (Hina Jilani est présente en tant qu'experte) et E/CN.6/1993/12.

266 Pour trouver plus d'informations allant dans ce sens, voir J. True, « Feminism » *in* S. Burchill, *et al.*, Theories of international relations, Palgrave Macmillan, 2005 [1996], p. 213–234.

267 A/47/38, recommandation générale n° 19 intitulée « Violence à l'égard des femmes » adoptée par le Comité en 1992 à sa onzième session.

268 A/47/38, § 11.

à l'acide » et « l'excision » sont mentionnés. En outre, les législations doivent « supprimer la défense de l'honneur comme motif légitimant les actes de violence »[269]. Nous constatons que cette recommandation est le premier document onusien à interdire les crimes d'honneur, tels que les « attaques à l'acide » et la « défense de l'honneur », tout en circonscrivant ces pratiques à la sphère privée/domestique actives dans des Etats non occidentaux. Cependant, de manière surprenante, le lien entre le crime d'honneur et les attaques à l'acide n'est pas relevé, un lien qui semblera pourtant évident à Yakin Ertürk, deuxième rapporteuse spéciale sur la violence envers les femmes dans un de ses rapports de 2009[270].

C. La Déclaration sur l'élimination de la violence envers les femmes (1993)

Une année après la recommandation générale n° 19 du Comité pour l'élimination de la discrimination à l'égard des femmes, en 1993, la Conférence mondiale sur les droits de l'homme met au centre des débats la question des droits des femmes. La Déclaration et le Programme d'action de Vienne qui en ressortent rappellent un élément qui est susceptible de nous intéresser : une grande préoccupation face à la discrimination et aux violences subies par les femmes dans le monde entier. Les droits fondamentaux de la personne sont aussi réaffirmés. La Conférence mondiale sur les droits de l'homme vise à enjoindre les gouvernements à faire participer les femmes de manière égale aux hommes à la vie politique, civile, économique et culturelle. L'élimination totale de toutes les formes de discriminations fondées sur le sexe est un des objectifs prioritaires de la communauté internationale. De plus, les violences exercées en fonction du sexe (harcèlement, exploitation ou esclavage sexuel, grossesse forcée, traite, meurtre, viol systématique...), y compris « celles qui sont la conséquence de préjugés culturels » et de « l'extrémisme religieux » doivent être éliminées[271].

---

[269] A/47/38, § 24 ii).

[270] A/HRC/11/6/Add.1, § 503 : « *The chief motives for acid attacks are : to avenge/restore honour ; refusal of a marriage proposal or spurned sexual advances ; and domestic or property disputes or interests.* »

[271] A/CONF.157/23, Déclaration et Programme d'action de Vienne adoptés à la Conférence mondiale sur les droits de l'homme le 25 juin 1993, § 18 et § 38.

Trois importantes informations sont évoquées durant la Conférence de Vienne. La première information est la demande à l'Assemblée générale d'adopter le projet de Déclaration sur la violence contre les femmes. La deuxième est la « décision de la Commission des droits de l'homme d'envisager à sa cinquantième session, la nomination d'un rapporteur spécial sur la violence à l'égard des femmes »[272]. La dernière est la demande à la Commission de la condition de la femme et au Comité pour l'élimination de la discrimination à l'égard des femmes d'étudier la « possibilité d'introduire un droit de présenter des plaintes en élaborant un protocole[273] facultatif se rapportant à la Convention sur l'élimination de toutes les formes de discrimination à l'égard des femmes »[274]. C'est par ailleurs lors de la Conférence que le Haut-Commissariat des Nations unies aux droits de l'homme est créé. Il promeut et protège les droits humains notamment en demandant au haut-commissaire de tenir informé le secrétaire général des Nations unies. Un élément important[275] à relever est le paradoxe d'apparence que la Conférence reconnaît les

272 *Ibid.*

273 A/RES/54/4, le Protocole facultatif de la Convention sur l'élimination de toutes les formes de discrimination à l'égard des femmes est proclamé par l'Assemblée générale le 6 octobre 1999. A son article 2, le Protocole accepte les plaintes de particuliers.

274 A/CONF.157/23, Déclaration et Programme d'action de Vienne adoptés à la Conférence mondiale sur les droits de l'homme le 25 juin 1993, § 40.

275 Ö. Lakatos, *La fabrication des filles aux Nations unies : Une* autre *histoire des droits de l'enfant* (titre provisoire), Université de Genève, thèse de doctorat en cours. L'auteure s'intéresse à la généalogie de la catégorie onusienne de « *girl-child* » et s'appuie judicieusement sur les travaux, notamment, de D. J. Sullivan, « Women's human rights and the 1993 world conference on human rights », *American Journal of International Law* 88 (1), 1994, p. 152–167 ; H. Berman & Y. Jiwani (eds), *In the best interests of the girl child : Phase II report*, Status of Women Canada, Montreal, 2002 ; E. Croll, *Endangered daughters. Discrimination and development in Asia*, Routledge, 2002 [2000]; E. Croll, « From the girl child to girls' rights », *Third World Quarterly* 27 (7), 2006, p. 1285–1297 ; E. Burman, « Beyond 'women vs. children' or 'womenandchildren' : Engendering childhood and reformulating motherhood », *International Journal of Children's Rights* 16 (2), 2008, p. 177–194 ; G. Heidemann & K. M. Ferguson, « The girl child : A review of the empirical literature », *Affilia - Journal of Women and Social Work* 24 (2), 2009, p. 165–185 ; E. Bent, *(Re)thinking the girl effect : A critical analysis of girls' political subjectivity and agency at the United Nations 54th session of the Commission on the Status of Women (CSW 54)*, thèse de doctorat, National University of Ireland, 2012 ; R. Rosen & K. Twamley (eds), *Feminism and the politics of childhood : Friends or foes ?*, University College London Press, 2018 ; H. Switzer, K. Desai & E. Bent, *Girls in global development : Figurations of gendered power*, Berghahn Books, 2024.

femmes et les enfants comme groupes vulnérables tout en évacuant la reconnaissance de la situation spécifique des filles et des fillettes. La résistance à cette reconnaissance réside dans l'association des femmes et des enfants qui apparaît au moment où les droits humains des femmes adultes cherchent encore une reconnaissance du besoin de répartir de façon égalitaire avec les hommes adultes les rôles liés à la parentalité.

Dans l'élaboration de la Déclaration sur l'élimination de la violence envers les femmes, plusieurs organes onusiens ont joué un rôle important : le Groupe d'experts sur la violence contre les femmes (Vienne, du 11 au 15 novembre 1991[276]), le Groupe de travail sur la violence contre les femmes (Vienne, du 31 août au 4 septembre 1992[277]), le secrétaire général[278], la Sous-Commission sur la prévention de la discrimination et la protection des minorités et, évidemment, la Commission de la condition de la femme et le Comité pour l'élimination de la discrimination à l'égard des femmes. La Déclaration sur l'élimination de la violence envers les femmes[279] est d'ailleurs perçue comme le produit d'un processus lancé par la Convention sur l'élimination de toutes les formes de discrimination à l'égard des femmes, comme en témoigne son préambule. La Déclaration sur l'élimination de la violence à l'égard des femmes approuvée par l'Assemblée générale le 20 décembre 1993 considère que la question de la « violence envers les femmes » est une catégorie englobant celle des « pratiques traditionnelles nuisibles aux femmes »[280].

Par la Déclaration sur l'élimination de la violence à l'égard des femmes, les pratiques violentes envers les femmes sont partiellement énumérées. Celles-ci prennent effet dans trois groupes de taille et de fonctionnement différents : la famille, la collectivité et la nation. Le premier groupe rassemble les violences intra et interfamiliales telles que les « coups », les « sévices sexuels », les « violences liées à la dot », le « viol conjugal », les « mutilations

---

[276] E/CN.6/1992/4.

[277] E/CN.6/1993/12, rapport contenant un projet de déclaration sur l'élimination de la violence envers les femmes ; projet dont la Commission de la condition de la femme sera saisie à sa trente-septième session.

[278] E/CN.6/1992/4 et E/CN.6/1993/12.

[279] A/RES/48/104, Déclaration acceptée par l'Assemblée générale le 20 décembre 1993.

[280] A/RES/48/104, § 2.

génitales féminines »[281] et les « autres pratiques traditionnelles préjudiciables à la femme ». Le second concerne les « viols », les « sévices sexuels », le « harcèlement sexuel » et « l'intimidation au travail », le « proxénétisme » et « la prostitution forcée ». Quant au dernier groupe, il intègre les violences perpétrées ou tolérées par l'Etat. A ce titre, la Déclaration fait suite à la recommandation générale n° 19 du Comité et lui donne une forme officielle confirmée en soulignant que les Etats ne doivent pas invoquer la coutume, la tradition ou la religion pour légitimer la violence envers les femmes.

Afin de mettre en application un contrôle plus étroit de la mise en œuvre par les Etats de la Déclaration sur la violence à l'égard des femmes, la Commission des droits de l'homme crée en 1994 le poste de rapporteur spécial sur la violence envers les femmes. Face à cette critique des « violences envers les femmes » et des « pratiques traditionnelles » cautionnées par les Etats, les réactions ne se font pas attendre. Du 5 au 13 septembre 1994, un Programme d'action[282] est adopté au Caire, lors de la Conférence internationale sur la population et le développement. Le Programme d'action rappelle non seulement le fait que la mise en œuvre de politiques relatives à la population est du ressort de chaque Etat mais aussi que le Programme doit respecter la diversité des valeurs religieuses et éthiques, les traditions culturelles et les convictions philosophiques de chaque Etat (1.11). La limite des actions du Comité et de la Commission des droits de l'homme est donnée par les Etats : la souveraineté nationale. Celle-ci est d'autant plus importante qu'une des thématiques abordées lors de la Conférence internationale sur la population et le développement est la santé sexuelle des femmes, dont l'avortement. Si un

---

[281] A. Andro & M. Lesclingand, « Les mutilations génitales féminines. Etat des lieux et des connaissances », *Population* 71 (2), 2016, p. 224–311 et A. Schwab, *op. cit.*, 2021a analysent le changement de vocabulaire entre « circoncision féminine » et « mutilation génitale féminine », un changement lié à la reconnaissance du problème au niveau international.

[282] A/CONF.171/13, rapport de la Conférence internationale sur la population et le développement du 5 au 13 septembre 1994 au Caire.

changement de paradigme[283] semble avoir eu lieu concernant la santé reproductive qui passe d'un objectif de contrôle démographique à la réalisation d'un droit des femmes, permettant la reconnaissance des besoins spécifiques des filles[284] et adolescentes, trente-cinq ans après la Conférence, force est de constater que la situation mondiale n'est toujours pas pleinement favorable à l'accès sécuritaire d'une santé sexuelle autonome pour les femmes.

Une année après la Conférence internationale sur la population et le développement a lieu la Cinquième Conférence mondiale sur les femmes, du 4 au 15 septembre 1995, de laquelle ressortent la Déclaration de Beijing et la Plateforme pour l'action[285]. Douze domaines critiques y sont débattus dont la question de la violence envers les femmes. Pour définir ce que sont les violences envers les femmes, la Conférence (§ 113) reprend la Déclaration sur l'élimination de la violence envers les femmes (art. 2). Cependant, la Déclaration de Beijing va plus loin puisqu'elle considère que l'étude des causes et des conséquences des violences envers les femmes et l'efficacité des mesures de prévention (D. 2) ainsi que l'élimination des comportements et des pratiques culturelles préjudiciables aux filles (L. 2) sont deux objectifs stratégiques à poser. De cette Conférence ressort l'idée explicite que la violence envers les femmes est un phénomène culturel[286] :

---

283 S. Bok, « Population and ethics : Expanding the moral space », *in* G. Sen, A. Germain & C. Ch. Lincoln (eds), Population policies reconsidered : Health, empowerment, and rights, Cambridge, Harvard University Press, 1994, p. 19–25 ; C. A. McIntosh & J. L. Finkle, « The Cairo conference on population and development : A new paradigm ? », *Population and Development Review* 21 (2), 1995, p. 223–260 ; K. Brown, « Global girl policy and the girl effect : Gendered origins and silences », *in* D. Levison, M. J. Maynes & F. Vavrus (eds), Children and youth as subjects, objects, agents, Cham, Palgrave Macmillan, 2021, p. 175–189.

284 Il est intéressant de noter que, deux mois après la Conférence, soit du 16 au 23 novembre 1994, la Conférence de Dakar (ou Cinquième Conférence régionale africaine sur les femmes) a lieu. Il semblerait, selon Ö. Lakatos, *op. cit.*, que c'est à ce moment-là, en devenant un objet de développement (« *Girls in Development* ») que la catégorie « filles » se détache de la catégorie « femmes » et prend une certaine autonomie. Les « filles » deviennent alors des vectrices de développement et pas uniquement des futures bénéficiaires de droits des femmes.

285 A/CONF.177/20/Rev.1, rapport de la Quatrième Conférence mondiale sur les femmes, Beijing, 4–15 septembre 1995.

286 A/CONF.177/20/Rev.1, § 118.

> *« La violence à l'égard des femmes traduit des rapports de force historiques qui ont abouti à la domination des femmes par les hommes et à la discrimination et freiné la promotion des femmes. La violence à l'égard des femmes de tous âges découle essentiellement de comportements culturels, en particulier des effets néfastes de certaines coutumes et pratiques traditionnelles et de comportements extrémistes fondés sur la race, le sexe, la langue ou la religion, qui perpétuent le statut inférieur réservé aux femmes dans la famille, sur le lieu de travail et au sein de la communauté et de la société. [...] Les images de violences à l'égard des femmes véhiculées par les médias, notamment les scènes de viol ou d'esclavage sexuel et toutes celles où les femmes et les petites filles sont traitées comme des objets sexuels, en particulier les images pornographiques, contribuent à généraliser ces formes de violence et ont un effet déplorable sur le public en général et plus spécialement sur les enfants et les jeunes. »*

Ainsi, pour la Conférence, la violence envers les femmes est au centre d'une construction historique et traduit un long rapport de force entre les hommes et les femmes qui s'inscrit dès le plus jeune âge et a débouché sur la domination et la discrimination des femmes. Ce déséquilibre au sein des sociétés humaines n'est pas un fait biologique, c'est un fait culturel dynamique puisque « la subordination des femmes peut être à la fois une cause et une conséquence de la violence que les femmes subissent » (§ 112). Ainsi, la violence envers les femmes est un phénomène en mouvement qui appartient à un système : la violence donne l'impulsion d'un fonctionnement déséquilibré entre hommes et femmes et l'alimente. C'est d'ailleurs une des causes données pour expliquer l'écart de 5 % entre le nombre d'hommes et le nombre de femmes vivant sur terre (§ 259). La violence est un mécanisme social de subordination des femmes qui engendre « un coût social, sanitaire et économique élevé pour les individus et pour la société » (§ 117).

Afin d'enrayer ce déséquilibre dynamique entre hommes et femmes, il faut « modifier les comportements sociaux et culturels des hommes et des femmes et éliminer les préjugés, coutumes et pratiques tenant à l'idée que l'un des deux sexes est supérieur à l'autre ou à des conceptions stéréotypées des rôles masculins ou féminins » (§ 124k). Pour ce faire, la Conférence propose plusieurs domaines d'actions, notamment les médias et les systèmes éducatifs. Ces derniers doivent favoriser « le respect de soi, ainsi que le respect mutuel et l'esprit de coopération entre les femmes et les hommes » (§ 119). Par ailleurs, « pour changer les choses, il est indispensable d'obtenir l'appui d'associations masculines déterminées à lutter contre les violences qui s'exercent en fonction du sexe » (§ 120).

Dans ce but, il faut « mettre au point une approche globale et multidisciplinaire » (§ 119) qui tient compte des multiples apports des disciplines scientifiques et des mesures qui doivent être prises « pour que *les traditions et la religion* et leurs manifestations ne soient pas une cause de discrimination à l'égard des filles » (nous soulignons) (§ 276d). Deux mesures directement prises concernent les Etats et le système onusien. La première est celle de rappeler aux Etats de « condamner la violence à l'égard des femmes et s'abstenir d'invoquer la coutume, la tradition ou la religion pour se soustraire à l'obligation de l'éliminer conformément à la Déclaration sur l'élimination de la violence à l'égard des femmes » (§ 124a) et la dernière est celle de demander le renouvellement du mandat de la rapporteuse spéciale sur la violence envers les femmes en 1997 (§ 124s).

D. Les résolutions sur les pratiques culturelles ou religieuses nuisibles aux femmes : le cas du crime d'honneur (2000 et 2002)[287]

En 2000, c'est-à-dire cinq ans après la fameuse Conférence de Beijing et sept ans après la Déclaration sur la violence envers les femmes, l'Assemblée générale organise sa vingt-troisième session extraordinaire intitulée : « Les femmes en l'an 2000 : égalité entre les sexes, développement et paix pour le XXIe siècle ». Durant la première séance de cette session qui a lieu du 5 au 10 juin, le secrétaire général de l'Organisation des Nations unies prend la parole[288]

[287] Ce sous-chapitre s'appuie principalement sur les résultats de nos recherches antérieures : A. Schwab, « La pratique du crime d'honneur : Entre mythe et réalité », *in* A. Nagy & F. Prescendi (éd.), Sacrifices humains : dossiers, discours, comparaisons, Turnhout, Brepols, 2013, p. 249–265 ; A. Schwab, « Disséminer et enrayer : Discours internationaux et locaux autour du crime d'honneur », *in* V. Négri & I. Schulte-Tenckhoff (dir.), Mimesis. Towards International Normativity, Paris, Pedone, 2016, p. 187–210 ; A. Schwab, « Le crime d'honneur : Dans les marges de la hiérarchie de genre », *Criminologie* 50 (2), 2017b, p. 121–141 ; A. Schwab, « Féminicide : Du crime d'honneur au crime passionnel. Analyse du discours onusien sur les violences familiales et communautaires », *in* L. Bodiou, F. Chauvaud, L. Gaussot, M.-J. Grihom, L. Laufer & B. Santos (éd.), On tue une femme. Féminicide. Histoire et actualités, Paris, Hermann, 2019, p. 327–334 ; A. Schwab, *op. cit.*, 2021a.

[288] A/S-23/PV.1, première séance de la vingt-troisième session extraordinaire de l'AG, 5 juin 2000, p. 4–6.

et rédige un communiqué de presse[289]. Dans ces documents, il rappelle le succès de la Conférence de Beijing puisque la violence envers les femmes est devenue illégale presque partout dans le monde. Il souligne également qu'il y eut une mobilisation mondiale contre les pratiques traditionnelles nuisibles telles que les « prétendus crimes d'honneur » *(so-called honour killing)*, qu'il préfère nommer « crime honteux » *(shame killing)*. Pour autant, cette dernière dénomination n'est pas gardée dans le document final de l'Assemblée, soit la résolution A/RES/55/68 (alors que le crime d'honneur est cité), ni dans la résolution A/RES/57/181 de 2002 sur l'élimination de toutes les formes de violence contre les femmes comprenant les crimes définis dans le document final issu de la vingt-troisième session extraordinaire de l'Assemblée générale.

Durant la session spéciale[290] de l'Assemblée générale en 2000, la question des violences envers les femmes est soulevée. La responsabilité souveraine de chaque Etat, l'importance des particularismes nationaux et régionaux, la diversité historique, culturelle et religieuse, le respect des diverses valeurs religieuses et éthiques du patrimoine culturel, les convictions philosophiques des individus et de leur communauté se heurtent au devoir des Etats de promouvoir et de protéger tous les droits humains et toutes les libertés fondamentales dans le but de parvenir à l'égalité, au développement et à la paix (§ 3). La session spéciale de l'Assemblée rappelle la Déclaration de Beijing tout en ajoutant de nouveaux éléments dont une focalisation non pas uniquement sur les victimes des violences mais sur les auteurs (§ 14), une réflexion sur les droits des femmes d'être maîtresses de leur sexualité y compris en matière de reproduction (§ 70k), ainsi qu'un accent sur l'importance d'agir sur les pratiques traditionnelles ou coutumières nocives, notamment sur les mutilations génitales féminines, les crimes d'honneur, les crimes passionnels et les attaques à l'acide (§ 69e ; § 96a[291]). A cet égard, le Fonds des Nations unies

---

289 SG/SM/7430 WOM/1203, communiqué de presse de Kofi Annan du 5 juin 2000. Il réitérera le contenu de ce communiqué juste après la session extraordinaire, SG/SM/7430 WOM/1209, communiqué de presse de Kofi Annan du 21 novembre 2000.

290 A/RES/S-23/3, résolution adoptée par l'AG intitulée « Nouvelles mesures et initiatives pour la mise en œuvre de la Déclaration et du Programme d'action de Beijing » le 10 juin 2000 lors de sa vingt-troisième session extraordinaire.

291 Ce paragraphe sera repris dans le rapport du comité ad hoc de la vingt-troisième session extraordinaire de l'AG : A/S-23/10/Rev.1 : « Les femmes en l'an 2000 : égalité entre les sexes, développement et paix pour le XXIe siècle ».

pour la population nomme une ambassadrice spéciale chargée de promouvoir l'élimination de la pratique des mutilations génitales féminines (§ 13), Waris Dirie, mannequin dont l'histoire personnelle a inspiré le film *Fleur du désert* qui concerne cette pratique.

Faisant suite à la session extraordinaire de l'Assemblée, l'instance exécutive de l'Organisation des Nations unies reprend ouvertement à son compte les résultats obtenus. En effet, le 31 octobre 2000, le Conseil de sécurité émet la résolution S/RES/1325 (2000) allant dans le sens d'une condamnation de la violence envers les femmes. Cette résolution parachève le parcours de la reconnaissance internationale de ce problème. Le Conseil de sécurité décide de demeurer activement saisi de la question du rôle des femmes, notamment dans le maintien de la paix pour prévenir ou désamorcer des conflits. Il s'ensuit une plus large reconnaissance des besoins spécifiques aux femmes. Ce mouvement de reconnaissance se traduit particulièrement par l'adoption d'une résolution sur une forme spécifique de violence, « les crimes d'honneur », à la fin de l'année 2000 (A/RES/55/66) et par divers changements au sein de l'Organisation des Nations unies, en particulier l'inauguration en 2010 de l'agence ONU Femmes qui a le but d'accélérer les progrès liés aux besoins des femmes et des filles à travers le monde.

En ce qui concerne plus spécifiquement la question du crime d'honneur, l'année 2000 est charnière. Pour autant, l'émergence de cette question est tributaire des longues années de discussions, de débats et de controverses relatives d'abord aux « pratiques nuisibles aux femmes et aux enfants » et enfin aux « violences envers les femmes ». Dans ce sens, le travail soutenu d'Halima Embarek Warzazi, représentante marocaine, est exemplaire. Nommée exceptionnellement rapporteuse spéciale sur les pratiques traditionnelles nuisibles aux femmes et aux enfants entre 1989 et 2005, Halima Embarek Warzazi participe sans relâche et de façon habile à la reconnaissance du problème des pratiques nuisibles aux femmes et aux filles. Elle avait déjà montré son assiduité comme membre du Groupe de travail onusien sur l'esclavage, membre de la Sous-Commission de la lutte contre les mesures discriminatoires et de la protection des minorités et présidente du Groupe de travail sur les pratiques traditionnelles (1985–1986). Dans ce dernier cadre, elle avait notamment rédigé un rapport[292] qui aborde marginalement les questions du crime

[292] E/CN.4/AC.42/1985/L.3 publié le 18 avril 1985.

d'honneur. Elle questionne également les pratiques liées à l'avortement, mais de façon indirecte et incluant les infanticides ou ce qui pourrait être appelé aujourd'hui les avortements postnataux. Parmi les « pratiques traditionnelles nuisibles aux femmes et aux enfants » listées, elle rapporte des « pratiques ou attitudes qui empêchent les femmes d'être maîtresses de leur fécondité » et des pratiques liées à la « préférence donnée aux enfants mâles » qui ont pour conséquence « pour les enfants du sexe féminin, une mortalité ».

Dans les années 1990, la catégorie onusienne de « violence envers les femmes » émerge et englobe progressivement celle de « pratiques traditionnelles ». En 1993, une rapporteuse spéciale sur la violence envers les femmes est nommée par la Commission des droits de l'homme ; un mandat qui perdure aujourd'hui. Si elle s'intéressera particulièrement au crime d'honneur entre 1999 et 2000, elle s'intéresse aussi à la question de l'avortement, en particulier lorsqu'il s'agit de fœticide féminin ou d'infanticide féminin et, avec le développement de l'échographie, d'avortement sélectif. Aujourd'hui, il apparaît que la préférence de la vie masculine explique le déséquilibre démographique en Asie. L'économiste et philosophe indien, Amartya Sen, propose autour des années 1990 la notion de « femmes manquantes »[293] pour expliquer le manque de quelque 100 millions de femmes au niveau mondial – en se référant à des femmes de tout âge. Si partout il naît environ 5 % de garçons en plus que de filles, les filles et les femmes sont plus résistantes que les hommes et, à soins égaux, survivent mieux à tous les âges, y compris *in utero*[294]. Le manque de ces 100 millions de femmes résulte de dynamiques culturelles affectant les dynamiques biologiques. Même si quelques améliorations ont été visibles au début des années 2000[295], le problème des femmes manquantes demeure.

Comme mentionné ci-dessus, l'Assemblée générale adopte le 4 décembre 2000 la résolution A/RES/55/66 sur les « mesures à prendre en vue d'éliminer

---

293 A. Sen, « Missing women. Social inequality outweighs women's survival advantage in Asia and North Africa », *British Medical Journal* 304, 1992, p. 587–588.

294 I. Waldron, « Sex differences in human mortality : The role of genetic factors », *Social Science & Medicine* 17 (6), 1983a, p. 321–333 ; I. Waldron, « The role of genetic and biological factors in sex differences in mortality », *in* A. D. Lopez & L. T. Ruzicka (eds), Sex differences in mortality, Department of Demography of Australian National University, Canberra, 1983b, p. 141–164.

295 S. Klasen & C. Wink, « A turning point in gender bias in mortality ? An update on the number of missing women », *Population and Development Review* 28 (2), 2002, p. 285–312.

les crimes d'honneur commis contre les femmes ». Ce document se veut l'héritier de la Charte des Nations unies, de la Déclaration universelle des droits de l'homme, des deux Pactes internationaux, de la Convention sur l'élimination de toutes les formes de discrimination à l'égard des femmes, de la Convention relative aux droits de l'enfant, de la Déclaration sur l'élimination de la violence à l'égard des femmes, de la Déclaration et le Programme d'action de Beijing ainsi que de la session extraordinaire de l'Assemblée générale qui suivit sur « les femmes en l'an 2000 : égalité entre les sexes, développement et paix pour le XXIe siècle ». Il demande au secrétaire général de constituer un rapport[296] sur la question du crime d'honneur qui lui sera présenté deux ans après. C'est également durant l'année 2002 qu'une deuxième résolution sur le « crime d'honneur » est acceptée par l'Assemblée générale. Etant donné leur proximité, nous récapitulons leur contenu (et les différences) dans le tableau comparatif ci-dessous (nous soulignons en gras) :

Tableau 4 : comparaison entre les deux résolutions onusiennes sur le crime d'honneur (2000 et 2002)

Résolution de 2000 (A/RES/55/66)	Résolution de 2002 (A/RES/57/179)
« Mesures à prendre en vue d'éliminer les crimes d'honneur commis contre les femmes »	
Charte des Nations unies	
Déclaration universelle des droits de l'homme	Déclaration universelle des droits de l'homme, en particulier le droit à la vie, à la liberté et à la sûreté.
Pacte international relatif aux droits civils et politiques Pacte international relatif aux droits économiques, sociaux et culturels	
Recommandation 19 sur la violence envers les femmes	
	Déclaration et Programme d'action de Vienne
	Nécessité de traiter toutes les formes de violence contre les femmes et les filles, y compris le crime d'honneur, comme des infractions pénales punies par la loi.

[296] A/57/169, « Mesures à prendre en vue d'éliminer les crimes d'honneur commis contre les femmes ».

Résolution de 2000 (A/RES/55/66)	Résolution de 2002 (A/RES/57/179)
Rapport de la rapporteuse spéciale sur la violence envers les femmes de 2000 ;	Rapport de la rapporteuse spéciale sur la violence envers les femmes de 2002 ;
Rapports des rapporteurs spéciaux onusiens sur les exécutions extrajudiciaires, sommaires ou arbitraires, sur l'indépendance des juges, et sur les pratiques traditionnelles nuisibles aux femmes ;	
RES/2000/31 et 2000/45 de la Commission des droits de l'homme du 20 avril 2000 et 2000/10 de la Sous-Commission sur la protection des droits de l'homme du 17 août 2000 ;	RES/2002/52 du 23 avril 2002 de la Commission des droits de l'homme ;
	Ces crimes sont incompatibles avec toutes les valeurs religieuses et culturelles ;
Des comportements sociaux, et mettant l'accent sur l'outil important que constitue l'autonomisation des femmes ;	Des changements d'attitude fondamentaux s'imposent sur le plan sociétal.
Document final sur les femmes en l'an 2000 : égalité entre les sexes, développement et paix pour le XXIe siècle.	
Constate également avec inquiétude que certains de leurs auteurs se croient en quelque sorte fondés à commettre de tels crimes [soit les crimes d'honneur] ;	
	L'autonomisation des femmes et leur participation effective aux processus de décision et d'élaboration des politiques, qui constituent d'importants instruments pour prévenir et éliminer les crimes d'honneur commis contre les femmes ;
Les activités [juridiques] qui ont déjà, dans certains pays, fait diminuer la fréquence de ces crimes ;	Les activités [juridiques, éducatives, action sociale…] menées et les initiatives prises par les Etats en vue d'éliminer toutes les formes de violence à l'égard des femmes.

(suite)

Tableau 4 : (suite)

Résolution de 2000 (A/RES/55/66)	Résolution de 2002 (A/RES/57/179)
	Constate avec inquiétude que les femmes continuent d'être victimes de crimes d'honneur, que ce type de violence, qui revêt de nombreuses formes différentes, persiste dans toutes les régions du monde et que le nécessaire n'est pas toujours fait pour en poursuivre et en punir les auteurs ; De soumettre sans délai les crimes d'honneur commis contre les femmes à des enquêtes approfondies, d'établir solidement les faits et de poursuivre effectivement et de punir leurs auteurs ; De prendre toutes les mesures nécessaires pour que de tels crimes ne soient pas tolérés ;
[...] en recourant à des mesures législatives, éducatives, sociales et autres, y compris la diffusion d'informations, et pour associer, entre autres, les personnalités influentes, les éducateurs, **les responsables religieux**, les chefs, les dirigeants traditionnels et les médias à des campagnes de sensibilisation.	De redoubler d'efforts pour sensibiliser l'opinion à la nécessité de prévenir et d'éliminer les crimes d'honneur commis contre les femmes, l'objectif étant de faire changer les attitudes et les comportements qui leur laissent le champ libre, en obtenant l'appui, notamment, **des responsables locaux** ; D'encourager les médias à mener des campagnes de sensibilisation ; De continuer d'appuyer l'action de la société civile, y compris les organisations non gouvernementales, et de renforcer leur coopération avec les organisations intergouvernementales et non gouvernementales ;
D'instituer, renforcer ou faciliter autant que possible des services d'appui en vue de répondre aux besoins des victimes, même potentielles, de ces crimes, notamment en leur assurant une protection adéquate, un abri sûr, des services d'information et de conseil, une aide juridictionnelle, une réadaptation et la réinsertion dans la société ; diffuser des données statistiques sur la fréquence de ces crimes ;	D'instituer, renforcer ou faciliter, autant que possible, des services d'appui permettant de répondre aux besoins des victimes, même potentielles, notamment en leur assurant la protection voulue, un abri sûr, un soutien psychologique, une aide juridictionnelle, des soins de santé et des moyens de réadaptation et de réinsertion dans la société ; De recueillir et diffuser des données statistiques sur la fréquence de ces crimes, y compris des données ventilées par âge ;

Résolution de 2000 (A/RES/55/66)	Résolution de 2002 (A/RES/57/179)
	De faire figurer, s'il y a lieu, dans les rapports qu'ils sont tenus de présenter aux organes créés en vertu d'instruments internationaux relatifs aux droits de l'homme, dont le Comité sur l'élimination de la discrimination à l'égard des femmes, des renseignements sur les mesures juridiques et politiques qu'ils ont adoptées et appliquées en vue de prévenir et d'éliminer les crimes d'honneur contre les femmes ;
	La Commission de la condition de la femme à examiner la question à sa quarante-septième session, au titre de la question prioritaire intitulée : « Droits fondamentaux de la femme et élimination de toutes les formes de violence à l'égard des femmes et des filles, conformément au Programme d'action de Beijing et aux textes adoptés à la session extraordinaire de l'Assemblée générale intitulée 'Les femmes en l'an 2000 : égalité entre les sexes, développement et paix pour le XXIe siècle' » ;
Prie le secrétaire général de lui présenter, à sa cinquante-septième session, un rapport sur la question faisant l'objet de la présente résolution, y compris les initiatives prises par les Etats pour éliminer les crimes d'honneur commis contre les femmes.	*Prend acte* du rapport du secrétaire général[297] ;
	Prie le secrétaire général de faire figurer dans le rapport qu'il lui présentera à sa cinquante-neuvième session sur la question de l'élimination de la violence à l'égard des femmes un rapport de fond sur le sujet de la présente résolution, qui repose sur toutes les données disponibles et comprenne une analyse des causes profondes de ces crimes, étayée par les données statistiques pertinentes dans la mesure où elles existent, ainsi que des renseignements sur les initiatives prises par les Etats.

297 A/57/169.

A la suite du rapport du secrétaire général en 2002, deux résolutions sont adoptées par l'Assemblée générale à la cinquante-septième session le 18 décembre. La première est sur « les mesures à prendre en vue d'éliminer les crimes d'honneur commis contre les femmes » (A/RES/57/179) et la dernière est sur l'« élimination de toutes les formes de violence contre les femmes, y compris les crimes définis dans le document final issu de la vingt-troisième session extraordinaire de l'Assemblée générale intitulée 'Les femmes en l'an 2000 : égalité entre les sexes, développement et paix pour le XXIe siècle' [dont le crime d'honneur] » (A/RES/57/181). Deux ans plus tard, en 2004, faisant suite à ces deux résolutions, le rapport A/59/281 sur la violence envers les femmes, rédigé par le secrétaire général, mentionne en première page de couverture la pratique du crime d'honneur.

Dans la résolution de l'Assemblée générale sur « les mesures à prendre en vue d'éliminer les crimes d'honneur commis contre les femmes » de 2002 (A/RES/57/179), plusieurs éléments ressortent, reprenant partiellement la résolution du même titre datant de 2000. Tout d'abord, la résolution commence par rappeler aux Etats leur soumission aux documents (et traités) internationaux : la Déclaration universelle des droits de l'homme, les deux Pactes internationaux, la Convention sur l'élimination de toutes les discriminations à l'égard des femmes et la Convention sur les droits de l'enfant. Ensuite, elle rappelle les résultats des Conférences de Vienne et de Beijing. Puis, elle met en avant plusieurs éléments qu'il est possible de rassembler en quatre catégories.

1. Le droit
   Le « crime d'honneur » concerne les droits humains, en particulier les droits à la vie, à la liberté et à la sécurité. L'Etat est le garant de ces droits fondamentaux et doit être diligent, c'est-à-dire qu'il doit être vigilant, rapide et appliqué dans sa tâche protectrice des individus. En d'autres termes, l'Etat doit être proactif et ne pas « fermer les yeux » sur de tels crimes. Les crimes d'honneur doivent être compris comme une infraction pénale punie par la loi. Ils doivent être considérés comme « incompatibles avec toutes les valeurs religieuses et culturelles »[298]. Cela revient à dire que les arguments de culture ou de religion ne peuvent

[298] A/RES/57/179, préambule.

être utilisés pour légitimer une telle pratique. Pour autant, la résolution laisse en suspens la dénomination adéquate pour désigner le crime d'honneur. S'il ne s'agit pas d'une pratique religieuse ou culturelle, qu'est-ce donc ? Une pratique superstitieuse, coutumière ? On constate donc une concurrence de taxinomies dont les rapports varient en fonction de l'échelle de gouvernance. Si une pratique est considérée comme religieuse au niveau local, elle peut ne pas l'être au niveau international.

2. La victime
   Le « crime d'honneur » doit être considéré comme une forme de « violence envers les femmes » puisque les victimes sont des femmes et des filles. En droit international, le statut de victimes est très discuté[299]. Cependant, à moins de considérer qu'il s'agit d'un acte prémédité, systématique et généralisé, les victimes de crime d'honneur ne peuvent acquérir un tel statut devant la Cour pénale internationale. Pourtant, il leur est possible de rapporter leur plainte contre leur propre Etat auprès de certains organes de traités (comme le Comité des droits de l'homme, le Comité sur l'élimination de la discrimination à l'égard des femmes et le Comité contre la torture), pour autant que leur Etat ait signé les conventions ou traités concernés. L'organe choisi pourra alors demander des explications à l'Etat concerné.

---

[299] D. Scalia, *op. cit.* ; M.-L. Pavia, « La place de la victime devant les tribunaux pénaux internationaux », *Archives de politique criminelle* 1 (24), 2002, p. 61–79 ; J. Sulzer, « Le statut des victimes dans la justice pénale internationale émergente », *Archives de politique criminelle* 1 (28), 2006, p. 29–40 ; J.-A. Wemmers (dir.), numéro sur *Les droits des victimes dans un contexte international, Criminologie* 44 (2), 2011. Le statut de victime est également de plus en plus important dans les droits nationaux et possède de plus en plus de force pour déclencher des procédures pénales et dans la poursuite du procès, voir G. Viney, « Les différentes voies de droit proposées aux victimes », *Archives de politique criminelle* 1 (24), 2002, p. 27–40 ; A. d'Hauteville, « Rapport introductif. La problématique de la place de la victime dans le procès pénal », *Archives de politique criminelle* 1 (24), 2002, p. 7–13 ; N. Guedj, « Des droits pour les victimes ? », *Imaginaire & Inconscient* 1 (15), 2005, p. 11–16 ; G. Erner, *La société des victimes*, La Découverte, 2006 ; D. Fassin & R. Rechtman, *L'empire du traumatisme : Enquête sur la condition de victime*, Flammarion, 2007 ; D. Scalia, *op. cit.*, p. 315. Cette légitimité pose d'ailleurs un certain nombre de questions (telles que le droit à une réparation), voir E. Fortis, « Ambiguïtés de la place de la victime dans la procédure pénale », *Archives de politique criminelle* 1 (28), 2006, p. 41–48.

3. Le rôle de l'Organisation des Nations unies
La résolution rappelle que la question du crime d'honneur a été traitée par les différents organes onusiens suivants : le Comité des droits de l'homme[300], le Comité pour l'élimination de la discrimination à l'égard des femmes, le Comité des droits de l'enfant et le Comité des droits économiques, sociaux et culturels. A cet égard, l'apport du rapport de 2002[301] de la rapporteuse spéciale de la Commission des droits de l'homme sur la violence envers les femmes, Radhika Coomaraswamy, est particulièrement souligné. En outre, la résolution de la Commission des droits de l'homme[302] E/CN.4/RES/2002/52 sur l'élimination de la violence contre les femmes affirme explicitement au paragraphe 4 (nous soulignons) « [...] que l'expression 'violence à l'égard des femmes' désigne tous actes de violence fondée sur le sexe causant ou pouvant causer aux femmes un préjudice ou des souffrances physiques, sexuels ou psychologiques, y compris la menace de tels actes, la contrainte ou la privation arbitraire de liberté, que ce soit dans la vie publique ou dans la vie privée, ainsi que la violence dans la famille, *les crimes commis au nom de l'honneur, les crimes passionnels*, la traite de femmes et de filles, les pratiques traditionnelles préjudiciables aux femmes, y compris les mutilations génitales, les mariages précoces et forcés, l'infanticide féminin, les violences et décès liés à la dot, les agressions à l'acide et les violences découlant de l'exploitation sexuelle commerciale et de l'exploitation économique ».

---

300 La Commission des droits de l'homme aborde notamment la question lors de sa cinquante et unième séance, E/2002/23-E/CN.4/2002/200, le 23 avril 2002, en adoptant la résolution 2002/52 sur l'élimination de la violence contre les femmes. Dans cette résolution, il est aussi « *décid[é]* de poursuivre l'examen de la question à titre hautement prioritaire à [la] cinquante-neuvième session ». Une année plus tard, à la cinquante-neuvième session, le rapport de la Commission des droits de l'homme, E/2003/23-E/CN.4/2003/135, énonce deux résolutions qui concernent les crimes d'honneur : la résolution sur l'élimination de la violence contre les femmes (2003/45) et celle sur les exécutions extrajudiciaires, sommaires ou arbitraires (2003/53).

301 A/RES/57/179, résolution adoptée par l'AG le 18 décembre 2002 à sa cinquante-septième session, préambule, p. 2 fait référence au rapport E/CN.4/2002/83, en particulier les paragraphes 21 à 37.

302 E/2002/23-E/CN.4/2002/200, rapport de la Commission des droits de l'homme, cinquante-huitième session, chapitre 2 section A, p. 232.

On constate que le crime passionnel est distingué du crime d'honneur. Lors des discussions entre représentants d'Etats[303], on constate que le crime d'honneur est pensé comme étant un acte prémédité et appartenant à la sphère publique alors que le crime passionnel surviendrait sous le coup de la passion, de la colère ou de la rage et serait circonscrit à la sphère privée. Cette distinction pose la question de la responsabilité des Etats et de la diligence voulue pour prévenir, enquêter et punir les crimes ; une responsabilité moindre lorsqu'il s'agit d'un acte privé mais amplifiée lorsqu'il s'agit d'un acte public. Si certaines dynamiques apparaissent effectivement différentes entre le crime d'honneur qui est relatif à la famille, à la tribu ou à la communauté et le crime passionnel qui est relatif à la famille, en particulier au couple ; elles peuvent se recouper sur les éléments qui conditionnent la hiérarchie de genre (homme vs femme) et de sphère (public vs privé).

4. Le plan d'action
   La résolution de l'Assemblée générale a comme but clair de changer les sociétés qui pratiquent le « crime d'honneur ». Celles-ci doivent permettre aux femmes d'avoir une plus grande autonomie et un réel pouvoir décisionnel. Ces deux éléments ne sont pas anodins. Comme le souligne Lynn Hunt[304], la question de l'autonomie de l'individu (avec celle de l'empathie) est au cœur des droits humains et ce dès leur émergence au XVIIIe siècle. Quant au pouvoir décisionnel, il est lié à la notion d'autonomie par le biais de la rationalité. Pour Emmanuel Kant[305] en effet, l'être humain se caractérise par sa volonté et par sa raison. Contrairement aux autres êtres vivants, il n'est pas uniquement soumis aux lois de la nature mais sa volonté, par le biais de la logique de la causalité, lui permet de se fixer des buts et d'orienter sa conduite dans leur direction. La raison explique que l'homme ne répond pas simplement à des pulsions mais est capable d'agir moralement. Cela fonde, pour Emmanuel Kant, l'autonomie de la personne. Cette autonomie, alliée à la rationalité, rend l'homme capable de décider pour lui-même : une autodétermination individuelle. Le pouvoir décisionnel et l'autonomie seraient donc les éléments caractéristiques de l'humain et c'est à travers ceux-ci qu'il possède un droit originaire et inné : le droit à la liberté.

---

[303] Par exemple, A/55/PV.81.

[304] L. Hunt, *op. cit.*, 2007, p. 26–30.

[305] E. Kant, *Fondements de la métaphysique des mœurs*, Librairie Générale Française, 1993 [1785].

La résolution de l'Assemblée générale propose d'attaquer la menace de la liberté des femmes que représente le « crime d'honneur » en proposant trois directions :

1. Rendre les Etats sensibles à cette question par le biais de leurs responsables nationaux et locaux. Les pousser à mettre en œuvre la Déclaration et le Programme d'action de Beijing ainsi que les nouvelles mesures et initiatives[306] pour la mise en œuvre de ces documents. En outre, il faudrait offrir une formation particulière aux représentants de la justice (police, juges, etc.) dans les pays concernés.
2. Encourager les organes onusiens à traiter de cette question. Il est en particulier demandé à la Commission de la condition de la femme d'aborder le problème à sa quarante-septième session[307] et au secrétaire général d'écrire un rapport de fond sur le sujet à soumettre à l'Assemblée générale lors de la cinquante-neuvième session en 2004. Celui-ci, le document A/59/281, mentionne en page de couverture, dans son résumé, la pratique du crime d'honneur commis contre les femmes et rapporte les résultats d'une enquête sur la question (y compris un résumé des réponses envoyées par les Etats ayant répondu aux questions).
3. Reconnaître l'implication de la société civile dans cette lutte (dont les ONG mais aussi les particuliers).

---

306 A/RES/S-23/3, résolution adoptée par l'Assemblée générale le 10 juin 2000 lors de sa vingt-troisième session extraordinaire. Ce document mentionne spécifiquement, sous la désignation de « pratiques coutumières ou traditionnelles nocives », les crimes d'honneur. Ces derniers, accompagnés, entre autres, des crimes passionnels, des attaques à l'acide et de la catégorie susmentionnée (qui se référait alors aux mutilations génitales féminines et aux mariages précoces et forcés) faisaient ensuite partie de la catégorie plus générale de violence à l'égard des femmes et des filles.

307 E/2003/27-E/CN.6/2003/12, 2003, rapport de la quarante-septième session de la Commission de la condition de la femme dans lequel il est rapporté l'activité d'une table ronde sur les droits fondamentaux de la femme et l'élimination de toutes les formes de violence à l'égard des femmes et des filles conformément au Programme d'action de Beijing et aux textes adoptés à l'issue de la vingt-troisième session extraordinaire de l'Assemblée générale. Pourtant, aucune conclusion n'a été adoptée à cet égard (contrairement à la question portant sur la participation et l'accès des femmes aux médias et aux techniques de l'information et de la communication).

Plusieurs actions allant dans le sens de cette résolution se font dans divers organes onusiens et dans d'autres organes internationaux dont l'OMS qui considère en 2005 la question de la « violence envers les femmes » comme un axe prioritaire et le Comité pour l'élimination de la discrimination à l'égard des femmes, en 2007, qui s'inquiète pour les femmes pakistanaises victimes de « crime d'honneur ». Il semble pour autant que l'action la plus importante concernant les droits des femmes est sans doute la création[308] de l'organe ONU Femmes en 2010, entité de l'Organisation des Nations unies pour l'égalité des sexes et l'autonomisation de la femme. ONU Femmes incorpore l'International Research and Training Institute for the Advancement of Women et s'intéresse à la question du crime d'honneur. Enfin, en 2012, la Conférence mondiale sur les féminicides à Vienne reconnaît le phénomène qui comprend : 1) le meurtre à la suite de violence conjugale ; 2) la torture et le massacre misogyne ; 3) l'assassinat au nom de « l'honneur » ; 4) le meurtre ciblé dans le contexte des conflits armés ; 5) l'assassinat lié à la dot des femmes ; 6) la mise à mort des femmes et des filles en raison de leur orientation sexuelle ; 7) l'assassinat systématique de femmes autochtones ; 8) le fœticide et l'infanticide ; 9) le décès à la suite de mutilations génitales ; 10) le meurtre après accusation de sorcellerie ; 11) les autres meurtres sexistes associés aux gangs, au crime organisé, au narcotrafic, à la traite des personnes et à la prolifération des armes légères. Après la recommandation de la Commission des Nations unies sur la prévention du crime et la justice pénale, l'Assemblée générale adopte en 2013 une résolution sur les meurtres de femmes et de filles liés au genre *(gender related killing of women and girls)* (A/RES/68/191) suivie en 2015 par une publication de l'Office des Nations unies contre la drogue et le crime concernant les *recommendations for action against gender-related killing of women and girls* et qui souligne le haut niveau d'impunité de ces crimes.

Pour conclure, avec le cas précis du crime d'honneur, et son articulation avec le crime passionnel, on constate d'une part une concurrence entre des systèmes métanormatifs religieux et le système métanormatif onusien sur la question de la procréation et, par conséquent, des femmes et, d'autre part, que cette concurrence dépasse la prétendue frontière entre Orient *vs* Occident et entre tradition *vs* modernité. Par ailleurs, la mise en perspective du lien

---

[308] A/RES/64/289, soixante-quatrième session, cent quatrième séance plénière de l'Assemblée générale, le 2 juillet 2010.

entre religions et droits humains des femmes qui rappelle certains éléments ambivalents : la classe des religions se fonde sur l'idée que celles-ci doivent être en accord avec les droits humains des femmes. Ainsi, les crimes d'honneur sont considérés comme « incompatibles avec toutes les valeurs religieuses et culturelles » alors même que « certains de leurs auteurs se croient en quelque sorte fondés à commettre de tels crimes ». Il importe donc de « faire changer les attitudes et les comportements qui leur laissent le champ libre » en associant et en obtenant l'appui de « responsables religieux », de « dirigeants traditionnels », de « responsables locaux » et les médias. Cette nécessité révèle la concurrence de certains discours religieux avec les droits humains.

IV. Le façonnement des droits humains relatifs aux religions

Les droits humains relatifs aux religions ont émergé au niveau onusien avec la Déclaration universelle des droits de l'homme et les deux Pactes internationaux. Ces documents protègent la liberté de pensée, de conscience et de religion de chaque individu. Chaque personne a le droit de choisir librement sa religion, de la pratiquer individuellement ou en communauté, et de manifester sa conviction tant en public qu'en privé. Le respect de ces libertés implique également la protection contre toute forme de discrimination ou de persécution fondées sur la religion ou les convictions personnelles. Les droits humains relatifs aux religions visent à favoriser la tolérance, le respect mutuel et la coexistence pacifique, contribuant ainsi à promouvoir des sociétés diversifiées et harmonieuses où chacun peut exercer sa spiritualité en toute liberté. Cette vision postkantienne est soumise à des débats au sein de l'ONU. La particularité de ces débats est visible d'abord par la grande difficulté à produire une norme commune : la Déclaration sur l'élimination de toutes les formes d'intolérance et de discrimination fondées sur la religion ou la conviction qui, par ailleurs, est un texte très court (il contient seulement huit articles !). Ensuite, elle prend forme par la proposition d'une articulation alternative entre la liberté de religion et la liberté d'expression via les résolutions sur la diffamation des religions. Enfin, elle trouve un dénouement fragile par les résolutions sur l'incitation à la haine religieuse.

A. La Déclaration sur l'élimination de toutes les formes d'intolérance et de discrimination fondées sur la religion ou la conviction (1981)

En 1966, l'adoption du Pacte international relatif aux droits civils et politiques marqua une étape importante dans la protection des droits humains relatifs aux religions. Parallèlement, la Sous-Commission de la lutte contre les mesures discriminatoires et de la protection des minorités (1962–1981) travaille sur un autre texte crucial : la Déclaration sur l'élimination de toutes les formes d'intolérance et de discrimination fondées sur la religion ou la conviction. Dès 1962, l'Assemblée générale prévoyait une Déclaration et une Convention sur l'intolérance. Dans ce sens, la Sous-Commission pour la prévention de la discrimination et la protection des minorités avait élaboré un avant-projet de Convention, intégrant en 1963 des dispositions pertinentes concernant l'incitation à la haine religieuse. En 1967, ces clauses sont affinées et incluses dans le projet de Convention adopté par la Commission des droits de l'homme, mais aucune autre mesure n'est prise jusqu'en 1972. A cette date, le projet de Convention est officiellement abandonné au profit d'un projet de Déclaration sans valeur contraignante. Après deux décennies de discussions marquées par le contexte de la guerre froide, la Déclaration sur l'élimination de toutes les formes d'intolérance et de discrimination fondées sur la religion ou la conviction est finalement adoptée par l'Assemblée générale à l'unanimité le 25 novembre 1981 par la résolution A/RES/36/55. Toutefois, bien que les versions provisoires fissent référence à l'incitation à la haine religieuse, le texte final ne mentionne pas cette question de l'incitation à la haine religieuse, ni celle de blasphème[309].

[309] L'idée d'ajouter le blasphème comme possible limite de la liberté d'expression avait tenté d'émerger, sans succès, dans les années d'après-guerre, voir A. Schwab, *Aux limites de l'ordre global : Blasphème, diffamation des religions et incitation à la haine religieuse*, en cours d'évaluation.

Extrait 14 : la Déclaration sur l'élimination de toutes les formes d'intolérance et de discrimination fondées sur la religion ou la conviction

L'Assemblée générale,

Considérant qu'un des principes fondamentaux de la Charte des Nations unies est celui de la dignité et de l'égalité inhérentes à tous les êtres humains et que tous les Etats membres se sont engagés à agir, tant conjointement que séparément, en coopération avec l'Organisation des Nations unies en vue de développer et d'encourager le respect universel et effectif des droits de l'homme et des libertés fondamentales pour tous, sans discrimination de race, de sexe, de langue ou de religion,

Considérant que la Déclaration universelle des droits de l'homme et les Pactes internationaux relatifs aux droits de l'homme proclament les principes de non-discrimination et d'égalité devant la loi et le droit à la liberté de pensée, de conscience, de religion ou de conviction,

Considérant que le mépris et la violation des droits de l'homme et des libertés fondamentales, en particulier du droit à la liberté de pensée, de conscience, de religion ou de conviction, quelle qu'elle soit, sont directement ou indirectement à l'origine de guerres et de grandes souffrances infligées à l'humanité, spécialement dans les cas où ils servent de moyen d'ingérence étrangère dans les affaires intérieures d'autres Etats et équivalent à attiser la haine entre les peuples et les nations,

Considérant que la religion ou la conviction constitue pour celui qui la professe un des éléments fondamentaux de sa conception de la vie et que la liberté de religion ou de conviction doit être intégralement respectée et garantie,

Considérant qu'il est essentiel de contribuer à la compréhension, à la tolérance et au respect en ce qui concerne la liberté de religion ou de conviction et de faire en sorte que l'utilisation de la religion ou de la conviction à des fins incompatibles avec la Charte, les autres instruments pertinents de l'Organisation des Nations unies et les buts et principes de la présente Déclaration ne soit pas admissible,

Convaincue que la liberté de religion ou de conviction devrait également contribuer à la réalisation des buts de paix mondiale, de justice sociale et d'amitié entre les peuples et à l'élimination des idéologies ou pratiques du colonialisme et de la discrimination raciale,

Prenant note avec satisfaction de l'adoption, sous les auspices de l'Organisation des Nations unies et des institutions spécialisées, de plusieurs conventions et de l'entrée en vigueur de certaines d'entre elles, visant à éliminer diverses formes de discrimination,

Préoccupée par les manifestations d'intolérance et par l'existence de discrimination en matière de religion ou de conviction que l'on constate encore dans certaines parties du monde,

Résolue à prendre toutes les mesures nécessaires pour éliminer rapidement toutes les formes et manifestations de cette intolérance et à prévenir et combattre toute discrimination fondée sur la religion ou la conviction,

Proclame la présente Déclaration sur l'élimination de toutes les formes d'intolérance et de discrimination fondées sur la religion ou la conviction :

Article premier

1. Toute personne a droit à la liberté de pensée, de conscience et de religion. Ce droit implique la liberté d'avoir une religion ou n'importe quelle conviction de son choix, ainsi que la liberté de manifester sa religion ou sa conviction, individuellement ou en commun, tant en public qu'en privé, par le culte et l'accomplissement des rites, les pratiques et l'enseignement.
2. Nul ne subira de contrainte pouvant porter atteinte à sa liberté d'avoir une religion ou une conviction de son choix.
3. La liberté de manifester sa religion ou sa conviction ne peut faire l'objet que des seules restrictions qui sont prévues par la loi et qui sont nécessaires à la protection de la sécurité publique, de l'ordre public, de la santé ou de la morale ou des libertés et droits fondamentaux d'autrui.

Article 2

1. Nul ne peut faire l'objet de discrimination de la part d'un Etat, d'une institution, d'un groupe ou d'un individu quelconque en raison de sa religion ou de sa conviction.
2. Aux fins de la présente Déclaration, on entend par les termes 'intolérance et discrimination fondées sur la religion ou la conviction' toute distinction, exclusion, restriction ou préférence fondées sur la religion ou la conviction et ayant pour objet ou pour effet de supprimer ou de limiter la reconnaissance, la jouissance ou l'exercice des droits de l'homme et des libertés fondamentales sur une base d'égalité.

Article 3
La discrimination entre les êtres humains pour des motifs de religion ou de conviction constitue une offense à la dignité humaine et un désaveu des principes de la Charte des Nations unies et doit être condamnée comme une violation des droits de l'homme et des libertés fondamentales proclamés dans la Déclaration universelle des droits de l'homme et énoncés en détail dans les Pactes internationaux relatifs aux droits de l'homme, et comme un obstacle aux relations amicales et pacifiques entre les nations.

Article 4
1. Tous les Etats prendront des mesures efficaces pour prévenir et éliminer toute discrimination fondée sur la religion ou la conviction, dans la reconnaissance, l'exercice et la jouissance des droits de l'homme et des libertés fondamentales dans tous les domaines de la vie civile, économique, politique, sociale et culturelle.
2. Tous les Etats s'efforceront d'adopter des mesures législatives ou de rapporter celles qui sont en vigueur, selon le cas, à l'effet d'interdire toute discrimination de ce genre, et de prendre toutes mesures appropriées pour combattre l'intolérance fondée sur la religion ou la conviction en la matière.

Article 5
1. Les parents ou, le cas échéant, les tuteurs légaux de l'enfant ont le droit d'organiser la vie au sein de la famille conformément à leur religion ou leur conviction et en tenant compte de l'éducation morale conformément à laquelle ils estiment que l'enfant doit être élevé.
2. Tout enfant jouit du droit d'accéder, en matière de religion ou de conviction, à une éducation conforme aux vœux de ses parents ou, selon le cas, de ses tuteurs légaux, et ne peut être contraint de recevoir un enseignement relatif à une religion ou une conviction contre les vœux de ses parents ou de ses tuteurs légaux, l'intérêt de l'enfant étant le principe directeur.
3. L'enfant doit être protégé contre toute forme de discrimination fondée sur la religion ou la conviction. Il doit être élevé dans un esprit de compréhension, de tolérance, d'amitié entre les peuples, de paix et de fraternité universelle, de respect de la liberté de religion ou de conviction d'autrui et dans la pleine conscience que son énergie et ses talents doivent être consacrés au service de ses semblables.

4. Dans le cas d'un enfant qui n'est sous la tutelle ni de ses parents ni de tuteurs légaux, les vœux exprimés par ceux-ci, ou toute autre preuve recueillie sur leurs vœux en matière de religion ou de conviction, seront dûment pris en considération, l'intérêt de l'enfant étant le principe directeur.
5. Les pratiques d'une religion ou d'une conviction dans lesquelles un enfant est élevé ne doivent porter préjudice ni à sa santé physique ou mentale ni à son développement complet, compte tenu du paragraphe 3 de l'article premier de la présente Déclaration.

Article 6

Conformément à l'article premier de la présente Déclaration et sous réserve des dispositions du paragraphe 3 dudit article, le droit à la liberté de pensée, de conscience, de religion ou de conviction implique, entre autres, les libertés suivantes :

a) La liberté de pratiquer un culte et de tenir des réunions se rapportant à une religion ou à une conviction et d'établir et d'entretenir des lieux à ces fins ;
b) La liberté de fonder et d'entretenir des institutions charitables ou humanitaires appropriées ;
c) La liberté de confectionner, d'acquérir et d'utiliser, en quantité adéquate, les objets et le matériel requis par les rites ou les usages d'une religion ou d'une conviction ;
d) La liberté d'écrire, d'imprimer et de diffuser des publications sur ces sujets ;
e) La liberté d'enseigner une religion ou une conviction dans les lieux convenant à cette fin ;
f) La liberté de solliciter et de recevoir des contributions volontaires, financières et autres, de particuliers et d'institutions ;
g) La liberté de former, de nommer, d'élire ou de désigner par succession les dirigeants appropriés, conformément aux besoins et aux normes de toute religion ou conviction ;
h) La liberté d'observer les jours de repos et de célébrer les fêtes et cérémonies conformément aux préceptes de sa religion ou de sa conviction ;
i) La liberté d'établir et de maintenir des communications avec des individus et des communautés en matière de religion ou de conviction aux niveaux national et international.

Article 7
Les droits et libertés proclamés dans la présente Déclaration sont accordés dans la législation nationale d'une manière telle que chacun soit en mesure de jouir desdits droits et libertés dans la pratique.

Article 8
Aucune disposition de la présente Déclaration ne sera interprétée comme constituant une restriction ou une dérogation à un droit énoncé dans la Déclaration universelle des droits de l'homme et dans les Pactes internationaux relatifs aux droits de l'homme.

La Déclaration, avec seulement huit articles, témoigne des difficultés mondiales à se mettre pleinement d'accord sur la signification du principe de tolérance envers la diversité des convictions et des pratiques religieuses. L'évolution du terme « tolérance » est intéressante à noter, car lors des guerres de Religion en Europe entre catholiques et protestants, ce principe était perçu négativement comme une forme d'incapacité à imposer la conformité religieuse. Ce n'est qu'au XVIIIe siècle, avec l'émergence des philosophies des Lumières, que la tolérance a pris un sens positif comme forme d'acceptation de la différence religieuse. Aujourd'hui, bien que le sens positif soit toujours présent, ce principe doit s'intégrer dans un paysage politique mondial diversifié. Les Etats-nations, dont le fondement rousseauiste prend la forme d'un contrat social qui permet d'unifier, sur un même territoire, des individus de langues, de cultures et de religions différentes, peuvent être confrontés à d'importants défis pour préserver la cohésion sociale en raison de la mondialisation, qui a engendré le pluralisme et la diversité culturelle et religieuse sur leur territoire. A cet égard, l'accès immédiat à l'information par le biais de l'Internet alimente les débats publics. Si cet accès peut favoriser l'éducation critique et cultiver le terrain démocratique, il peut également fragiliser ces deux éléments essentiels à la tolérance et augmenter les inégalités sociales, comme en témoigne le cas états-unien. L'articulation entre la liberté d'information et la pratique de la tolérance au niveau global nécessite, à l'heure actuelle, un travail de recherche scientifique approfondi.

Le préambule de la Déclaration met en évidence le caractère fondamental de la religion dans la vie de tout individu et souligne qu'elle doit être respectée dans le cadre des droits humains. Bien que la Déclaration ne fournisse pas de définition formelle de la « religion », de la « conscience » ou de la « conviction » – à l'instar des articles 18 de la Déclaration universelle et du Pacte international relatif aux droits civils et politiques –, il est généralement admis que la liberté de pensée, de conscience et de religion englobe les convictions théistes, athées et agnostiques. On remarquera que, contrairement à la Déclaration universelle et au Pacte international, aucune mention n'est faite sur l'incitation à la haine dans la Déclaration. Les obstacles principaux à l'inclusion de cette disposition dans le texte final étaient, premièrement, une certaine restriction à la liberté d'expression et d'association qui était alors incompatible avec les normes nationales de la Suède et du Royaume-Uni. Deuxièmement, des désaccords sur l'inclusion de croyances autres que religieuses ont surgi. Les pays du bloc de l'Est souhaitaient également inclure les convictions politiques pour interdire l'incitation à la haine fondée sur des croyances politiques, mais cela a été problématique pour les pays du bloc de l'Ouest. En raison de ces deux principaux obstacles, aucune disposition contre l'incitation à la haine religieuse n'a été intégrée dans le texte final de la Déclaration.

La Déclaration n'a pas de force juridique contraignante, mais elle reste jusqu'à ce jour l'unique instrument des droits humains entièrement axé sur la liberté de pensée, de conscience, de religion ou de conviction. Bien qu'il ne soit pas spécifiquement mentionné qu'il est autorisé de changer de religion, chacun jouit de la liberté d'avoir une religion ou n'importe quelle conviction de son choix. Cette liberté implique que personne ne devrait être soumis à des contraintes en la matière et que la liberté de pratiquer sa religion ou conviction, aussi bien individuellement qu'en communauté, à travers le culte, les rituels, les pratiques et l'enseignement, est protégée. Les seules restrictions possibles, établies par l'Etat, doivent être prévues par la loi et nécessaires à la protection de la sécurité publique, de l'ordre public, de la santé ou de la morale ou des libertés et droits fondamentaux d'autrui. La Déclaration souligne que les parents ont le droit d'organiser la vie familiale conformément à leur religion, mais l'intérêt supérieur de l'enfant est le principe directeur, et les pratiques religieuses ne doivent pas porter préjudice à sa santé physique ou mentale, ni entraver son développement complet. Enfin, l'enfant doit être élevé dans un esprit de compréhension, de tolérance, d'amitié entre les peuples, de paix et de fraternité universelle, en respectant la liberté de religion ou de conviction d'autrui, et en prenant conscience que ses énergies et ses talents doivent être mis au service de ses semblables.

Bien que la Déclaration sur l'intolérance de 1981 n'ait pas de force juridique contraignante, elle a donné lieu à la création de deux mécanismes de suivi. D'abord, en 1983, Elizabeth Odio Benito est nommée rapporteuse spéciale sur la question de la discrimination et de l'intolérance fondées sur la religion jusqu'en 1987. Elle sera chargée d'entreprendre une étude complète et approfondie sur cette question. Ensuite, en 1986, Angelo Vidal d'Almeida Ribeiro est désigné rapporteur spécial sur l'intolérance religieuse, avec pour mission de mettre en œuvre la Déclaration. Durant son mandat (1986–1993), il considère que des critères tels que l'antiquité d'une religion, le caractère révélé et l'existence d'une écriture ne suffisent pas à faire une distinction nette entre les religions, les sectes et les associations religieuses. Lorsque Abdelfattah Amor prend le relais en 1993 jusqu'en 2004, il étend largement le mandat en devenant rapporteur spécial sur la liberté de religion ou de conviction à partir de l'an 2000.

Dans ce contexte, Abdelfattah Amor aborde la question de la diffamation des religions, qu'il associe explicitement au blasphème. Il constate[310] que, souvent, l'interdiction de toute diffamation ou blasphème est utilisée de manière abusive par les Etats pour censurer toute critique ou débat concernant la religion ou des sujets connexes. La diffamation devient alors une arme utilisée contre les groupes vulnérables, notamment les femmes, les minorités ethniques ou religieuses, et les minorités intellectuelles de la libre pensée. Cependant, le rapporteur spécial exprime des préoccupations quant aux stéréotypes négatifs qui peuvent être attribués à l'ensemble des religions. Il estime que l'extrémisme religieux est une aberration, car toutes les religions sont fondamentalement fondées sur les valeurs des droits de l'homme, de la tolérance et de la non-discrimination. Malheureusement, certaines interprétations erronées et manipulations humaines auraient dénaturé la religion et l'auraient liée, à tort, à l'extrémisme. A travers son discours, on constate que la vision religieuse de la religion – la religion serait essentiellement bonne car d'origine divine, les pratiques néfastes seraient humaines et d'origine diabolique – est ici récupérée et apparaît en filigrane.

---

[310] A/55/280, § 97, 8 septembre 2000.

Asma Jahangir, la troisième rapporteuse spéciale sur la liberté de religion ou de conviction (2004–2010), s'efforce d'établir un débat équilibré sur la tolérance. Dans son rapport de 2006[311], elle souligne que les discriminations envers les minorités religieuses ou les groupes religieux vulnérables sont généralement le fait des Etats et de leurs acteurs. Selon elle, les attaques perpétrées par les acteurs étatiques entraînent souvent des conséquences graves, tandis que celles des acteurs non étatiques sont plus difficiles à évaluer. Asma Jahangir met en évidence la nécessité de différencier l'analyse théologique du contenu religieux des formes extrêmes d'incitation à la haine religieuse qui peuvent conduire à des violences antireligieuses extrêmes. Entre ces deux approches, il existe toute une gamme d'expressions à thème religieux, y compris des commentaires désobligeants et de la satire. Toutefois, elle souligne que même si ces commentaires désobligeants sont autorisés, ils ne sont pas toujours justifiés, car ils peuvent stigmatiser les membres de certaines religions et encourager un environnement intolérant. Néanmoins, la réponse à ce problème ne réside pas dans la limitation de la liberté d'expression, mais plutôt dans la mise en place de mesures visant à promouvoir un environnement tolérant dans lequel les religions peuvent fonctionner tout en étant protégées contre la discrimination et la stigmatisation. En 2011, cette position consensuelle sera adoptée par l'Assemblée générale à travers une résolution sur l'incitation à la haine religieuse.

Depuis le début de leur mandat, les rapporteurs spéciaux sur la liberté de religion ont joué un rôle fondamental pour éviter une opposition stricte entre la liberté de religion et la liberté d'expression. La connexion entre ces deux droits fondamentaux réside dans la liberté de pensée, car sans celle-ci, il est impossible de développer des convictions personnelles ni de les exprimer. L'échange d'informations et d'opinions nourrit et favorise l'épanouissement de la pensée. Les rapports des rapporteurs spéciaux mettent en évidence deux éléments majeurs à cet égard. Premièrement, les limites de l'incitation à la haine religieuse touchent directement la liberté de religion. Les principales violations de la liberté de conscience et de religion concernent souvent la discrimination envers les minorités religieuses de la part des groupes majoritaires. Par conséquent, l'application de lois qui protègent l'expression d'une seule religion peut parfois se révéler intolérante envers les minorités

311 A/HRC/2/3, 20 septembre 2006.

religieuses. Dernièrement, les rapports soulignent qu'il existe un lien entre la tolérance religieuse et une configuration politique spécifique concernant la religion – la démocratie favoriserait la tolérance – mais que celui-ci n'est pas de l'ordre d'une causalité directe. La démocratie n'implique pas obligatoirement la tolérance religieuse, mais elle contribue à la cultiver.

B. Les résolutions sur la diffamation des religions (1999–2010)[312]

Certains acteurs religieux au sein de l'Organisation des Nations unies remettent ouvertement en cause les fondements philosophiques libéraux, rationalistes et individualistes de l'ordre global établi à la fin de la Seconde Guerre mondiale. Au cœur des débats, la traduction de la notion religieuse de blasphème dans la catégorie semi-séculière de diffamation des religions devient un point de cristallisation des tensions. Entre 1999 et 2010, sous l'influence de l'Organisation de la conférence islamique, la Commission des droits de l'homme, puis le Conseil des droits de l'homme, approuve onze résolutions visant à protéger la réputation des religions et de leurs adeptes. Bien que ces résolutions n'aient pas de force juridique contraignante et ne définissent pas clairement la notion de diffamation des religions, elles suscitent des tensions dans les relations internationales. Pour surmonter cette impasse, la notion d'incitation à la haine religieuse est réintroduite, et entre 2011 et 2023, vingt-cinq résolutions sont unanimement adoptées à l'Assemblée générale et au Conseil des droits de l'homme. Elles visent à protéger les personnes religieuses contre l'intolérance et non les religions en tant que telles.

---

[312] Ce sous-chapitre s'appuie principalement sur les résultats de nos recherches antérieures : A. Schwab, « Entre liberté de religion et liberté d'expression : Emergence de la notion onusienne de 'diffamation des religions' », *La revue du MAUSS* 49, 2017a, p. 134–147 ; A. Schwab, « International human rights law and the defamation of religions : Can we change the subject ? », *Human Rights Quarterly* 43 (4), 2021b, p. 759–780 ; A. Schwab, *op. cit.* (en cours d'évaluation). Voir également B. Chelini-Pont, « La diffamation des religions : Un bras de fer international (1999–2009) », *Conscience et liberté* 71, 2010, p. 42–68 ; S. Parmar, « The challenge of 'defamation of religions' to freedom of expression and the international human rights system », *European Human Rights Law Review* 3, 2009, p. 353–375 ; A. G. Belnap, « Defamation of religions : A vague and overbroad theory that threatens basic human rights », *Brigham Young University Law Review* 2, 2010, p. 635–685.

L'émergence des résolutions sur la diffamation des religions en 1999 à la Commission des droits de l'homme met en évidence le rôle du représentant du Pakistan et de l'Organisation de la conférence islamique, Munir Akram. Ce dernier propose un projet de résolution sur la diffamation de l'islam, invoquant trois arguments principaux pour légitimer cette focalisation. Le premier argument évoque l'intolérance croissante envers l'islam et les musulmans à travers le monde. Au vu de la date de son discours, il ne se réfère pas aux politiques antiterroristes mises en place à la suite de l'attentat du 11 septembre 2001, mais certainement au conflit relatif à la mosquée de Babour en Inde en 1992. Le deuxième argument établit un parallèle entre l'islamophobie et l'antisémitisme, cherchant par ce biais à protéger l'islam de toute critique. Le troisième argument affirme que l'islam est le premier à offrir une charte des droits de l'homme avec le Coran. Face à ce particularisme musulman, certains membres de la Commission, notamment ceux de l'Union européenne, proposent d'élargir le champ de la résolution pour inclure toutes les religions et de maintenir une interprétation juridique du terme « diffamation » centrée sur les individus.

Dans une perspective d'études globales des religions, la notion onusienne de diffamation des religions, qui vise à protéger la religion en tant que telle, pose de sérieux problèmes. Tout d'abord, il n'existe pas de consensus sur la définition des religions. Ensuite, les religions sont des systèmes de croyances et de pratiques contestés à la fois de l'intérieur et de l'extérieur. Enfin, la catégorie de « religion(s) » conduit souvent à la discrimination de minorités religieuses, car elle est souvent utilisée politiquement et juridiquement au niveau national pour opprimer certains groupes en créant des catégories opposées mais qui lui sont tributaires telles que « sectes » ou « superstitions ». Un exemple déjà évoqué est celui des ahmadis au Pakistan, qui se considèrent musulmans mais sont discriminés par les groupes musulmans majoritaires et visés par des lois pakistanaises sur le blasphème[313]. On pourrait aussi évoquer les minorités religieuses en France qui ne sont pas reconnues comme telles par le gouvernement français. En effet, en s'appuyant sur sa Constitution

---

313 A. M. Khan, « Persecution of the Ahmadiyya community in Pakistan : An analysis under international law and international relations », *Harvard Human Rights Journal* 16, 2003, p. 217–244 ; A. M. Khan, « How anti-blasphemy laws engender terrorism », *Harvard International Law Journal Online* 56, 2015, p. 1–13.

qui considère la France comme une république indivisible et laïque[314] qui assure l'égalité devant la loi de tous les citoyens sans distinction de religion et respectant toutes les croyances, le gouvernement déclare que l'article 27 du Pacte international relatif aux droits civils et politiques n'est pas applicable. Il réitère cette position lors de son examen périodique universel en 2022.

En ce qui concerne les alévis, généralement considérés par les savants[315] comme un mouvement chiite hétérodoxe d'Anatolie, ils ne sont pas reconnus par l'Etat turc comme une minorité religieuse alors que, numériquement, ils représentent certainement la plus grande minorité religieuse islamique. La majorité sunnite les considère généralement comme des hérétiques ou des mécréants de par leur rejet de quatre piliers de l'islam, leur caractère non prosélyte et leur accent mis sur la musique et la danse. D'ailleurs, certains alévis ne se considèrent eux-mêmes pas comme musulmans. Les répressions et discriminations qu'ils subissent en Turquie les ont conduits à s'exiler pour beaucoup. En Suisse, une communauté alévie est notamment importante dans le canton de Bâle. En 2012, le Parlement bâlois vote à la majorité la reconnaissance de droit privé à la communauté religieuse alévie – une première en Suisse pour une communauté non chrétienne et non juive. Dans ce cadre, la communauté propose un enseignement religieux dans les écoles publiques et pourrait obtenir des subventions si elle effectuait un travail d'aumônier dans les hôpitaux et dans les prisons. En revanche, elle ne profite pas, contrairement à la reconnaissance de droit public dont bénéficient les communautés catholique-chrétienne, protestante, catholique romaine et israélite, de droit sur l'impôt ecclésiastique.

---

314 Un élément connexe serait intéressant à creuser. Le fait que, simultanément mais différemment exprimé au cours des modifications constitutionnelles, le principe que le gouvernement du/par/pour le peuple (au singulier) côtoie la reconnaissance partielle d'une pluralité de peuples français (désignant généralement les territoires d'outre-mer et non les territoires de la France métropolitaine, soit sur le continent européen).

315 A. Gökalp, « Une minorité chîite en Anatolie : Les alêvi », *Annales* 35 (3–4), 1980, p. 749–762 ; U. Spuler-Stegemann, « Der Islam », *in* K.-D. Grothusen (ed.), Türkei : Südosteuropa-Handbuch, Göttingen, Vandenhoeck & Ruprecht, 1985, IV, p. 591–612 ; M. Stokes, « Ritual, identity and the state : An Alevi *(Shi'a) cem* ceremony », *in* K. E. Schulze, M. Stokes & C. Campbell (eds), Nationalism, minorities and diasporas. Identities and rights in the Middle East, London, Tauris Academic Studies, 1996, p. 188–202.

La dissémination de la notion de diffamation des religions après 1999 se fait en plusieurs étapes. Au départ, la notion est largement soutenue à la Commission des droits de l'homme, mais après 2001, des tensions apparaissent entre les pays dits musulmans et les pays dits occidentaux. La Conférence sur le racisme à Durban en 2001 antérieure aux événements du 11 septembre de la même année est particulièrement tendue, avec des représentants de l'Organisation de la conférence islamique et certaines ONG associant le sionisme au racisme. Les Etats-Unis et Israël quittent la Conférence avant son terme, et le texte final n'est pas adopté. Malgré des réactions négatives, la notion de diffamation des religions se propage au sein de l'Assemblée générale en 2005 et dans le mandat du rapporteur spécial sur la liberté d'expression en 2008. Cette dissémination est facilitée par l'assimilation de la notion de diffamation des religions aux normes internationales sur le racisme.

Le rapporteur spécial sur le racisme de l'époque (2002–2008), Doudou Diène, tente de lier la diffamation des religions au racisme afin de lui donner une légitimité en se fondant sur des événements historiques spécifiques. Il considère la diffamation des religions comme une forme de racisme envers les trois religions monothéistes (judaïsme, islam et christianisme). Il lie l'islamophobie à l'histoire des croisades, au conflit israélo-palestinien et à la crise du sécularisme aux Pays-Bas. Cependant, cette vision apologétique et simplifiée des événements suscite des critiques et pose, de notre point de vue, la question de la construction de l'altérité entre les groupes et la circularité de la violence dans les conflits contemporains. Au fil du temps, Doudou Diène abandonnera la notion de diffamation des religions.

Durant une réunion le 9 décembre 2008 avec des rapporteurs sur la liberté d'expression de différentes institutions en Europe, en Amérique et en Afrique, Frank William La Rue, rapporteur spécial onusien sur la liberté d'expression, rédige une déclaration commune mettant en avant les principaux points suivants : 1) les droits de l'homme doivent protéger les individus et non des concepts ou des institutions spécifiques ; 2) la notion de diffamation doit protéger la réputation des personnes et non celle des religions ; 3) la liberté d'expression ne doit pas être restreinte par les religions ou les pouvoirs religieux. A la suite de la publication de cette déclaration, le mouvement visant à contenir la norme de diffamation des religions s'intensifie, aboutissant finalement à sa transformation et à son abandon.

Une pétition contre la notion de diffamation des religions est lancée par une quarantaine d'organisations de presse et de droits de l'homme (y compris religieuses) en 2008. En 2009, l'Union européenne conditionne sa participation à la Conférence mondiale contre le racisme au retrait de cette notion de la déclaration finale. Par ailleurs, le Groupe de travail des Nations unies sur la détention arbitraire conclut que la condamnation du blogueur Kareem Amer pour diffamation envers l'Institut religieux Al-Azhar et le chef d'Etat était une violation de l'article 19 du Pacte international relatif aux droits civils et politiques. Entre 2010 et 2011, plusieurs événements organisés par des ONG ont lieu à l'ONU pour s'opposer à toute résolution faisant référence à la diffamation des religions. Finalement, la dernière résolution sur la diffamation des religions est adoptée à la fin de l'année 2010 (A/RES/65/224). La question sera progressivement remplacée par des résolutions sur l'incitation à la haine religieuse, qui se concentrent désormais sur les attaques contre des individus ou des membres de groupes religieux.

Pour autant, en 2011, l'Organisation de la coopération islamique adopte en son sein une résolution appelant à un instrument international juridique contraignant pour prévenir l'intolérance et la diffamation des religions. En 2015, suite à l'attaque contre *Charlie Hebdo*, le ministre saoudien des Affaires étrangères déclare que les croyances religieuses devraient être respectées et les sentiments des musulmans préservés, limitant ainsi la liberté d'opinion et d'expression. Cet accent sur les sentiments religieux découle d'un glissement terminologique initié par des polémistes chrétiens[316] pour rendre leur discours contre le blasphème plus compatible avec la démocratie et la sécularisation. Il redéfinit également les limites de la liberté d'expression, interdisant les discours publics qui propagent un profond sentiment d'antipathie envers un groupe religieux.

Toutefois, l'Organisation de la coopération islamique continue de poursuivre son projet en faveur de la notion de diffamation des religions. En automne 2020, elle déclare que les caricatures de Mahomet sont abusives, une offense à l'islam et une provocation aux sentiments des musulmans, et appelle à criminaliser la diffamation des religions. La notion de diffamation des religions demeure donc une stratégie discursive visant à intégrer une approche religieuse dogmatique dans le cadre juridique du droit international

[316] J. Favret-Saada, « Les sensibilités religieuses blessées », *L'Homme* 221 (1), 2017, p. 147–166.

des droits humains et à structurer les débats autour de la liberté de religion et de la liberté d'expression. Bien que l'intégration des religions comme sujets de droit, souhaitée par l'Organisation de la coopération islamique, n'ait pas eu lieu, la compétition entre une vision religieuse dogmatique et une vision séculière rationaliste persiste, avec des stratégies similaires utilisées par les acteurs à travers différents lieux de gouvernance mondiale. La liberté d'expression et la possibilité de critiquer ce qui est religieux restent les meilleures garantes des droits des minorités religieuses, malgré leurs limites évidentes notamment en termes de déstabilisation d'un ordre établi.

L'approche anthropolinguistique sur le blasphème, présentée par Jeanne Favret-Saada, offre une perspective pertinente sur la question de la diffamation des religions. En transposant son approche dans l'analyse des résolutions sur la diffamation des religions, on réalise que la notion qui nous intéresse ne concerne pas un contenu spécifique, mais plutôt un acte d'accusation fondé sur des normes communes. Dans le cas onusien, ces normes communes reposent sur le droit international des droits humains. C'est donc un changement de certains éléments du droit international qui est proposé par l'Organisation de la conférence/coopération islamique. Dans ce cadre, les Etats membres auraient le pouvoir de décider de l'étendue de cette catégorie à l'échelle mondiale.

Sur le plan régional européen, les droits de l'homme en matière de diffamation peuvent être revendiqués par un individu, un groupe spécifique ou une entreprise, selon la Convention européenne des droits de l'homme, article 10. Les groupes religieux pourraient donc avoir théoriquement le droit de protéger leur réputation contre la diffamation, mais le droit ne s'appliquerait pas à la religion en tant que telle. Alors que le Conseil européen s'est toujours opposé à toute législation interdisant le blasphème, la Cour européenne des droits de l'homme a adopté des positions variables[317] sur le blasphème. Entre 1994, avec l'arrêt Otto-Preminger-Institute *contre* Autriche, et 2018, avec l'affaire E. S. *contre* Autriche, aucun autre arrêt de la Cour n'a

---

[317] L. Burgorgue-Larsen & G. Calvès (dir.), *La diffamation saisie par les juges en Europe*, Pedone, 2019.

favorisé une législation contre les propos blasphématoires. On note cependant une tendance[318] à l'abrogation des lois antiblasphème au niveau européen.

Bien que les résolutions onusiennes ne soient généralement pas juridiquement contraignantes, elles peuvent acquérir une force normative quasi juridique grâce à leur répétition, leur fréquence et leur large diffusion, ainsi que par la pratique générale des Etats et leur conviction que cette pratique équivaut à la loi. A long terme, si les résolutions sur la diffamation des religions sont unanimement adoptées, elles pourraient éventuellement aboutir à la création et à l'acceptation mondiale d'un traité international qui pourrait reconnaître les religions comme de nouveaux sujets de droit. Mais pour le moment, les Etats occidentaux les plus forts économiquement sont contre une telle proposition, enrayant de fait toute possibilité de consensus. Dans ce sens, on constate que le soutien aux résolutions sur la diffamation des religions diminue progressivement mais de façon non linéaire, surtout après 2010, avec une chute de plus de 50 % entre 1999 et 2010. Finalement, grâce à une opposition marquée des Etats occidentaux qui ont réussi à convaincre le Groupe de l'Amérique latine et des Caraïbes, puis les Etats du Groupe africain, les résolutions sur l'incitation à la haine religieuse ont été préférées au détriment de celles sur la diffamation des religions.

Dans le rapport du secrétaire général sur la diffamation des religions datant de 2011, A/66/372, le terme anglais *defamation of religions* est traduit en arabe par *Tashwih sourate al Adian* (تشويه صورة الأديان), c'est-à-dire, littéralement, la « falsification de l'image des religions » rappelant l'idée de défigurer ou abîmer. Ce sont les mêmes termes que l'on trouve dans le document original arabe A/HRC/16/L.38 (2011) soutenu par le représentant de l'Organisation de la coopération islamique. Les membres de l'Organisation, y compris la Russie en tant qu'observatrice, proposent diverses terminologies pour défendre une vision du monde qui protège les valeurs religieuses conservatrices. Elles se traduisent notamment par des propositions contre le « dénigrement des religions » *(denigration of religions)* ou l'interdiction de « vilipender des symboles religieux » *(vilification of religious symbols)*. Si

[318] J. Fiss & J. Getgen Kestenbaum, *Respecting rights ? Measuring the world's blasphemy laws*, Washington, United States Commission on International Religious Freedom, 2017 ; J. Fiss & J. Getgen Kestenbaum, *Violating rights. Enforcing the world's blasphemy laws*, Washington, United States Commission on International Religious Freedom, 2020.

au sein de l'Organisation des Nations unies les termes anglais *vilification* et *denigration* sont généralement traduits en français par « dénigrement », ils s'apparentent au mot arabe *sabb* (سبّ), que l'on peut traduire en français par « diffamation de Dieu »[319].

Les notions de diffamation des religions et de dénigrement des religions s'apparentent à deux autres constructions terminologiques arabes visibles dans les élocutions des représentants de pays arabo-musulmans, par exemple A/66/372 (2011) paragraphe 35 (Irak) et paragraphe 50 (Oman). La première construction est *al-haṭṭ min sha'n* (الحط من شأن), dont la traduction onusienne proposée en anglais est *vilification* et que l'on traduirait littéralement par « dévalorisation » de quelqu'un ou de quelque chose. Cette terminologie évoque l'idée de valeur ou de prix et non l'idée de la couleur noire comme c'est le cas avec le terme « dénigrement ». La dernière est *intihāk hụrmatihā* (انتهاك حرمتها), dont la traduction onusienne proposée en anglais est *desecration of religious symbols* et que l'on traduirait littéralement par « violation de la sacralité ».

En russe[320], la diffamation des religions[321], диффамация (translittération: *difamacija*, soit *defamation* en anglais) религий (translittération : *religij*, soit *religions* en anglais), se rapproche du « dénigrement des religions » ou de la *vilification of religions*, soit очернение (translittération : *otčernenie*, soit « dénigrement » en français) религий (soit « religions »). L'expression russe correspond bien à la traduction française « dénigrement des religions » dans le sens où le terme очернение (translittération : *otčernenie*, soit littéralement « noircissement ») est construit de la même manière que le verbe *dénigrer*, à partir de la racine « noir », чёрный (translittération : *čërnyj*) – « noircir » (чернить). Par ailleurs, le terme français « diffamation » et le terme anglais *vilification* renvoient tous deux à l'idée d'atteinte à l'estime d'une personne ou à la diminution de la valeur ou

---

319 Ainsi, les termes généralement utilisés pour désigner le champ lexical du blasphème sont *kufr* (impiété, idolâtrie, incroyance, infidélité à Dieu, rejet de sa révélation), ou *riddah* (apostasie), qui est un crime capital potentiel. Parfois, ils concernent l'hérésie *(zandaqah)*, l'insulte à Dieu *(shatm)*, et la diffamation de Dieu, du Prophète ou d'un aspect important de l'islam *(sabb)* (*vilification* en anglais). Nous remercions notre collègue, Hasni Abidi, pour le précieux éclairage sur la langue arabe.

320 Nous remercions notre collègue, Antoine Eichelberger, pour le précieux éclairage sur la langue russe.

321 Par exemple, voir le même rapport du secrétaire général : A/66/372.

du prix d'un objet. Le glissement entre la notion de diffamation des religions et celle de dénigrement des religions est donc minime.

Si le projet de résolution sur le dénigrement des religions est rejeté lors de la soixante-cinquième session de l'Assemblée générale en novembre 2010, entre 2009 et 2012, des résolutions sur la « promotion des droits de l'homme et des libertés fondamentales par une meilleure compréhension des valeurs traditionnelles de l'humanité », portées par le représentant russe, sont quant à elles adoptées. Ces résolutions semblent remettre en cause les valeurs dites modernes liées à la sexualité, telles que la liberté et l'égalité pour les femmes, les personnes homosexuelles, bisexuelles ou transsexuelles, ce qui pourrait porter atteinte aux principes d'indivisibilité et d'universalité des droits de l'homme. Ces développements construisent un discours antioccidental qui considère l'Occident comme étant dégénéré, avec des lois favorables au mariage homosexuel, un accès facile à l'alcool et à l'avortement, un désengagement des religions traditionnelles institutionnelles et une éthique des relations sexuelles libres et détachées du mariage. Les votes sur les « valeurs traditionnelles de l'humanité » reflètent des clivages similaires à ceux observés concernant la notion de diffamation des religions.

C. Les résolutions sur l'incitation à la haine religieuse (2011–2023)

De 2011 à 2023, le Conseil des droits de l'homme[322] et l'Assemblée générale[323] ont adopté sans vote vingt-cinq résolutions sur l'incitation à la violence contre les personnes fondée sur la religion ou la conviction (dans les titres) ou l'incitation à la haine religieuse (dans le corps des textes). Ce consensus est le résultat du contexte historique et terminologique qui favorise encore

[322] A/HRC/RES/16/18 (2011) ; A/HRC/RES/19/25 (2012) ; A/HRC/RES/22/31 (2013) ; A/HRC/RES/25/34 (2014) ; A/HRC/RES/28/29 (2015) ; A/HRC/RES/31/26 (2016) ; A/HRC/RES/34/32 (2017) ; A/HRC/RES/37/38 (2018) ; A/HRC/RES/40/25 (2019) ; A/HRC/RES/43/34 (2020) ; A/HRC/RES/46/27 (2021) ; A/HRC/RES/49/31 (2022) ; A/HRC/RES/52/38 (2023).

[323] A/RES/66/167 (2011) ; A/RES/67/178 (2012) ; A/RES/68/169 (2013) ; A/RES/69/174 (2014) ; A/RES/70/157 (2015) ; A/RES/71/195 (2016) ; A/RES/72/176 (2017) ; A/RES/73/164 (2018) ; A/RES/74/164 (2019) ; A/RES/75/187 (2020) ; A/RES/76/157 (2022) ; A/RES/77/225 (2023).

le mouvement libéral proposant une solution de remplacement à la notion controversée de diffamation des religions. Alors que plus aucune résolution sur la diffamation des religions n'est adoptée après 2010, à partir de 2011, sous l'impulsion, de nouveau, de l'Organisation de la coopération islamique, chaque année une résolution sur l'incitation à la haine religieuse est adoptée au sein du Conseil des droits de l'homme, ou plus exactement une résolution dont le titre est : « La lutte contre l'intolérance, les stéréotypes négatifs, la stigmatisation, la discrimination, l'incitation à la violence et la violence visant certaines personnes en raison de leur religion ou de leur conviction ».

Les termes centraux des résolutions sur l'incitation à la haine religieuse, comme « intolérance », « stéréotypes » et « incitation », ne sont pas nouveaux. Pour autant, leur réinterprétation n'est pas exempte des tensions qui existaient lors des débats autour de la notion de diffamation des religions. Une interprétation relativement stable de la notion d'incitation à la haine religieuse avait été écartée lors de la rédaction de la Déclaration sur l'élimination de toutes les formes d'intolérance et de discrimination fondées sur la religion ou la conviction. Le projet d'une Convention sur la même question avait été abandonné en 1972. Ainsi, c'est généralement l'interprétation dominante de l'article 20 du Pacte international relatif aux droits civils et politiques, soit la criminalisation de l'incitation à la « violence imminente » (la résolution 16/18, § 5[f]), qui devance les autres. Les Etats doivent renforcer la démocratie et la tolérance religieuse en favorisant la liberté de rechercher, de recevoir et de diffuser des informations, ainsi que par le biais du dialogue interconfessionnel et interculturel. La limite de la tolérance à l'expression se situe lorsque l'acte de violence est imminent.

Le concept d'incitation à la haine religieuse, s'il peut suivre cette limite, peut aussi en élargir le périmètre. Pour autant, il diffère de la diffamation des religions en mettant l'accent sur trois aspects importants : 1) les droits humains appartiennent aux individus, pas aux entités religieuses ; 2) la promotion de la violence est le principal problème, plutôt que l'assimilation de la diffamation des religions au racisme ; 3) la gestion des libertés d'information et de religion est essentielle pour créer un environnement tolérant, avec les limites établies de la liberté d'expression. Encore là, deux interprétations divergentes existent : les représentants américains estiment que l'incitation à la haine religieuse se réfère uniquement à une incitation de violence imminente, tandis que les représentants de l'Organisation de la coopération islamique considèrent que la portée est plus large et que les critiques des croyances et des dogmes de l'islam, quelles qu'elles soient, doivent être condamnées.

La grande difficulté réside certainement dans la définition et l'accord sur ce que signifie communément la tolérance, tant au niveau national que mondial. Chaque Etat, en fonction de ses valeurs, de son histoire et de ses intérêts, peut interpréter la tolérance de manière différente. Cela va au-delà de simples questions politiques, car les interprétations de la tolérance sont également influencées par des héritages de pratiques transmises aux enfants et parfois fixées par des textes de lois civiles ou religieuses. Au niveau de l'histoire globale, le système démocratique a joué le rôle principal dans la structuration et l'émergence de nouveaux Etats-nations après la Seconde Guerre mondiale. Pendant longtemps, il était d'ailleurs considéré comme le seul système possible pour créer des richesses économiques et assurer la prospérité. Toutefois, cette croyance est actuellement déstabilisée par des contre-exemples, notamment des systèmes autoritaires comme la Chine qui connaît une croissance économique impressionnante sans adhérer au modèle démocratique occidental.

Par ailleurs, face aux bouleversements techniques, notamment avec l'avènement d'Internet et la mondialisation des échanges, la question de la tolérance prend une dimension nouvelle. Dans cette ère d'interconnectivité mondiale, où les frontières sont de plus en plus floues, où les cultures se mélangent et où les Etats voient leurs prérogatives se réduire, il est primordial de redéfinir la tolérance et de s'accorder sur une vision commune. La tolérance à l'ère d'Internet ne peut plus être perçue uniquement comme la coexistence pacifique de différentes croyances et opinions au sein d'un territoire national donné. Elle doit s'étendre à l'échelle planétaire, prenant en compte la diversité culturelle et les valeurs propres à chaque peuple. Cela nécessite un dialogue ouvert et une compréhension mutuelle qui ne peut émerger librement qu'au sein d'un système qui respecte les droits humains.

La globalisation a entraîné une interdépendance croissante entre les Etats, rendant les conflits et les désaccords internationaux plus critiques. Ainsi, la tolérance mondiale devient un enjeu crucial pour maintenir la paix et la stabilité dans le monde contemporain. Toutefois, cela implique également de relever le défi de concilier les intérêts nationaux avec les intérêts globaux, ce qui peut s'avérer compliqué étant donné la diversité des systèmes politiques et des valeurs en présence. Dans cette quête d'une tolérance mondiale, il est essentiel de reconnaître que la coopération internationale est plus que jamais nécessaire pour résoudre les problèmes communs tels que les changements climatiques, la pauvreté, les conflits armés, et les crises sanitaires. La capacité des Etats à agir de manière isolée est de plus en plus limitée face aux défis mondiaux qui transcendent les frontières nationales. En conclusion, la notion de tolérance à l'ère d'Internet, de la globalisation et, surtout, des changements environnementaux exige une redéfinition qui va au-delà des frontières nationales. Elle nécessite l'écriture collective de l'histoire globale, interculturelle et coopérative pour faire face aux enjeux mondiaux actuels qui touchent l'humanité dans sa pluralité et l'espèce humaine dans son unité.

V. Le renouvellement des droits humains

Les êtres humains sont capables d'inventer des systèmes métanormatifs qui régissent les relations avec des acteurs surhumains (divinités, héros, etc.) et non humains (animaux, plantes, minéraux...). A travers les mythes et les rites collectifs, ces systèmes produisent des normes communes, façonnent des émotions partagées et fournissent les fondements de plusieurs fonctions sociales essentielles (la coordination, la justice et la survie) la coordination, la justice et la survie. A l'époque moderne, l'Etat-nation a été construit sur la base d'une religion civile qui sacralise le contrat social et les lois, et qui unifie, sur le même territoire, des individus qui ne sont pas rassemblés par une unité culturelle, linguistique ou religieuse. Par suite de la paix de Westphalie en Europe en 1648, les relations internationales se sont structurées autour de la compétition entre les Etats-nations. Cependant, étant donné que toutes les communautés et sociétés humaines sont aujourd'hui confrontées au danger commun d'une planète inhabitable en raison du changement environnemental, une coopération mondiale apparaît particulièrement nécessaire.

La nécessité d'une coopération mondiale passe par la production d'une interprétation commune de la tolérance et participe du renouvellement des droits humains. A l'ère de la globalisation et de l'interconnexion croissante entre les sociétés, il est essentiel de reconnaître la diversité culturelle, religieuse et sociale présente à travers le monde. Cette reconnaissance passe par une approche qui intègre les intérêts des générations futures et les connaissances des populations marginalisées, notamment en ce qui concerne les relations possibles avec l'environnement. A cet égard, l'anthropologue français Philippe Descola[324] joue un

[324] Ph. Descola, *op. cit.*

rôle crucial en remettant en cause la vision occidentale du rapport entre nature et culture. Son travail sur les différentes ontologies et cosmologies nous pousse à repenser les relations humaines avec l'environnement et les autres existants. L'anthropologue présente une approche novatrice pour définir les liens de continuité et de discontinuité entre l'homme et son environnement. Son analyse révèle quatre perspectives distinctes pour identifier les existants et les classifier en fonction de caractéristiques communes qui transcendent les continents :

1. Le totémisme, qui met en avant la continuité tant matérielle que morale entre les êtres humains et non humains ;
2. L'analogisme, qui établit un réseau de discontinuités entre les divers éléments du monde, structuré par des relations de correspondance ;
3. L'animisme, qui attribue aux non-humains une forme d'intériorité semblable à celle des humains, tout en les distinguant par le biais de leur corps ; et
4. Le naturalisme, qui lie les humains aux non-humains à travers des continuités matérielles, mais les en sépare en termes d'aptitudes culturelles.

En cherchant à intégrer la perspective de Philippe Descola dans notre approche, nous sommes conduits à repenser les déclinaisons des droits humains – avec d'abord leur déclinaison par des droits spécifiques comme la Déclaration des droits de l'enfant (1959), la Déclaration des droits des personnes handicapées (1975) et la Déclaration universelle sur le génome humain et les droits de l'homme (1997) et enfin avec leur déclinaison par des droits environnementaux comme la Déclaration de Rio sur l'environnement et le développement (1992) et, au niveau français, la Charte française de l'environnement (2004). La lecture de Philippe Descola nous invite à regarder au-delà de ces droits anthropocentrés pour comprendre les écosystèmes et reconnaître que tous les existants ont une place et jouent un rôle dans le tissu complexe de la vie. Cependant, au niveau juridique, seule la reconnaissance de certaines entités humaines comme sujets de droit est à ce jour véritablement investie au niveau international : les Etats, les individus et les peuples. Pourtant, depuis quelques années, on peut déceler à l'ONU une potentielle volonté d'aller au-delà de l'être humain en intégrant la planète Terre. Ce processus semble notamment tributaire de l'Agenda 21, de la Convention sur la diversité biologique, de la création de la Conférence des parties (les fameuses COP), de la Convention-cadre des Nations unies sur les changements climatiques et des Objectifs du millénaire pour le développement.

En 2015, l'Assemblée générale des Nations unies a adopté les Objectifs de développement durable en tant que « plan d'action pour les personnes, la planète et la prospérité » (A/RES/70/1). Etant donné que ce « nouveau contrat social »[325] intègre d'abord un nombre sans précédent d'acteurs intérieurs et extérieurs aux Nations unies, inclut ensuite un acteur surhumain, la planète Terre, et enfin produit ou redéfinit des mythes mondiaux (comme le Déluge dans l'Objectif 16) et des rites mondiaux (comme la réunion ministérielle annuelle sur les Objectifs), les Objectifs de développement durable gagnent à être analysés comme la possible émergence d'un nouveau système métanormatif. En empruntant l'approche des études globales à la croisée de l'histoire des religions et de l'anthropologie juridique, on contribue d'abord à une meilleure compréhension de la gouvernance[326] avec l'identification de nouveaux modes d'action comme celui fondé sur des principes et celui fondé sur des objectifs[327]. Ensuite, on constate que le lien anthropologique entre nature et culture est ancien[328] et demeure actuellement central pour comprendre non seulement l'être humain en général[329], mais aussi en particulier[330]. Le lien entre religion et écologie apparaît plus récemment, avec notamment une focalisation sur la responsabilité du

---

[325] Les termes sont du secrétaire général des Nations unies, António Guterres, en 2020 : www.un.org/sustainabledevelopment/a-new-social-contract-for-a-new-era/.

[326] J. N. Rosenau & E.-O Czempiel (eds), *Governance without government : Order and change in world politics*, Cambridge University Press, 1992.

[327] O. R. Young, *Grand challenges of planetary governance. Global order in turbulent times*, Edward Elgar Publishing, 2021.

[328] C. Lévi-Strauss, *Les structures élémentaires de la parenté*, Presses universitaires de France, 1949.

[329] Ph. Descola, *op. cit.* ; E. B. Viveiros de Castro, *Métaphysiques cannibales : Lignes d'anthropologie post-structurale*, Presses universitaires de France, 2009 ; B. Latour & N. Schultz, *Mémo sur la nouvelle classe écologique. Comment faire émerger une classe écologique consciente et fière d'elle-même*, Les empêcheurs de penser en rond, 2022.

[330] S. Sakho, « Ethique animique et usages de la nature : Ontologies et pratiques niominka dans le delta du Saloum au Sénégal », *in* I.-P. L. Laleyê (éd.), Culture et religion en Afrique au seuil du XXIe siècle : Conscience d'une renaissance ?, Dakar, Council for the Development of Social Science Research in Africa, 2015, p. 109–128 ; G. Cometti, *'Lorsque le brouillard a cessé de nous écouter'. Changement climatique et migrations chez les Q'eros des Andes péruviennes*, Peter Lang, 2015 ; G. Cometti, *Réchauffement climatique et migrations forcées : Le cas de Tuvalu*, Graduate Institute Publications Series, 2010.

christianisme[331] dans le changement écologique et l'adaptation des religions mondiales (christianisme, islam, judaïsme, etc.) pour y faire face, notamment le développement d'une « théologie verte ». La question est allée si loin que la religion et l'écologie sont devenues un domaine scientifique/académique spécifique[332]. Enfin, on constate que les connaissances sur les mouvements écoreligieux ou écospirituels[333], notamment en Suisse[334], et sur l'impact des valeurs religieuses ou éthiques[335] et des acteurs religieux[336] dans le développement durable se développent.

---

[331] L. T. White, « The historical roots of our ecologic crisis », *Science* 155 (3767), 1967, p. 1203–1207 montre dans son article séminal le lien entre la crise écologique et le cadre religieux de la domination de l'être humain sur les créatures. E. Warde, « Christianity and the environment : The Lynn White controversy », *Ex Post Facto*, 2011, p. 45–62 ; E. C. Hargrove (ed.), *Religion and environmental crisis*, University of Georgia Press, 1986 ; S. McGrath, *Thinking nature : An essay in negative ecology*, Edinburgh University Press, 2019 ; M. E. Tucker, *Worldly wonder : Religions enter their ecological phase*, Open Court Publishing, 2003 ; R. Veldman, A. Szasz & R. Haluza-DeLay, « Introduction : Climate change and religion : A review of existing research », *Journal for the Study of Religion, Nature and Culture* 6 (3), 2012, p. 255–275 ; W. Sachs, « The Sustainable development goals and *Laudato si'* : Varieties of post-development ? », *Third World Quarterly* 38 (12), 2017, p. 2573–2587; Ch. Monnot & F. Rognon, *Eglises et écologie : Une révolution à reculons*, Labor et Fides, 2020.

[332] W. A. Bauman, R. R. Bohannon & K. J. O'Brien (eds), *Inherited land : The changing grounds of religion and ecology*, Pickwick Publications, 2014.

[333] R. Gottlieb (ed.), *The Oxford handbook of religion and ecology*, Oxford University Press, 2009 [2006] ; D. Bourg & Ph. Roch (éd.), *Crise écologique, crise des valeurs ? Défis pour l'anthropologie et la spiritualité*, Labor et Fides, 2010.

[334] I. Becci, Ch. Monnot & B. Wernli, « Sensing 'subtle spirituality' among environmentalists : A Swiss study », *Journal for the Study of Religion, Nature, and Culture* 15 (3), 2021, p. 344–367 ; I. Becci & A. Grandjean, « Is sacred nature gendered or queer ? Insights from a study on eco-spiritual activism in Switzerland », *Religions* 13 (1), 2022, p. 23.

[335] E. Vea, M. Ryberg, K. Richardson & M. Hauschild, « Framework to define environmental sustainability boundaries and a review of current approaches », *Environmental Research Letters* 15, 2020, p. 103003 ; M. P. C. Weijnen, Z. Lukszo & S. Farahani (eds), *Shaping an inclusive energy transition*, Springer, 2021 ; T. Meireis & G. Rippl (eds), *Cultural sustainability. Perspectives from the humanities and social sciences*, Routledge, 2019 ; B. R. Taylor, « Religion to the rescue (?) in an age of climate disruption », *Journal for the Study of Religion, Nature and Culture* 9 (1), 2015, p. 7–18. Il est notamment reconnu que les chrétiens évangéliques constituent l'un des groupes les plus climatosceptiques aux Etats-Unis, voir W. A. Carr, M. Patterson, L. Yung & D. Spencer, « The faithful skeptics : Evangelical religious beliefs and perceptions of climate change », *Journal for the Study of Religion, Nature and Culture* 6 (3), 2012, p. 276–299.

[336] K. Glaab, D. Fuchs & J. Friederich, « Religious NGOs at the UNFCCC. A specific contribution to global climate politics ? », *in* C. Baumgart-Ochse & K. D. Wolf (eds), Religious NGOs at the United Nations, London, Routledge, 2018, Kindle location 47–63 sur 217. A. Barras, *Faith in rights*, Stanford University Press, 2024.

Dans le cadre interdisciplinaire[337], les dynamiques institutionnelles, les transformations requises et la reconnaissance de la planète Terre en tant qu'entité critique sont centrales. L'approche systémique, intégrant la modélisation des normes sociales, notamment fondée sur des agents[338], semble être privilégiée :

> « *The systems involved are 'complex systems', i. e. they are composed of large numbers of independent, interacting elements, having multiple negative and positive feedback loops. This makes this type of systems very sensitive to initial conditions and small perturbations, and results in multiple possible evolution pathways. Some perturbations are linked to stochastic events therefore the global behavior of these systems is, often, non-deterministic.* »[339]

---

337 P. Messerli, E. M. Kim, W. Lutz, J.-P. Moatti, K. Richardson, *et al.*, « Expansion of sustainability science needed for the SDGs », *Nature Sustainability* 2, 2019, p. 1–3 ; R. DeFries & H. Nagendra, « Ecosystem management as a wicked problem », *Science* 356 (6335), 2017, p. 265–270 ; E. G. Irwin, P. J. Culligan, M. Fischer-Kowalski, K. L. Law, R. Murtugudde, *et al.*, « Bridging barriers to advance global sustainability », *Nature Sustainability* 1 (7), 2018, p. 324–326. Voir le *European Global Goals Project*, 2022 : globalgoalsproject.eu/ et le *Earth System Governance*, 2021: www.earthsystemgovernance.org/about-the-project.

338 K. Nyborg, J. M. Anderies, A. Dannenberg, T. Lindahl, C. Schill, *et al.*, « Social norms as solutions », *Science* 354 (6308), 2016, p. 42–43 ; D. Centola, J. Becker, D. Brackbill & A. Baronchelli, « Experimental evidence for tipping points in social convention », *Science* 360 (6393), 2018, p. 1116–1119 ; C. Cioffi-Revilla, *Introduction to computational social science : Principles and applications*, Springer International Publishing, 2017 [2014] ; Y. B. Moon, « Simulation modelling for sustainability : A review of the literature », *International Journal of Sustainable Engineering* 10 (1), 2017, p. 2–19 ; V. Grimm, S. F. Railsback, Ch. E. Vincenot, U. Berger, C. Gallagher, *et al.*, « The ODD protocol for describing agent-based and other simulation models : A second update to improve clarity, replication, and structural realism », *Journal of Artificial Societies and Social Simulation* 23 (2), 2020, p. 7 ; R. M. Axelrod, *The complexity of cooperation : Agent-based models of competition and collaboration*, Princeton University Press, 1997 ; W. L. Steffen, A. Sanderson, P. Tyson, J. Jäger, P. Matson, *et al.*, *Global change and the earth system : A planet under pressure*, Springer, 2005 ; M. Galesic, H. Olsson, J. Dalege, T. van der Does & D. L. Stein, « Integrating social and cognitive aspects of belief dynamics : Towards a unifying framework », *Journal Royal Society Interface* 18 (176), 2021, p. 20200857.

339 I. Susnea, E. Pecheanu & A. Cocu, « Agent-based modeling and simulation in the research of environmental sustainability. A bibliography », *Present Environment and Sustainable Development* 15 (1), 2021, p. 192.

A cet égard, les Objectifs de développement durable ont été considérés comme une première[340] règle de droit mondial en matière de développement durable, une norme[341] moins flexible du triple bilan (social, écologique, économique) et une partie significative d'une gouvernance planétaire. Les approches qui retiennent particulièrement notre attention considèrent les Objectifs comme un élément d'une Grundnorm de durabilité. Cette proposition, évoquée par A. Underdal et R. E. Kim et reprise par O. R. Young et N. Kanie[342], se fonde sur la nécessité d'un instrument juridiquement contraignant redéfinissant le lien entre l'humanité et la planète. Dans ce sens, un Draft International Covenant on Environment and Development est proposé par R. E. Kim et K. Bosselmann[343] parce qu'il respecte « la nature dans son ensemble et toutes les formes de vie » ainsi que « l'intégrité des systèmes écologiques de la Terre » (art. 2) (nos traductions). Cette nécessité pourrait conduire à une réforme de la Charte des Nations unies[344]. Toutefois, cette proposition soulève la question de la définition d'une Grundnorm considérée par H. Kelsen[345] comme une norme fondamentale et hypothétique/imaginaire (et non une norme effective/physique) par rapport à laquelle toutes les autres normes juridiques peuvent être interprétées et validées.

---

340 H. Göksan, *Towards global law of sustainable development : Learning from the Sustainable development goals*, thèse de doctorat, Université de Genève, 2019. Sur le droit global, voir aussi A. Cardesa-Salzmann & E. Cocciolo, « Global governance, sustainability and the earth system : Critical reflections on the role of global law », *Transnational Environmental Law* 8 (3), 2019, p. 437–461.

341 F. Lanhoso & D. A. Coelho, « Emergence fostered by systemic analysis – seeding innovation for sustainable development », *Sustainable Development* 29 (4), 2021, p. 769.

342 Cette proposition apparaît tout au long du livre de F. Biermann & N. Kanie (eds), *Governing through goals : Sustainable development goals as governance innovation*, Massachusetts Institute of Technology Press, 2017.

343 R. E. Kim & K. Bosselmann, « Operationalizing sustainable development : Ecological integrity as a grundnorm of international law », *Review of European, Comparative & International Environmental Law* 24 (2), 2015, p. 206.

344 N. Kanie, M. M. Betsill, R. Zondervan, F. Biermann & O. R. Young, « A charter moment : Restructuring governance for sustainability », *Public Administration and Development* 32 (3), 2012, p. 292–304.

345 H. Kelsen, *Reine Rechtslehre : Mit einem Anhang : Das Problem der Gerechtigkeit*, Deuticke, 1960 [1934].

Par ailleurs, les Objectifs pourraient constituer l'exemple par excellence d'une gouvernance axée sur des objectifs. Si d'autres exemples de gouvernance mondiale préexistent dans le domaine de la santé, par exemple concernant l'épidémie de sida, et dans celui de la biodiversité, par exemple les Objectifs d'Aichi pour la biodiversité, ils ne semblent pas aussi aboutis en ce qui concerne « le processus inclusif de définition des objectifs, la nature non contraignante des objectifs, la dépendance à l'égard d'arrangements institutionnels faibles et la grande marge de manœuvre dont jouissent les Etats »[346]. Cependant, la recherche sur les dynamiques sociales et les caractéristiques très similaires à la manière dont les religions organisent les sociétés, telles que l'utilisation d'icônes[347] pour représenter les Objectifs et la notion de religion civile[348] en tant que partie intégrante des contrats sociaux, n'a pas encore reçu l'attention nécessaire. En effet, par exemple, si certains chercheurs montrent qu'avec le changement climatique il est nécessaire de repenser totalement les contrats sociaux à travers la catégorie de la résilience, bien souvent ils ne mentionnent pas la notion de religion civile et n'abordent pas les Objectifs de développement durable. Si la perspective juridique pour discuter d'une religion civile internationale est mobilisée[349], l'apport de l'histoire des religions et le lien avec le développement durable sont bien souvent ignorés. Dans notre perspective, si nous considérons les religions, même avec une rhétorique aniconique, comme des formes de gouvernance par icônes, les Objectifs de développement durable peuvent être compris comme un renouvellement des droits humains qui s'appuie sur des stratégies religieuses préétablies.

---

346 F. Biermann, N. Kanie & R. E. Kim, « Global governance by goal-setting : The novel approach of the UN Sustainable development goals », *Current Opinion in Environmental Sustainability* 26–27, 2017, p. 26 (notre traduction).

347 A. Tugendhaft, *The idols of ISIS : From Assyria to the internet*, University of Chicago Press, 2020 ; D. Barbu, *Naissance de l'idolâtrie*, Presses universitaires de Liège, 2016 ; S. Naef, *Y a-t-il une « question de l'image » en islam ?*, Téraèdre, 2015 [2004].

348 K. O'Brien, B. Hayward & F. Berkes, « Rethinking social contracts : Building resilience in a changing climate », *Ecology and Society* 14 (2), 2009, p. 12–28.

349 A. P. Davis, « International civil religion : Respecting religious : Diversity while promoting international cooperation », *Hastings International and Comparative Law Review* 34 (1), 2011, p. 87–126.

A. La Déclaration sur les objectifs de développement durable (2015)

Les Objectifs de développement durable ont émergé en 2015 par le biais de la Déclaration A/RES/70/1 de l'Assemblée générale des Nations unies, adoptée à l'unanimité et actuellement reconnue par 193 pays. Avec 17 Objectifs, 169 cibles et 232 indicateurs, cet instrument non contraignant est un « plan d'action pour les personnes, la planète et la prospérité » et vise à résoudre les problèmes liés au changement climatique et à recréer un environnement sain d'ici à 2030 – une visée qui est clairement compromise aujourd'hui. Pour favoriser une diffusion mondiale, les Objectifs ont été symbolisés par un cercle, désigné comme une roue, composé de 17 blocs appelés icônes en référence à chaque Objectif. Une icône est une combinaison singulière de quatre langages différents – couleur, pictogramme, écriture et mathématiques – qui créent un réseau de sens potentiellement significatif pour tous les humains et intégrant la « diversité des contextes et des défis au sein et entre les pays ».

Figure 7 : les icônes des Objectifs de développement durable
Source : *La roue et les 17 icônes des Objectifs de développement durable*, 2015 (l'icône 10 est tel qu'il a été revu en 2018). Avec l'aimable autorisation de la United Nations Publications : Rights and Permissions : https://www.un.org/sustainabledevelopment/ et https://shop.un.org/rights-permissions. Le contenu de cette publication n'a pas été approuvé par les Nations Unies et ne reflète pas les opinions des Nations Unies, de ses fonctionnaires ou de ses Etats membres.

Pour mettre en œuvre ce nouveau corps normatif, les Objectifs, les cibles et les indicateurs sont suivis et examinés par le Forum politique de haut niveau, un organe placé sous l'égide de l'Assemblée générale et du Conseil économique et social. Le Forum peut être considéré comme l'acteur principal qui articule et produit les mythes et les rites liés aux Objectifs, tels que la déclaration ministérielle annuelle et les examens nationaux volontaires. Il représente tous les Etats membres de l'ONU, mais aussi – de manière sans précédent – les principaux groupes et autres parties prenantes de plusieurs domaines, tels que l'énergie (y compris l'Association mondiale du pétrole et du gaz pour les questions environnementales et sociales), la finance (y compris le Groupe de la Banque mondiale), les affaires (y compris Nestlé), l'environnement (y compris le WWF), les sciences (y compris le Conseil international des sciences) et la religion (y compris l'Organisation de la coopération islamique).

Etant donné que les Objectifs de développement durable intègrent un nombre sans précédent d'acteurs internes et externes aux Nations unies, incluent un acteur surhumain, la planète Terre, et produisent des mythes et des rites globaux, ils peuvent être considérés comme un élément important de la métanormativité du système onusien. Sans pouvoir ici pleinement tester l'hypothèse qu'ils représentent une potentielle religion civile mondiale qui sacralise un nouveau contrat social et ses règles inhérentes en réunissant sur le même territoire planétaire une diversité de populations sans unité culturelle/religieuse, nous pouvons nous concentrer sur la question des femmes et des religions, notamment par le biais de l'Objectif 16.

1) L'Objectif 16

L'Objectif 16 des Objectifs de développement durable est une porte d'entrée intéressante pour appréhender le programme global visant à construire un avenir durable et équitable pour tous. Il est intitulé « Paix, justice et institutions efficaces » résumant l'idée de « [p]romouvoir l'avènement de sociétés pacifiques et inclusives aux fins du développement durable, assurer l'accès à tous à la justice et mettre en place, à tous les niveaux, des institutions efficaces, responsables et ouvertes à tous ». La version anglaise courte est *Peace, justice and strong institutions*. Elle apporte un décalage non seulement avec la version française, puisqu'on y parle d'« institutions fortes » et non d'« institutions efficaces », mais également avec la version anglaise longue : « *Promote peaceful and inclusive societies for sustainable development, provide access to justice for all and build effective, accountable and inclusive institutions at all levels.* » L'Objectif 16 se décline en 12 cibles dont l'évolution globale est observée et analysée par l'ONU en fonction de 24 indicateurs[350].

Figure 8 : l'icône de l'Objectif 16[351]

OBJECTIF 16 : Promouvoir l'avènement de sociétés pacifiques et inclusives aux fins du développement durable, assurer l'accès à tous à la justice et mettre en place, à tous les niveaux, des institutions efficaces, responsables et ouvertes à tous

[350] Les indicateurs sont produits par l'ONU mais ils peuvent être déclinés en fonction des régions et/ou des pays. Ainsi, au niveau européen, les indicateurs sont affinés par Eurostat et au niveau français par l'Institut national de la statistique et des études économiques.

[351] Source : *L'Objectif de développement durable 16 : paix, justice et institutions efficaces*, 2015. Avec l'aimable autorisation de la United Nations Publications : Rights and Permissions : https://www.un.org/sustainabledevelopment/ et https://shop.un.org/rights-permissions. Le contenu de cette publication n'a pas été approuvé par les Nations Unies et ne reflète pas les opinions des Nations Unies, de ses fonctionnaires ou de ses Etats membres. Les cibles et indicateurs ici présentés sont issus de la compilation à partir de A/RES/71/313, avec les modifications acceptées E/CN.3/2018/2 (annexe II), E/CN.3/2019/2 (annexes II et III), E/CN.3/2020/2, E/CN.3/2021/2 (annexe), E/CN.3/2022/2 (annexe I), E/2022/24-E/CN.3/2022/41 et E/CN.3/2023/2 (annexe II), 8 mai 2024 : https://unstats.un.org/sdgs/indicators/indicators-list/.

Tableau 5 : les 12 cibles et les 24 indicateurs globaux de l'Objectif 16

12 cibles	24 indicateurs
16.1 Réduire nettement, partout dans le monde, toutes les formes de violence et les taux de mortalité qui y sont associés	16.1.1 Nombre de victimes d'homicide volontaire pour 100 000 habitants, par sexe et âge
	16.1.2 Nombre de décès liés à des conflits pour 100 000 habitants, par sexe, âge et cause
	16.1.3 Proportion de la population victime a) de violences physiques, b) psychologiques ou c) sexuelles au cours des 12 mois précédents
	16.1.4 Nombre de personnes considérant qu'il n'y a pas de danger à se déplacer seules à pied dans leur zone de résidence une fois la nuit tombée
16.2 Mettre un terme à la maltraitance, à l'exploitation et à la traite, et à toutes les formes de violence et de torture dont sont victimes les enfants	16.2.1 Proportion des enfants âgés de 1 à 17 ans ayant subi des châtiments corporels ou des agressions psychologiques infligés par une personne s'occupant d'eux au cours du mois précédent
	16.2.2 Nombre de victimes de la traite d'êtres humains pour 100 000 habitants, par sexe, âge et forme d'exploitation
	16.2.3 Proportion de jeunes femmes et hommes de 18 à 29 ans ayant été victimes de violences sexuelles avant l'âge de 18 ans
16.3 Promouvoir l'état de droit aux niveaux national et international et donner à tous accès à la justice dans des conditions d'égalité	16.3.1 Proportion des personnes victimes de violences au cours des 12 mois précédents ayant signalé les faits aux autorités compétentes ou recouru à d'autres mécanismes de règlement des différends officiellement reconnus
	16.3.2 Proportion de la population carcérale en instance de jugement
	16.3.3 Proportion de la population ayant connu un différend au cours des deux dernières années, avec saisine d'un mécanisme formel ou informel de règlement des différends, par type de mécanisme
16.4 D'ici à 2030, réduire nettement les flux financiers illicites et le trafic d'armes, renforcer les activités de récupération et de restitution des biens volés et lutter contre toutes les formes de criminalité organisée	16.4.1 Valeur totale des flux financiers illicites entrants et sortants (en dollars des Etats-Unis courants)
	16.4.2 Proportion des armes saisies, trouvées ou rendues volontairement dont la provenance ou l'utilisation illicite a été retracée ou établie par des autorités compétentes, conformément aux instruments internationaux

(suite)

Tableau 5 : (suite)

12 cibles	24 indicateurs
16.5 Réduire nettement la corruption et la pratique des pots-de-vin sous toutes leurs formes	16.5.1 Proportion de personnes ayant eu, au moins une fois, affaire à un agent public auquel elles ont versé un pot-de-vin ou qui leur a demandé un pot-de-vin au cours des 12 mois précédents
	16.5.2 Proportion d'entreprises ayant eu au moins une fois affaire à un agent public auquel elles ont versé un pot-de-vin ou qui leur a demandé un pot-de-vin au cours des 12 mois précédents
16.6 Mettre en place des institutions efficaces, responsables et transparentes à tous les niveaux	16.6.1 Dépenses publiques primaires en proportion du budget initial approuvé, par secteur (ou par code budgétaire ou autre critère similaire)
	16.6.2 Proportion de la population dont la dernière expérience avec les services publics a été satisfaisante
16.7 Faire en sorte que le dynamisme, l'ouverture, la participation et la représentation à tous les niveaux caractérisent la prise de décisions	16.7.1 Répartition des postes dans les institutions nationales et locales, y compris : a) les organes législatifs ; b) la fonction publique ; c) les organes judiciaires, par rapport à la répartition nationale, par sexe, âge, situation au regard du handicap et groupe de population
	16.7.2 Proportion de la population qui estime que la prise de décisions est ouverte et réactive, par sexe, âge, situation au regard du handicap et groupe de la population
16.8 Elargir et renforcer la participation des pays en développement aux institutions chargées de la gouvernance au niveau mondial	16.8.1 Proportion de pays en développement qui sont membres d'organisations internationales et y disposent du droit de vote
16.9 D'ici à 2030, garantir à tous une identité juridique, notamment grâce à l'enregistrement des naissances	16.9.1 Proportion d'enfants de moins de 5 ans ayant été enregistrés par une autorité d'état civil, par âge
16.10 Garantir l'accès public à l'information et protéger les libertés fondamentales, conformément à la législation nationale et aux accords internationaux	16.10.1 Nombre de cas avérés de meurtres, d'enlèvements, de disparitions forcées, de détentions arbitraires et d'actes de torture dont ont été victimes des journalistes, des personnes travaillant dans les médias, des syndicalistes et des défenseurs des droits de l'homme au cours des 12 mois précédents
	16.10.2 Nombre de pays qui adoptent et mettent en œuvre des dispositions constitutionnelles, réglementaires et politiques pour garantir l'accès public à l'information

12 cibles	**24 indicateurs**
16.a Appuyer, notamment dans le cadre de la coopération internationale, les institutions nationales chargées de renforcer, à tous les niveaux, les moyens de prévenir la violence et de lutter contre le terrorisme et la criminalité, en particulier dans les pays en développement	16.a.1 Existence d'institutions nationales des droits de l'homme indépendantes et conformes aux Principes de Paris
16.b Promouvoir et appliquer des lois et politiques non discriminatoires pour le développement durable	16.b.1 Proportion de la population ayant déclaré avoir personnellement fait l'objet de discrimination ou de harcèlement au cours des 12 mois précédents pour des motifs interdits par le droit international des droits de l'homme

L'Objectif 16 aborde trois aspects cruciaux concernant la reproduction bioculturelle au niveau mondial. Premièrement, pour promouvoir la paix et la sécurité, en particulier des groupes vulnérables que constituent les femmes, les enfants et les réfugiés, il appelle à la réduction des taux de violence, de criminalité et de corruption, y compris les meurtres, les violences sexuelles, les enlèvements et les conflits armés. Si la sécurité demeure avant tout territoriale pour les Etats, elle est physique, spirituelle et environnementale au niveau des individus et des groupes. Deuxièmement, pour promouvoir la justice, il met l'accent sur l'importance d'un système judiciaire équitable et accessible pour tous et la protection des droits humains, la lutte contre l'impunité et la promotion de l'Etat de droit. Dernièrement, pour promouvoir des institutions efficaces, il se focalise sur une gouvernance responsable et transparente qui crée la confiance des citoyens envers leurs gouvernements et améliore la mise en œuvre des politiques publiques. Une gouvernance efficace implique la lutte contre la corruption, le renforcement des institutions démocratiques, la participation citoyenne et la transparence dans la gestion des ressources publiques. Pris ensemble, les trois aspects cruciaux de l'Objectif 16 se rejoignent dans le renforcement des institutions internationales de promotion de la paix, de la sécurité et de la coopération mondiale. Cela inclut le respect du droit international, la résolution pacifique des conflits et la collaboration entre les pays pour faire face aux défis mondiaux tels que la criminalité transnationale, le terrorisme et les flux de migrants. En promouvant la paix, la justice et des institutions efficaces, l'Objectif 16 cherche à bâtir des sociétés stables et inclusives fondées sur les droits humains et, par conséquent, à construire un avenir durable pour les générations futures.

Au niveau de l'iconographie de l'Objectif 16, la paix est représentée par une colombe avec un rameau d'olivier dans le bec alors que la justice est représentée par un marteau de juge. La référence occidentale, particulièrement islandaise, se lit en filigrane du dessin de marteau – l'Althing (le Parlement islandais) est considéré comme l'un des plus anciens parlements au monde (env. 930) ; ce sont d'ailleurs des artistes islandais qui ont fabriqué successivement le marteau de l'Assemblée générale. Le marteau est un instrument utilisé pour structurer le déroulement d'une assemblée, ponctuer les décisions et maintenir l'ordre. Dans ce sens, il symbolise l'autorité, la justice et l'ordre. La référence sous-jacente à la colombe est plus compliquée à circonscrire et certainement multiple. En effet, si l'image de la colombe avec un rameau d'olivier dans le bec a été réutilisée dans les années 1950[352], grâce au soutien de Pablo Picasso[353], dans la propagande communiste pour illustrer le mouvement de paix et de désarmement mondial, l'interprétation chrétienne de cette association comme symbole de la paix et référence au Déluge, si elle semble acquise pour les acteurs chrétiens contemporains, pourrait être le fruit d'un mythe savant[354]. Pour autant, l'association entre la colombe (sans le rameau) et la paix ou le Déluge est bien antérieure au christianisme[355], avec notamment des traces en Mésopotamie[356]. Dans ce sens, l'Objectif 16 pourrait éventuellement être perçu comme une référence minimaliste et renouvelée du mythe du Déluge avec l'espoir d'un dénouement apaisé.

Au niveau des cibles et des indicateurs, la situation mondiale des Objectifs entre 2021 et 2022 est relatée dans l'édition spéciale du rapport 2023 des

---

352 Ch. Maurel, *Histoire des relations internationales depuis 1945*, Ellipses, 2010, p. 51–64.

353 L. Morris & Ch. Grunenberg, *Picasso, peace and freedom*, Tate Liverpool, 2010.

354 P. Rosenthal, « How on earth does an olive branch mean peace ? », *Peace and Change* 19 (2), 1994, p. 165–179.

355 G. Camps, « Colombe », *in* G. Camps (dir.) Encyclopédie berbère, Leuven, Editions Peeters, 1994, p. 2050–2052.

356 S. Dalley, *Myths from Mesopotamia. Creation, the Flood, Gilgamesh, and others*, Oxford University Press, 2000 [1989].

Objectifs de développement durable intitulé « Vers un plan de sauvetage pour l'humanité et la planète ». Relativement à l'Objectif 16, on constate que 2021 représente le plus grand nombre d'homicides volontaires des deux dernières décennies. Cette hausse peut être attribuée notamment aux conséquences des restrictions liées à la Covid-19, à la violence en bande organisée et à la violence sociopolitique. Si le taux d'homicides, contrairement à leur nombre, est en fait légèrement plus bas que 2015 (5,8 pour 100 000 habitants contre 5,9 pour 100 000 habitants), chiffre qui tient compte de la croissance démographique, les projections établies sur les chiffres de 2015–2020 considèrent une chute des homicides de 24 % d'ici à 2030, au lieu de 50 % souhaité comme cible. Par ailleurs, en 2021, le taux de victimes masculines d'homicide est quatre fois plus élevé que celui de victimes féminines, soit plus de 81 % contre 19 %. En s'appuyant sur les données de 101 pays, le rapport relève que 9 suspects d'homicide volontaire sur 10 sont masculins. Par ailleurs, par rapport à l'année 2015, on constate une augmentation de plus de 50 % de décès de civils liés à des conflits, soit la première hausse depuis l'adoption du Programme 2030. 90 % de ces décès ont été enregistrés en Afrique subsaharienne et en Europe, dont 4 sur 10 spécifiquement en Ukraine. On comprend dès lors que non seulement les homicides, plus fréquents que les décès liés aux conflits et aux meurtres terroristes combinés, sont un problème spécifiquement (mais pas exclusivement) masculin, mais encore que la violence létale en général concerne spécialement les hommes.

Le quasi-monopole masculin de la violence ne justifie pas l'abandon d'une analyse des violences particulières vécues par les femmes. En effet, ces particularités étant liées aux pouvoirs de procréation et de succession, mieux les comprendre permet de préciser les dynamiques de reproduction bioculturelle de la violence. Selon les résultats de l'Objectif 5 sur l'égalité entre les sexes et de l'Objectif 10 sur les inégalités réduites, les femmes sont victimes de discrimination de façon disproportionnée. Le mariage de filles en dessous de 18 ans (soit 19 % des mariages) les empêche de choisir leur partenaire de façon éclairée, en plus de les placer dans des situations de vulnérabilité face à la violence. Par ailleurs, les lois, les règlements et le manque d'accès à des cours d'éducation sexuelle ne leur permettent pas d'enfanter ou d'avorter dans les conditions sécuritaires qu'elles souhaiteraient. Selon les données recueillies dans 68 pays pour la période 2007–2022, 44 % des femmes de 15 à 49 ans mariées ou en union libre ne sont pas en mesure de prendre des décisions concernant leur santé et leurs droits en matière de sexualité et de procréation. En 2000, 35 % des femmes de 15 à 49 ans ayant déjà eu un partenaire avaient été victimes de violence physique ou sexuelle de la part d'un partenaire actuel ou ancien au cours de leur vie, et 16 % en avaient été victimes au cours des 12 derniers mois. Les données existantes indiquent que la violence faite aux femmes a été exacerbée par les restrictions liées à la pandémie et que les impacts vont perdurer avec, notamment, 10 millions de filles supplémentaires mariées dans leur enfance d'ici à 2030. Enfin, les inégalités juridiques et patrimoniales empêchent les femmes d'obtenir, de répartir et de transmettre leurs biens économiques de façon autonome. Sur 119 pays, trois quarts ne fixent pas l'âge minimum du mariage à 18 ans sans exception et un quart n'accorde pas l'égalité des droits dans le mariage et le divorce.

L'analyse de l'Objectif 16 soulève la question du potentiel lien entre la violence envers les femmes, les institutions et les indicateurs. Le concept de féminicide[357] renvoie d'abord au continuum de la violence. Il rappelle que la menace physique, même inaudible et invisible, structure les rapports de force. Généralement, les acteurs de violence savent jusqu'à quel point ils peuvent dégrader le rapport de confiance sans être préoccupés du regard d'autrui. Enfin, le concept de féminicide renvoie à la dimension institutionalisée de la violence. Chaque système favorise structurellement et institutionnellement certains actes de violence, des actes considérés comme admissibles et aisément reproductibles puisqu'ils sont constitutifs du système même[358]. Si les indicateurs peuvent favoriser des changements au niveau institutionnel – les représentants ne peuvent plus ouvertement légitimer l'acte violent en question – ils participent aussi de la violence en discriminant certaines thématiques non encore reconnues comme problématiques en faveur d'autres, reconnues. Même au niveau fondamental, l'acte de classifier est une forme de violence dans la mesure où les classifications réduisent et, par conséquent, altèrent et modifient la réalité dont la complexité dépasse les classifications. C'est par le biais d'indicateurs que les dangers sont évalués, mais leur liste

---

[357] P. Delage, D. Lacombe & M. Lieber, « De la violence létale contre les femmes à la violence féminicide. Genèses et mobilisations », *Cahiers du Genre* 73 (2), 2022, p. 5–31.

[358] Il nous semble pourtant que la reproductibilité des actes hautement interdits, c'est-à-dire tabous, est également favorisée de manière différenciée par chaque système. Le fait que ces actes soient tabous les rend indescriptibles, inaudibles et, par conséquent, invisibles et reproductibles.

évolue en fonction des données quantitatives recueillies. Cette dépendance aux données pose des problèmes fondamentaux comme l'accès inégal aux données par ailleurs elles-mêmes inégales, la production des données toujours tributaire de son contexte, la visibilisation des personnes concernées qui les vulnérabilise davantage ou encore la reproduction aggravée des violences institutionnelles. Ce dernier problème concerne en particulier les institutions productrices d'indicateurs et qui sont hautement porteuses de biopouvoir comme les Etats ou, à un autre niveau, les hôpitaux.

La question de la reproduction bioculturelle de la violence est étroitement liée à l'articulation entre femmes et religions. Si les mouvements religieux peuvent jouer un rôle positif dans la promotion de la paix, de la justice et de la coopération mondiale, notamment via la médiation des conflits et la promotion du dialogue interreligieux, ils peuvent aussi contribuer à renforcer les dynamiques patriarcales qui les structurent. Ainsi, de nombreuses formes de violence à l'égard des femmes sont pensées par leurs acteurs comme étant religieuses, tels les crimes d'honneur, les mariages forcés ou arrangés et les mutilations génitales féminines. D'autres pratiques, comme les avortements non sécurisés, sont souvent induites par une vision religieuse et conservatrice de la famille. Concernant spécifiquement la violence domestique, la religion[359] peut être considérée comme un facteur de risque et un facteur de protection pour les femmes victimes. En effet, les pratiques et les croyances religieuses ont un impact sur leurs décisions de quitter ou de demeurer dans un contexte de violence conjugale. Au niveau des facteurs de risque[360], la hiérarchie religieuse peut chercher à éviter la critique dite séculière et à décourager le divorce en minimisant la violence, en conseillant aux victimes de se réfugier dans la

[359] N. Nason-Clark, B. Fisher-Townsend, C. Holtmann & S. McMullin, *Religion and intimate partner violence : Understanding the challenges and proposing solutions*, Oxford University Press, 2017 ; R. Istratii & P. Ali, « A scoping review on the role of religion in the experience of IPV and faith-based responses in community and counseling settings », *Journal of Psychology and Theology* 51 (2), 2023, p. 141–173 ; P. Warren, *The relationship between religiousness and intimate partner violence risk and protective factors*, thèse de doctorat, University of South Carolina, 2015.

[360] Les facteurs de risque de féminicide dans le couple, qui englobent le contexte, sont habituellement la consommation d'alcool ou de drogue, la possession d'une arme à feu, le statut d'emploi de l'auteur, celui de la victime, la présence d'enfant, le contexte de séparation, l'existence de violences antérieures, y compris les menaces de meurtre.

prière, en invoquant le pouvoir du pardon[361] et en les dissuadant de chercher de l'aide extérieure à la communauté religieuse. Il apparaît d'ailleurs que, face à ce facteur religieux, celui, séculier, de voir les travailleurs sociaux ridiculiser les pratiques et croyances religieuses ou encore minimiser la force protectrice (et, inversement, la force oppressive) du réseau religieux existe. Au niveau des facteurs de protection, les responsables religieux sont souvent disponibles et répondent aux demandes d'aide des membres de leur communauté. Par ailleurs, lorsque la violence domestique est ouvertement condamnée par un représentant religieux, l'impact positif sur la victime est particulièrement important car la parole du représentant est souvent investie d'une puissance divine ou suprahumaine.

Pour conclure dans une perspective systémique, la reproduction fidèle des systèmes métanormatifs religieux actuels est partiellement remise en cause par le système métanormatif des droits humains, en particulier le principe d'égalité juridique et politique entre hommes et femmes. Les Objectifs de développement durable constituent ainsi un défi évolutif pour les interprétations religieuses conservatrices actuellement dominantes concernant le rôle de la femme dans la reproduction bioculturelle. Une possibilité pour transformer l'identité du groupe sans la dissoudre pourrait être la participation politique égalitaire des femmes au sein des mouvements religieux. Pour autant, cette participation égalitaire n'engendrera pas, de manière directe du moins, un changement de pratiques et de croyances. Les femmes membres d'un groupe religieux conservateur ont construit leur identité et leurs interprétations du monde au sein d'un système patriarcal. Elles participent à la reproduction bioculturelle du groupe et de son système. Par le biais de ses parties, un système métanormatif patriarcal, comme tout système[362], même s'il dysfonctionne, peut être résilient et ainsi résister aux changements.

Outre les éléments matériels comme l'accès au travail, à un compte bancaire, etc., l'égalité se vit au niveau de l'estime de soi et de la dignité. Dans ce

[361] D. Lacombe, « Légiférer sur les 'violences de genre' tout en préservant l'ordre patriarcal », *Droit et société* 99, 2018, p. 287–303.

[362] D. Wernli, L. Böttcher, F. Vanackere, Y. Kaspiarovich, M. Masood, *et al.*, « Understanding and governing global systemic crises in the 21st century : A complexity perspective », *Global Policy* (00), 2023, p. 1–22.

sens, ce sont les liens d'attachement[363] des parents avec leurs filles et leurs garçons et la reproduction des normes de violences genrées qui doivent être repensés au niveau systémique. Cela nous conduit à poser la question de l'altruisme comme moyen de transformer un système fondé sur la compétition en un système fondé sur la coopération. Si l'humain est capable de transformer ses liens avec les êtres humains de son propre groupe, il peut potentiellement transformer ceux qui le lient aux autres existants. Les recherches en neurosciences de Tania Singer[364] et ses collègues semblent aller dans ce sens, de même que les recherches de Frans de Waal en éthologie[365] et celles de Martin Nowak en biomathématique[366]. En mettant l'accent sur la protection de la planète, le renouvellement des droits humains propose une reconsidération fondamentale de la façon dont l'être humain conçoit son rapport aux autres existants et peut, ainsi, permettre de répondre aux changements environnementaux actuels et futurs de l'humanité mondialisée et interconnectée. La question de la responsabilité envers les générations futures est centrale. Dans ce sens, si l'un des principes directeurs des Objectifs de développement durable, celui de « ne laisser personne de côté », intègre cette orientation vers la protection de la planète et des générations futures, l'expérience des peuples autochtones et leurs revendications internationales doivent pouvoir nourrir nos réflexions à cet égard.

---

363 J. S. de Mendonça, L. Cossette, M.-N. Lapointe & F. F. Strayer, « Vers une analyse systémique des liens d'attachement », *Bulletin de psychologie* 495 (3), 2008, p. 257–266 ; N. Nahas, « Liens d'attachement : Une autre perspective pour une autre culture. Etude exploratoire sur des enfants libanais », *Enfance* 2 (2), 2020, p. 193–216 ; L. Abu Odeh, « Honor killings and the construction of gender in Arab societies », *American Journal of Comparative Law* 58 (4), 2010, p. 911–952.

364 A. Böckler, A. Tusche, P. Schmidt & T. Singer, « Distinct mental trainings differentially affect altruistically motivated, norm motivated, and self-reported prosocial behaviour », *Scientific Reports* 8 (1), 2018, p. 13560.

365 S. D. Preston & F. B. M. de Waal, « Empathy : Its ultimate and proximate bases », *Behavioral and Brain Sciences* 25 (1), 2002, p. 1–20.

366 M. A. Nowak, « Five rules for the evolution of cooperation », *Science* 314 (5805), 2006, p. 1560–1563 ; A. Rand & M. A. Nowak, « Human cooperation », *Trends in Cognitive Science* 17 (8), 2013, p. 413–425.

Conclusion

Dans cet ouvrage, nous avons dressé le contexte historique et mis en évidence des mécanismes du système métanormatif onusien qui structurent les débats sur les droits humains relatifs aux femmes et aux religions. Nous avons d'abord posé les fondements du système lors de l'émergence de l'Organisation des Nations unies et mis en lumière les éléments concordants et discordants durant le processus de construction des droits humains. Puis, en interrogeant la généalogie textuelle des droits humains des femmes, nous avons montré que les éléments concernant la procréation et l'égalité en droits constituent le cœur des controverses. Ensuite, l'analyse du façonnement des droits humains relatifs aux religions nous a permis de remarquer que l'enjeu principal des droits humains relève du sujet de droit – contrairement à l'usage jusqu'alors, certains acteurs politiques et religieux aimeraient considérer les religions comme des sujets de droit au niveau du droit international des droits humains. Enfin, nous avons observé comment le système onusien renouvelle les droits humains par le biais des Objectifs de développement durable qui intègrent la protection de la planète Terre et celle des générations futures. Ce parcours met en évidence d'abord la dimension potentiellement mythologique et religieuse du système métanormatif onusien, ensuite les fondements des controverses autour des droits humains, enfin les éléments concordants et discordants concernant les droits humains relatifs aux femmes et aux religions.

L'*estrange* mythologie onusienne

Emprunter la voie de l'*estrangement* pour interroger une potentielle mythologie onusienne permet de franchir les frontières disciplinaires entre l'histoire des religions et l'anthropologie juridique et, ainsi, de restituer, grâce à la méthode de l'analyse du discours, des mécanismes sous-jacents aux textes et des dynamiques normalement difficilement visibles au sein du système onusien. On comprend alors que l'articulation entre discours et pratiques des droits humains est structurée par des logiques qui s'apparentent au mythe et d'autres qui s'en distancient. Les acteurs onusiens entretiennent, avec les textes des droits humains et la réalité sociale, un rapport immédiat, sérieux et rationnel. Les textes sont détenteurs de crédibilité, d'autorité et, par conséquent, d'une vérité paradigmatique. Du fait de leur emploi presque liturgique, ils se rapprochent d'une forme d'Ecriture sainte ou éventuellement de dogmes. Impliquant une attention précautionneuse de la part des acteurs, ils peuvent ainsi relever de la *religio*. Pour autant, on ne peut qualifier les textes onusiens de mythes car ils ne suivent pas de structure narrative avec des personnages, un cadre temporel et spatial propre au mythe *(in illo tempore)*, une action, une intrigue, une résolution de l'intrigue avec des conséquences durables et les auteurs ne sont pas aisément identifiables.

Si la voie de la défamiliarisation ne nous permet pas de circonscrire une mythologie onusienne, elle nous permet en revanche de postuler l'existence de trois modèles de normativité. L'analyse généalogique des textes onusiens concernant les droits humains relatifs aux femmes et aux religions rend visibles en effet trois systèmes métanormatifs qui se chevauchent, se concurrencent et parfois se renforcent : le système métanormatif religieux, le système métanormatif idéologique et le système métanormatif onusien. Tous trois font appel à des éléments mythologiques variés, comme l'affirmation d'autorité, la dimension prescriptive et la volonté de façonner la pensée et le comportement des humains de façon durable. Ces systèmes prescrivent des normes constitutives de la coordination du groupe humain qui les produit, y compris les normes de production de nouvelles règles reconnues par le système lui-même. Cette capacité métanormative permet au système et à ses acteurs de s'adapter au contexte évolutif, notamment en modifiant les normes de reproduction bioculturelle, soit celles qui structurent la reproduction biologique et culturelle de tout groupe humain. Si les trois systèmes présentent de nombreuses analogies, les textes qui les structurent respectivement objectivent, classent et hiérarchisent ceux des autres systèmes ; creusant, par là, des différences notoires. Par continuité, on peut se demander si la difficulté de penser les textes onusiens comme une forme renouvelée de mythologie n'est pas, en fait, le fruit d'une vision hiérarchisante entre, d'une part, la religion et la mythologie et, d'autre part, l'idéologie et la mythologie.

Le système métanormatif onusien s'appuie sur un mécanisme d'apprentissage des émotions propre au mythe et au rite : la perméabilité (ou réversibilité) interprétative. Le mythe et le rite transforment les signifiés en signifiants et inversement. Ils permettent des mises en cascade de signes. Ainsi, lorsqu'un acteur onusien évoque un texte, ce n'est pas uniquement le texte (le signifiant) qu'il rappelle à l'esprit des auditeurs, c'est la façon dont les rapports s'organisent entre les acteurs et, in fine, le groupe en présence (le signifié). Par ailleurs, les textes onusiens suivent principalement les logiques de l'écriture et non celles de l'oralité, alors que le mythe constitue une forme de narration antérieure à l'écriture qui répond à des besoins humains que l'écriture ne parvient jamais à combler entièrement. Si une mythologie est régulièrement reconfigurée, sa flexibilité interprétative se rigidifie avec l'écriture. Mais, en ce qui les concerne, les textes onusiens véhiculent une interprétation dominante qui subordonne d'autres interprétations. Les interprétations inégalitaires parviennent difficilement à coexister, s'excluant mutuellement. Le socle constitué des notions de dignité, égalité et liberté permet la production de jalons textuels qui fondent la construction du système métanormatif onusien. Avec la Charte de l'Atlantique, le point de départ quasi mythique d'un nouvel ordre global fondé sur les droits humains est visible ; un ordre dont la version idéalisée se précise avec la Déclaration universelle des droits de l'homme et la version juridique contraignante avec les deux Pactes internationaux.

Lors des délibérations diplomatiques, les textes onusiens conservent une base argumentative commune créant par là un sentiment d'affinité entre les acteurs onusiens et au-delà. Recyclant le passé et modelant l'avenir, les textes onusiens véhiculent des symboles et des rites dont les interprétations se renouvellent. Ainsi, l'image de la colombe avec un rameau d'olivier dans le bec, iconique de l'Objectif 16, traverse les âges pour symboliser simultanément des éléments semblables et différents. Si les fondements du système métanormatif onusien sont principalement issus d'une tradition occidentale et libérale – la victime des droits humains est toujours déterminée par sa valeur intrinsèque et non relative à ses liens de parenté, d'ethnie ou de religion –, les éléments qui concernent la reproduction bioculturelle vont au-delà. Alors que l'égalité touche en profondeur la restructuration des relations familiales et sociétales au niveau global, la liberté religieuse engage une gestion renouvelée de l'espace public global produit par les Etats. Si les controverses soulevées par les notions d'égalité, liberté et dignité traversent les organes de gouvernance onusiens, le sentiment partagé par la majorité des représentants onusiens d'une nécessité à créer un cadre philosophique commun pour l'humanité entière permet, lors des discussions relatives à la Déclaration universelle, de dépasser les clivages, entraînant ainsi la production d'un socle normatif global minimal et commun qui devait permettre la coexistence des différents systèmes métanormatifs. Les éléments qui concernent spécifiquement les femmes ont ainsi pu émerger grâce aux efforts soutenus et à l'adhésion de femmes non occidentales au sein du système onusien. Si d'abord la question des violences envers les femmes était pensée en termes de tradition *vs* modernité, embrassant par là les pseudo-dichotomies Nord *vs* Sud ou Occident *vs* Orient, elle a progressivement pris une dimension transversale qui dépasse ces frontières de la pensée. Pris dans le sens d'un ensemble de vérités paradigmatiques, l'*estrange* mythologie onusienne sémantise l'histoire globale depuis la fin de la Seconde Guerre mondiale. Sa principale composante, les textes onusiens mythifiés ou sacralisés, en forme la structure permanente, la charpente dogmatique et autoévidente.

La reproduction bioculturelle : les femmes

Si on considère les femmes comme un groupe homogène qui peut produire du même (des petites filles) et de l'autre (des petits garçons) durant une période temporelle déterminée, on comprend que ce groupe joue un rôle central dans la reproduction bioculturelle de toute communauté humaine ; même si ce rôle est parfois complètement invisibilisé. Cette différence bioculturelle de fait, vécue comme une inégalité et une injustice, favorise la création du groupe homogène des hommes qui, de façon différentielle, cherche le monopole du pouvoir classificatoire. Par l'assignation des rôles spécifiques et exclusifs à chaque sexe, des taxinomies marginalisent le pouvoir reproductif biologique. Ainsi, les systèmes métanormatifs produisent des normes discursives et pratiques relatives à l'organisation du pouvoir procréateur. Selon les cas, cette organisation peut être patriarcale (patrilinéaire et patrilocale) ou égalitariste. La coopération humaine du groupe est alors structurée par le modèle privilégié. Comme les religions jouent historiquement un rôle important dans la stabilisation de certaines normes patriarcales – notamment via des normes coutumières ou juridiques visant à empêcher l'autonomie sexuelle et reproductive des femmes –, le système métanormatif religieux au sein de l'ONU se positionne généralement en concurrence avec le système métanormatif onusien sur la question de l'égalité en dignité et en droits entre hommes et femmes.

Les textes onusiens des droits humains des femmes – la Déclaration sur l'élimination de la discrimination à l'égard des femmes (1967), la Convention sur l'élimination de toutes les formes de discrimination à l'égard des femmes (1979), la Déclaration sur l'élimination de la violence à l'égard des femmes (1993) et les résolutions sur les pratiques culturelles ou religieuses nuisibles aux femmes, en particulier le crime d'honneur (2000–2002) – forment la structure centrale du système métanormatif onusien relatif à la reproduction bioculturelle au niveau global. Ce n'est en effet qu'après la Seconde Guerre mondiale que les droits humains intègrent textuellement l'égalité en dignité et en droits entre hommes et femmes. Ce n'est aussi qu'à ce moment-là que les droits humains prennent une dimension juridique contraignante. La notion d'égalité a la propension de restructurer en profondeur, au niveau global, les relations familiales et sociétales. C'est la raison pour laquelle ces textes cristallisent les plus importantes controverses. La généalogie textuelle montre cependant que ces textes sont liés aux débats ayant eu lieu lors de la rédaction de textes généraux des droits humains, en particulier la Déclaration universelle des droits de l'homme (1948) et les deux Pactes internationaux (1966) auxquels il faut ajouter des instruments spécifiques comme la Convention supplémentaire à l'abolition de l'esclavage, de la traite des esclaves et des institutions et pratiques analogues à l'esclavage (1956), la Convention sur le consentement au mariage, l'âge minimum du mariage et l'enregistrement des mariages (1962), la Convention relative aux droits de l'enfant (1989), la Déclaration de Beijing et la Plateforme pour l'action (1995), les Objectifs de développement durable (en particulier les Objectifs 5, 10 et 16) ainsi que les diverses Recommandations générales des Comités chargés de veiller au respect des traités internationaux relatifs aux femmes et aux enfants.

C'est au sein des organes onusiens que les textes relatifs aux femmes ont été rédigés, en particulier la Commission sur la condition de la femme, la Commission des droits de l'homme, le Comité de rédaction de la Déclaration universelle, la Troisième Commission de l'Assemblée générale, avec l'apport des mécanismes des procédures spéciales, y compris les rapporteurs spéciaux, en particulier les rapporteuses spéciales sur les pratiques traditionnelles nuisibles aux femmes et aux enfants (1989–2005) et sur la violence envers les femmes (1990-aujourd'hui). Dans ces organes, on note l'apport décisif de trois femmes, l'Américaine Eleanor Roosevelt pour produire un cadre discursif propice à l'échange, l'Indienne Hansa Jivraj Mehta pour l'égalité en dignité et en droits et la Marocaine Halima Embarek Warzazi pour les pratiques traditionnelles nuisibles aux femmes et aux enfants. Ainsi, si les textes relatifs aux femmes s'appuient principalement sur un modèle relationnel occidental, leur contexte de production le dépasse largement. La généalogie textuelle permet de visibiliser les plus importantes controverses onusiennes. Ces controverses, qui apparaissent dans le contexte d'après-guerre et se poursuivent actuellement, découlent de la notion d'égalité en dignité et en droits entre hommes et femmes. Elles concernent les éléments suivants : 1) l'origine du mariage et l'âge minimum pour le mariage ; 2) la question de l'avortement et de l'eugénisme ; 3) le rôle de la femme dans la procréation et le rôle de l'homme dans la famille ; et 4) le rôle des traditions et des religions dans la discrimination et les violences à l'égard des femmes. Schématiquement, on peut les diviser en deux champs : les controverses concernant la famille et celles concernant la vie.

D'abord, les controverses concernant la famille. Premièrement, si la reconnaissance de la famille comme étant issue du mariage et constituant l'élément naturel et fondamental de la société trouve un consensus dès le départ, l'idée que des droits divins inaliénables lui sont conférés par le Créateur est écartée. Par conséquent, l'idée même que des droits divins préexistent à tout droit humain est rejetée. Deuxièmement, si les premières sources onusiennes mentionnent le rejet de la polygamie comme forme acceptable de mariage, le mariage homosexuel – et l'homosexualité de manière générale – est totalement tabou. Troisièmement, le cadre libéral et égalitaire du mariage apparaît aussi dès l'après-guerre puisqu'un mariage doit être fondé sur un choix libre et sans coercition des futurs époux. L'élément hautement problématique en ce qui concerne le libre choix relève de l'âge minimal du mariage. La terminologie initiale, « l'âge nubile », conserve une ambiguïté. Elle renvoie au fait que tous les pays n'ont pas de législations statuant un âge minimal pour le mariage et que lorsqu'un âge est statué, il n'est pas nécessairement partagé par les autres législations. C'est l'analogie des pratiques de mariage forcé ou arrangé à une forme d'esclavage qui pousse certains Etats, progressivement, à interdire les « mariages d'enfants » tout en légitimant les mariages d'adolescents. En 2022, sur 119 pays, trois quarts des Etats ne fixent pas l'âge minimum du mariage à 18 ans sans exception et un quart n'accorde pas l'égalité des droits dans le mariage et le divorce. Au niveau mondial, il semblerait que 19 % des mariages de filles se font avant leurs 18 ans. A l'heure actuelle, aucun consensus n'est trouvé sur ces questions au niveau international. Dernièrement, les controverses concernant la famille reposent sur la répartition des rôles en son sein. La répartition ne devrait pas être « traditionnelle » mais « moderne », notamment en ce qui concerne le mariage, ce qui a des conséquences en particulier sur les systèmes de la dot et du prix de la fiancée. Par ailleurs, cela touche à la procréation et aux pratiques qui l'entourent, l'éducation des enfants, les conceptions stéréotypées et les comportements fondés sur l'idée que l'un des deux sexes est supérieur à l'autre. Prise comme un tout, l'analyse des textes onusiens révèle que les traditions et les religions sont parfois une cause de discrimination à l'égard des filles et des femmes.

Enfin, les controverses concernant la vie. Dans l'après-guerre, la question de l'avortement oppose deux positions : d'une part, des représentants chrétiens et des représentants d'Etats sud-américains souhaitent une interdiction explicite en considérant premièrement que les lois favorables sont illicites, contraires à la raison humaine donnée par le Créateur, antiscientifiques et contradictoires avec l'interdiction de priver un individu de sa vie. Deuxièmement, médicalement, il n'est pas possible de savoir avec certitude si l'enfant à naître sera « privé de raison » et des personnes célèbres, voire des génies, sont nées de parents aliénés mentaux. Troisièmement, le viol est utilisé comme prétexte par les femmes qui souhaitent avorter. Dernièrement, les avortements, y compris les interventions eugéniques, sont associés aux pratiques nazies et constituent donc une honte. D'autre part, des représentants d'Etats nord-américains, européens et de l'Union soviétique appuient la permission de l'avortement, du moins sous certaines conditions, en considérant premièrement que la législation d'un grand nombre de pays dits civilisés admet l'avortement dans des cas déterminés comme celui de « sauver la vie de la femme ». Deuxièmement, si le viol peut constituer un prétexte, cela n'empêche pas l'existence de cas sincères. Dernièrement, la prédiction médicale est controversée et les génies issus de parents aliénés constituent l'exception plutôt que la règle. Le débat est tel qu'aucune issue, dans un sens comme dans un autre, n'est trouvée, laissant aux Etats la prérogative de statuer sur cette question.

Dans les années 1980, la question de l'avortement est reposée, mais cette fois de façon indirecte en incluant les infanticides et ce qui pourrait être appelé aujourd'hui les avortements postnataux. Ainsi, parmi les « pratiques traditionnelles nuisibles aux femmes et aux enfants », il existe les « pratiques ou attitudes qui empêchent les femmes d'être maîtresses de leur fécondité » et la pratique de la « préférence donnée aux enfants mâles » a pour conséquence, « pour les enfants du sexe féminin, une mortalité ». Dans les années 1990, la question de l'avortement deviendra une forme de « violence envers les femmes », en particulier lorsqu'il s'agit de fœticide féminin ou d'infanticide féminin et, avec le développement de l'échographie, d'avortement sélectif. Aujourd'hui, la préférence de la vie masculine explique le déséquilibre démographique en Asie. Progressivement, la catégorie de violence envers les femmes intègre le manque d'accès à un avortement médicalisé, à des contraceptifs abordables et à des cours d'éducation sexuelle et reproductive. Les Comités onusiens concernant les traités internationaux sur les droits civils et politiques, la discrimination à l'égard des femmes et le droit des enfants, recommandent de décriminaliser l'avortement, de supprimer les mesures punitives et de favoriser l'accès à l'avortement médicalisé volontaire, en particulier pour les enfants violées, les victimes d'inceste ou lorsque le fœtus est non viable. Les restrictions liées à l'avortement ne doivent pas mettre en danger la vie des femmes ni leur causer une souffrance physique ou mentale et leur confidentialité doit être garantie. S'il est rappelé aux Etats de ne pas invoquer la coutume, la tradition ou la religion pour légitimer des violences à l'égard des femmes (y compris le manque d'accès à des avortements médicalisés volontaires), à l'heure actuelle, aucun consensus n'a émergé ni au niveau international ni régional, en ce qui concerne le statut de l'embryon et/ou du fœtus. Appartenant à l'espèce humaine, il devient une « personne humaine » à un moment qui n'est pas établi par le droit international. Si, dans l'économie générale de la violence, la violence envers les femmes semble marginale par rapport à celle envers les hommes, le fait que l'écrasante majorité des auteurs de violences sont des hommes rappelle qu'il est important de mieux comprendre les dynamiques de reproduction bioculturelle de la violence. Comme la particularité des violences envers les femmes relève de la procréation et de la succession, affiner ces connaissances par le biais d'indicateurs et de données quantitatives permet de visualiser la violence sur un continuum capté partiellement par le concept de féminicide. Ce continuum renvoie à la dimension institutionalisée de la violence qui s'enracine dans les structures familiales, pour émerger dans les structures collectives et se reproduire dans les structures étatiques. Ainsi, selon les données recueillies par l'ONU, en 2000, 35 % des femmes de 15 à 49 ans avaient été victimes de violence physique ou sexuelle de la part d'un partenaire actuel ou ancien au cours de leur vie et, pour la période 2007–2022, 44 % des femmes de 15 à 49 ans mariées ou en union libre dans 68 pays n'étaient pas en mesure de prendre des décisions concernant leur santé et leurs droits en matière de sexualité et de procréation. Finalement, selon les données existantes sur lesquelles s'appuie la mise en œuvre des Objectifs de développement durable, les restrictions liées à la pandémie de la Covid-19 ont exacerbé la violence faite aux femmes et les impacts vont perdurer avec, notamment, 10 millions de filles supplémentaires mariées dans leur enfance d'ici à 2030. Les retards pris dans la mise en œuvre de divers plans d'action au niveau international, régional et national, comme celui de la *National Inquiry into Missing and Murdered Indigenous Women and Girls*, rappellent la nécessité de mettre en balance les solutions proposées par les Etats pour résoudre une crise avec les conséquences que ces solutions peuvent avoir relativement aux éléments fondamentaux de la reproduction bioculturelle que constituent les femmes.

La reproduction bioculturelle : les religions

Si on considère une religion comme un système de conceptions (croyances), de récits (mythes) et de comportements (rites) qu'un groupe humain donné porte et qui lui permet de construire des relations avec un ou plusieurs acteurs surhumains, on comprend qu'elle joue un rôle central dans la coordination des groupes et la reproduction bioculturelle de la grande majorité des communautés humaines. Vu leur importance, les religions (ou certains de leurs éléments) sont hautement contestées à la fois de l'intérieur et de l'extérieur. Elles sont propices à la controverse et à la dissémination émotionnelle. Vues du dedans, les religions ne s'appuient que sur le réel alors que vues du dehors elles reposent sur des éléments certes empiriques (comme la statue d'une divinité, c'est-à-dire le signifiant) mais parfois aussi irréels ou imaginaires (comme la divinité en tant que telle, c'est-à-dire le signifié). Pour autant, les religions agissent sur le réel biologique, écologique, culturel et social par le biais des relations. Alors que la reproduction biologique humaine est indexée au pouvoir procréateur féminin, la reproduction culturelle est tributaire du système religieux qui, lui-même, est dépendant de la reproduction biologique ; formant, dès lors, une dynamique de boucle de rétroaction. Sans régénération des membres, aucun système humain ne peut se reproduire et perdurer. C'est la raison pour laquelle toute religion, ou même tout système métanormatif, produit des normes qui structurent la régénération du groupe. Les normes coutumières ou juridiques affectent ainsi le pouvoir procréateur. Elles ont un impact direct non seulement sur les femmes en tant que groupe, mais également sur leur corps, c'est-à-dire leur expérience sensible, leur matérialité et, par conséquent, leur existence. Les normes de reproduction bioculturelle touchent aussi les hommes dans leur matérialité. C'est notamment via ces normes que les similitudes et les différences entre femmes et hommes sont creusées ou comblées, créant de multiples formes de distance (proximité *vs* éloignement) spatiale, affective et émotionnelle entre les individus au sein des groupes. Ces formes de distance évoluent en fonction des normes bioculturelles qui, elles-mêmes, évoluent en fonction du contexte historique et écologique plus large. Tous ces éléments participent d'un processus rétroactif bioculturel.

Avec les droits humains, l'autonomie des corps humains s'est progressivement affirmée durant l'époque moderne en Europe. D'abord, le contexte européen était construit sur la captation du pouvoir normatif par l'Eglise catholique puis également l'Eglise protestante, seules représentatrices de la Religion et actrices centrales de l'organisation sociale. Puis, la formation de l'Etat-nation détenteur principal du biopouvoir et structuré autour de la notion de religion civile a permis d'unifier la diversité culturelle, linguistique et religieuse sur un seul territoire. Cela nécessitait l'objectivation des diverses religions de citoyens – seul l'Etat était sujet au niveau international. Enfin, à l'époque contemporaine, avec la création de l'Organisation des Nations unies et la matérialisation partielle de l'égalité en dignité et en droits entre femmes et hommes au niveau global, le modèle européen de l'Etat s'est encore plus largement exporté et, avec lui, la classification des religions en groupes structurés par l'Etat. Pour autant, ce phénomène d'exportation-importation n'a pas conduit à un découplage systématique entre les nouveaux Etats et leurs structures religieuses. Ainsi, sur le champ des relations internationales, de vieux Etats à tendance séculière côtoient de jeunes Etats à tendance religieuse. Pour autant, tous les Etats s'appuient sur des récits ayant des caractéristiques mythologiques ou religieuses pour construire des règles coutumières ou juridiques affectant le pouvoir procréateur, le système de filiation et la diversité culturelle. Dépendamment des politiques mises en place par l'Etat, la catégorie administrative de « religion » peut conduire à protéger comme à discriminer des groupes religieux considérés alors comme des minorités sur un territoire national donné.

Au niveau onusien, le seul texte des droits humains spécifiquement relatif aux religions est la Déclaration sur l'élimination de toutes les formes d'intolérance et de discrimination fondées sur la religion (1981). S'il contribue au mécanisme de la reproduction bioculturelle globale du système métanormatif onusien, il était tributaire des débats ayant eu lieu lors de la rédaction de textes généraux de droits humains, comme la Déclaration universelle des droits de l'homme (1948) et les deux Pactes internationaux (1966). Pour autant, d'autres éléments de débats touchent aux textes relatifs aux femmes préalablement discutés ainsi qu'à des instruments spécifiques comme la Convention internationale des droits de l'enfant (1989), les résolutions sur la diffamation des religions (1999–2010) et celles sur l'incitation à la haine religieuse (2011–2023). Initialement (1962–1972), la Déclaration de 1981 était projetée comme une Convention, soit avec portée juridique contraignante. Mais, les problèmes rencontrés étaient tels que ce projet est abandonné au profit d'un texte plus faible juridiquement. Pour autant, l'importance du contenu et le processus de discussions ont permis la création de deux mécanismes de suivi : le mandat de rapporteuse spéciale sur la question de la discrimination et de l'intolérance fondées sur la religion (1983–1987) et celui de rapporteur spécial sur l'intolérance religieuse (1986–1999) qui sera renommé rapporteur spécial sur la liberté de religion ou de conviction (2000-aujourd'hui).

Les textes relatifs aux religions soulèvent de nombreuses controverses car ils s'appuient sur la notion de liberté religieuse qui engage une gestion renouvelée de l'espace public et de la diversité culturelle et religieuse au niveau global. Ils véhiculent par ailleurs l'idée que les religions sont par essence favorables aux droits humains. Ainsi, les éléments religieux qui vont à l'encontre des droits humains ne peuvent pas, idéalement, être reconnus comme tels. Au départ, dans le contexte des persécutions nazies, Franklin Delano Roosevelt propose un ordre moral placé sous l'égide de Dieu. Il sollicite la notion de religion héritée du siècle des Lumières, à la fois perçue comme universelle et relative à chaque personne, mais centrée sur une forme monothéiste et scripturale ainsi que sur un découplage entre pouvoirs politique et religieux. Avec la Déclaration universelle, puis les deux Pactes internationaux, la liberté de religion devient au niveau global une variante de la liberté de pensée et de la liberté de conscience. Cette triple liberté qui intègre la pratique publique de sa religion rencontre plusieurs points controversés, qui relèvent tous des limites de l'ordre et de la morale publics, protégés par l'Etat au niveau national. Pourtant, dans la période d'après-guerre, le sentiment partagé d'une nécessité de produire un cadre philosophique commun pour l'humanité entière dans lequel le plus grand nombre de conceptions de la religion peut entrer permet une reformulation libérale qui s'éloigne de conceptions classiques circonscrivant la liberté religieuse à la sphère privée. La production de compromis a favorisé une approche pluraliste et vivante des droits humains relatifs aux religions. Trois grandes controverses structurent les débats allant de l'émergence du système onusien au façonnement des droits humains relatifs aux religions : 1) l'origine de l'humanité, les approches de la religion et la religion comme nécessairement favorable aux droits humains ; 2) le changement de pensée, de conscience et de religion ; et 3) la dissémination des discours critiques ou négatifs vis-à-vis des religions.

Premièrement, dans la période d'après-guerre, une controverse naît au sein de l'ONU au sujet de l'origine de l'humanité. D'abord, pour certains (minoritaires), l'origine de l'humanité est divine : le Créateur aurait créé l'homme à son image et à sa ressemblance, l'aurait doté de raison et de conscience et aurait favorisé un esprit de coopération et de fraternité. Ensuite, pour d'autres (majoritaires), l'origine est biologique, peut se démontrer scientifiquement, est partagée par le plus grand nombre de personnes à travers le monde et favorise la séparation de l'Eglise et de l'Etat. Enfin, un nombre important de représentants ne se prononcent pas sur la question, soit parce qu'ils n'ont pas d'avis, soit parce qu'ils préfèrent ne pas se positionner. La question de l'origine de l'humanité touche aux différentes approches de la religion. Si aucune définition du terme « religion » n'est possible au sein de l'ONU, lors des débats, on note que la religion est considérée alternativement comme la manifestation d'une émotion, un ensemble de sentiments qui ne devraient pas être heurtés, l'expression d'une foi, quelque chose qui se distingue partiellement de la philosophie chinoise fondée sur la croyance d'une cause unitaire qui se traduit par une action tolérante pluraliste ou encore, plutôt que des formes de croyances, des convictions. La religion est donc généralement perçue comme un élément subjectif sérieux et positif constitutif de l'ordre social.

Lors de la rédaction de la Déclaration universelle, la vision dogmatique théologienne ne parvient pas à imposer sa faveur d'une insertion de l'origine divine de l'humanité. C'est une vision à la fois universelle et pluraliste des droits humains qui prédomine. L'universalisme se situe au niveau d'une morale commune qui rend possible un pluralisme normatif, soit la coexistence de normes culturelles, religieuses, coutumières ou juridiques au niveau global. Le représentant républicain chinois, Peng Chung Chang, en fin comparatiste des philosophies confucéennes, islamiques et chrétiennes, montre la voie. Au nom de l'universalisme pluraliste, toute allusion à la Nature ou à Dieu, alors émanation d'un universalisme moniste, doit être exclue. La base morale et normative du droit international des droits humains repose sur une croyance et une adhésion fermes et entières à partir desquelles s'élèvent trois piliers : la liberté, la dignité et l'égalité. Ainsi, la « foi dans les droits fondamentaux de l'homme » s'est partiellement substituée, au niveau international, à la foi en Dieu ou en l'Eglise universelle. Fruits de compromis, les droits humains cherchent une visée plus large que la volonté d'un seul Etat, d'une seule religion ou d'une seule idéologie politique. Ils appartiennent à tout être humain dès la naissance, sans considération de religion, de « race » ou de sexe. Ainsi, tout individu possède une liberté, une dignité et une égalité intrinsèques qui lui reviennent en dehors de tout aspect social et religieux et qui doivent être protégées.

Un débat qui découle de la controverse sur l'origine de l'humanité repose sur l'idée que les religions sont nécessairement positives et favorables aux droits humains. Dans ce sens, certains représentants onusiens considèrent que, si l'origine de l'homme est divine, il ne faut pas pour autant la mentionner explicitement dans les textes onusiens car cette conviction n'est pas partagée par un nombre important de personnes (en particulier les peuples autochtones) et que le principe d'égalité en dignité et en droits entre la femme et l'homme est en accord avec des convictions religieuses. On peut ainsi noter que, dans une certaine mesure, le système métanormatif onusien des droits humains n'entre pas dans une concurrence fondamentale avec le système métanormatif religieux. La liberté de religion permet d'ailleurs aux parents d'éduquer leurs enfants religieusement – dans les limites sanitaires et de l'égalité en dignité et en droits entre filles et garçons. En ce qui concerne les limites des religions, on note que les textes onusiens rappellent fréquemment que les traditions et les religions ne doivent pas être une cause de discrimination, en particulier à l'égard des filles. Certaines pratiques comme le crime d'honneur, les mariages forcés ou arrangés et les mutilations génitales féminines que leurs pratiquants considèrent en accord avec leur religion, ou d'autres pratiques néfastes qui peuvent découler d'une vision religieuse inégalitaire, comme les structures patriarcales ou les avortements non médicalisés, sont en fait incompatibles avec toutes les valeurs culturelles et religieuses. Il importe, pour changer ces attitudes et comportements, d'obtenir l'appui des responsables religieux et des dirigeants traditionnels. Dans ce sens, certains éléments juridiques religieux sont directement attaqués par les textes onusiens, comme le canon 1398 de l'Eglise catholique romaine qui permet l'excommunication d'un-e de ses membres sans décision judiciaire ou administrative chrétienne lorsqu'il s'agit d'une personne ayant cautionné un avortement, même lorsque celui-ci est médicalisé et concerne une enfant violée ou victime d'inceste.

A l'heure actuelle, les représentants religieux peuvent constituer des facteurs de risque des droits humains des femmes, notamment en cherchant à éviter la critique dite séculière, en décourageant à tout prix le divorce, en minimisant la violence, en conseillant aux victimes de se réfugier principalement dans la prière, en invoquant le pouvoir du pardon pour s'abstenir de remettre certains dogmes en cause et en dissuadant les victimes de chercher de l'aide extérieure à la communauté religieuse. Mais ils peuvent aussi constituer des facteurs de protection des droits humains des femmes, notamment en étant disponibles pour les membres de leur communauté, en répondant aux demandes d'aide, en condamnant ouvertement les actes violents, en participant positivement à la médiation des conflits, en promouvant le dialogue interreligieux et en incarnant l'appui de la puissance divine ou suprahumaine. Ces facteurs de risque et de protection, s'ils sont visibles au niveau infranational, le sont aussi au niveau global. En termes de facteurs de risque, le patriarche Kirill rejoint le projet du président Vladimir Poutine en mobilisant des émotions favorables à la sacralité de la maternité et à la potentielle sainteté des soldats chrétiens russes. En outre, le président Donald Trump, en nommant la juge et fervente catholique Amy Coney Barrett à la Cour suprême, rejoint le projet de citoyens américains chrétiens conservateurs qui considèrent les lois dites *pro-life* contre l'avortement comme données par Dieu et supérieures à la Constitution américaine. Ces deux situations nationales, qui favorisent l'apparition de formes de théocraties patriarcales, remettent en cause les droits humains des femmes associés au régime démocratique au sein duquel l'Etat doit assurer l'exercice de la liberté des citoyennes en se désinvestissant de toute autorité divine. La reproduction bioculturelle de la violence envers les femmes est ainsi étroitement liée au refus d'accorder la liberté, la dignité et l'égalité aux femmes et de dissocier le pouvoir politique du religieux.

Deuxièmement, la controverse qui retient longtemps les esprits repose sur la liberté de changer de pensée, de conscience et de religion. Dès le départ, la discussion se focalise sur la liberté de changer de religion. Cette terminologie, pouvant être religieusement problématique, trouvera en partie son dénouement dans un changement de formulation – on passe de liberté de *changer* de religion avec la Déclaration universelle à celle de *choisir* sa religion avec le Pacte international. Mais, la rapide marginalisation de la liberté de changer de *pensée* et de *conscience* soit, par conséquent, de changer d'idéologie, est critiquée par des représentants religieux. La liberté de changer de religion est également questionnée car elle ne rend pas explicite la liberté de ne pas croire, excluant dès lors les libres penseurs et les athées. Pourtant, avec la Déclaration de 1981, le caractère fondamental de la religion dans la vie de tout individu est explicité. Il est considéré comme devant être respecté dans le cadre des droits humains. Dans ce sens, il est généralement admis que la liberté de pensée, de conscience et de religion englobe les croyances théistes, athées et agnostiques. De fait, ce sont surtout les divergences interprétatives du Coran qui restent intéressantes. En effet, si certaines interprétations considèrent que l'idée de changer de religion est contraire au Coran et qu'il s'agit d'un acte d'apostasie (la référence est la sourate 4, *An-Nisa* (Les femmes), verset 91), d'autres interprétations considèrent que ce n'est pas l'idée de changer de religion ni le manque de foi qui est contraire au Coran, mais l'hypocrisie (la référence est la sourate 18, *Al-Kahf* (La caverne), verset 28), soit le fait de déguiser ses véritables intentions, sentiments ou opinions. Cette double perspective au sein de l'Oumma perdure jusqu'à aujourd'hui.

Dernièrement, la controverse encore aujourd'hui vive porte sur la dissémination des discours et des actes critiques, négatifs ou hostiles vis-à-vis des religions. Alors que, dans la période d'après-guerre, la question du blasphème comme possible limite à la liberté d'expression et de religion tente très vainement d'émerger, la critique du désir de domination, du fanatisme religieux, du prosélytisme, de la propagande en particulier des missionnaires durant les croisades, est encore actuelle. C'est en effet ce ressort qui est utilisé par les représentants d'Etats membres de l'Organisation de la conférence (puis coopération) islamique dès la fin des années 1990 (avec la Russie et la Chine, mais à l'exclusion de l'Inde) pour promouvoir la notion de diffamation des religions. Cette notion vise à protéger la réputation non pas uniquement des individus ou des groupes juridiquement reconnus comme c'est le cas au niveau international, mais celle des religions. Presque simultanément et allant dans le même sens, les notions de dénigrement des religions ou, au minimum, de respect des croyances et des religions apparaissent. Comme dénouement partiel de cette controverse, la notion d'incitation à la haine religieuse est proposée en 2011 et acceptée unanimement avec, cependant, une divergence majeure d'interprétation : pour des Etats proches des Etats-Unis, la violence incitée doit être imminente ; pour des Etats proches des Etats musulmans, la critique d'éléments sacrés est déjà une incitation excessive. La notion d'incitation à la haine religieuse fait écho aux débats concernant la Déclaration de 1981, dont des versions antérieures provisoires se réfèrent à cette notion. Ces derniers débats avaient rendu visible un autre clivage. Alors que l'Union soviétique voulait inclure l'interdiction d'incitation à la haine fondée sur des convictions non seulement religieuses mais aussi politiques (donc idéologiques), les Etats-Unis refusaient cette inclusion. Aucune disposition contre l'incitation à la haine religieuse n'avait alors pu apparaître dans le texte final ; contrairement à la Déclaration universelle et au Pacte international relatif aux droits civils et politiques (1966).

La notion d'incitation à la haine religieuse vise à protéger les personnes religieuses contre l'intolérance et non les religions en tant que telles. Comme on a pu noter que la perspective religieuse ou séculière des acteurs est un facteur plus déterminant que le genre dans leur positionnement relatif aux droits humains des femmes, la question du lien entre le régime politique et l'environnement social tolérant peut être posée. Avec les cas des Etats-Unis et de la France, on comprend que le régime démocratique n'est pas garant d'un environnement tolérant. Les politiques étatiques sont parfois tributaires de l'affiliation religieuse (ou antireligieuse) des représentants importants de l'Etat, que ceux-ci soient des diplomates, des délégués ou des bureaucrates, ce qui peut conduire à discriminer ou à stigmatiser certains groupes religieux. Cela est aussi le cas dans les Etats à régime hybride, comme le Pakistan qui favorise certaines interprétations conservatrices de la religion musulmane au détriment d'autres interprétations plus tolérantes. Ce faisant, ces politiques publiques discriminent et stigmatisent les ahmadis et les autres minorités religieuses.

La promotion de pratiques tolérantes et la culture de la tolérance, dans le cadre des droits humains, doivent pouvoir s'inspirer de l'histoire de la liberté de pensée, de conscience et de religion. La tolérance religieuse, c'est-à-dire l'acceptation, toujours relative, de croyances et de pratiques d'autrui, existe depuis l'Antiquité mais est toujours restée un défi pour les sociétés humaines. Par exemple, avec le christianisme, la nature sacrée des divinités des Autres était exclue. Les autres divinités étaient certes existantes et relativement efficaces, mais leur nature était fausse et diabolique. C'est par le truchement de l'imitation diabolique que des analogies ou similitudes s'expliquaient. Le cadre dogmatique intolérant des religions permet une justification sans borne d'actes de domination de l'homme sur l'homme ; comme les peuples autochtones en ont été (et sont encore) particulièrement les victimes. Aujourd'hui, avec la nécessité de développer des compromis au niveau global pour faire face au danger commun d'une planète inhabitable, la pratique de la tolérance demande à être revue et son histoire globale et critique rédigée.

Les trois systèmes métanormatifs

Pris ensemble, les résultats relatifs à l'analyse des discours onusiens sur la reproduction bioculturelle concernant les femmes et les religions permettent de mieux comprendre les systèmes métanormatifs et leurs liens à l'environnement écologique. Un système métanormatif est un système qui produit non seulement des normes fondées sur des principes fondamentaux mais également des règles pour changer les principes sur lesquels ces normes reposent afin de les adapter au contexte constamment évolutif. Par le biais de discours et d'actions collectives, les systèmes métanormatifs produisent des règles communes, façonnent des émotions partagées et jettent les fondements de plusieurs fonctions sociales essentielles. Dans ce sens, ils partagent tous la fonction de créer et régir les relations entre acteurs reconnus (humains, surhumains, animaux, végétaux, minéraux…). Les femmes, par le biais de leur pouvoir reproducteur, contribuent de façon centrale mais temporellement limitée à la reproduction bioculturelle de tout groupe humain. Leurs expériences s'inscrivent dans un cadre conceptuel, narratif et comportemental qui les structure. C'est la configuration à géométrie variable et constamment renouvelée des femmes et des religions qui éclaire les articulations possibles entre l'espèce humaine et l'humanité. Ces articulations peuvent créer des façons altruistes de croire et de pratiquer.

La généalogie des droits humains relatifs aux femmes et aux religions permet de voir se détacher et se chevaucher trois systèmes métanormatifs : le système métanormatif religieux, le système métanormatif idéologique et le système métanormatif onusien des droits humains. Les éléments de controverse permettent de mieux comprendre la centralité du pouvoir biologique des femmes et du pouvoir culturel des religions dans la reproduction bioculturelle de tout système métanormatif. Les rapports variables entre les deux éléments fondamentaux de la reproduction bioculturelle que sont les femmes et les religions sont généralement stabilisés par les coutumes ou le droit ; le droit international des droits humains au niveau onusien. Ils évoluent en fonction d'un contexte plus large et perdurent s'ils arrivent à transformer ce contexte ou à s'y adapter. Les éléments communs, comme certaines caractéristiques qui ont trait aux rapports entre textes, acteurs et réalité sociale, rappellent que l'apprentissage des émotions collectives, en particulier dans l'enfance, est central dans toute reproduction bioculturelle. Cet apprentissage se fait via les normes coutumières ou juridiques qui, même fondées sur des éléments irréels ou imaginaires, agissent bel et bien sur le réel social et biologique. Si l'application des normes locales et nationales prédomine dans la vie des acteurs humains, les normes internationales contribuent à leur structuration. Ces dernières participent aux dynamiques relationnelles entre l'humain et les autres existants de l'écosystème global.

A partir de la moitié du XXe siècle, trois grands systèmes métanormatifs se superposent au niveau global : d'abord, les grandes religions, telles que le judaïsme, le christianisme, l'islam et l'hindouisme ; ensuite, les grandes idéologies, telles que le nationalisme, le socialisme, le communisme et le libéralisme ; enfin, les grands textes de l'Organisation des Nations unies, tels que la Charte des Nations unies, la Déclaration universelle et les deux Pactes internationaux. Aujourd'hui, ces trois systèmes métanormatifs coexistent et se chevauchent non seulement au niveau individuel mais également au niveau collectif. Ils sont traversés par des liens de coopération et de compétition développés par les groupes humains et les acteurs individuels qui les constituent. Des différences notoires apparaissent entre ces systèmes, comme les références à des acteurs surhumains ainsi que la capacité d'objectiviser et de tenir à l'écart les textes des autres systèmes. Mais, des analogies subsistent, comme la dimension prescriptive quasi mythologique et liturgique de certains textes. Les traductions des droits humains et leur capacité taxinomique et classificatoire de ce qui est (ou non) de l'ordre du religieux et du politique articulent les échelles de gouvernance au niveau global. Le modèle d'articulation dominant, qui dépasse l'approche libérale classique occidentale, pose l'idée que la religion est toujours positive et en faveur des droits humains. Si ce modèle permet la rencontre des différents systèmes métanormatifs, il entretient un point aveugle qui empêche de distinguer la dimension religieuse du système onusien en tant que tel.

Le renversement victimaire – la victime des droits humains n'aurait pas de valeur intrinsèque mais une valeur relative à ses liens de parenté, ethnie, etc. – est une stratégie pour invertir la hiérarchie entre les trois systèmes métanormatifs et subalterner le système onusien. Pour autant, encore aujourd'hui au sein de l'ONU, les infractions internationales sont évaluées dans le cadre des droits humains. Les textes des droits humains forment le canevas discursif et normatif postkantien et la structure principale du système métanormatif onusien. Ils se posent comme modèle et l'interprétation majoritaire entre en concurrence avec les autres systèmes : d'une part, cette concurrence entraîne un changement de temporalité (les autres systèmes éclairent le présent des droits humains alors qu'en fait ces derniers commémorent leur propre passé idéal) et, d'autre part, elle entraîne un changement du cadre de référence (les autres systèmes proposent des textes qui ne sont pas considérés comme des sources de droit international alors qu'en fait au niveau local ces derniers prennent une place prépondérante dans les coutumes et les droits). A ce titre, les systèmes métanormatifs proposent des discours discordants sur l'altérité et rencontrent deux écueils fondamentaux : la gestion des femmes et des religions. C'est dans cette concurrence englobante que des pratiques contraires aux droits humains, considérées comme religieuses par leurs auteurs, deviennent, au niveau onusien, des pratiques « incompatibles avec toutes les valeurs religieuses et culturelles ». La nécessité d'un appui des « responsables religieux », « dirigeants traditionnels » et « responsables locaux » révèle les points d'articulation en tension.

Le système métanormatif onusien s'appuie principalement sur « la foi dans la vie, la liberté, l'indépendance et le libre choix religieux, et dans le respect des droits de l'homme et de la justice ». En filigrane, la préservation des idéaux démocratiques et des droits humains domine les idéaux totalitaires. Au niveau global, la Déclaration universelle entérine le glissement de l'objet de la foi rendu nécessaire par « l'infortune des faux dieux » et l'agression d'un Etat envers sa propre population. Passant d'une foi monothéiste dirigée vers un seul et unique vrai Dieu à la foi dans les droits humains dont la mise en oeuvre sera évaluée. *Quand dire, c'est faire croire et éprouver*[367]. Le principe de non-ingérence des Etats visible dans la Charte des Nations unies (chapitre 1, art. 2.7) constitue la limite du système onusien. Pour autant, cette limite est mouvante, étant toujours confrontée aux idées de menace contre la paix ou le non-respect des droits humains ainsi qu'au principe d'égalité du droit des peuples à disposer d'eux-mêmes. Au contraire, la Société des Nations s'appuyait dans son Pacte (art. 22) sur le principe d'une « mission sacrée de colonisation » opposant les nations dites civilisées aux peuples « non encore capables de se diriger eux-mêmes ». Les trois principes que sont la liberté, l'égalité et la dignité sont explicites dans le texte fondateur de l'ONU (la Charte des Nations unies) et dans le texte étiologique des droits humains (la Déclaration universelle), ainsi que ses déclinaisons juridiques contraignantes générales (les deux Pactes internationaux) et spécifiques aux femmes (la Convention sur

---

[367] Par cette formulation, nous nous référons non seulement à la dimension performative des déclarations, voir J. L. Austin, *How to do things with words : The William James lectures delivered at Harvard University in 1955*, Oxford University Press, 1990 [1962], mais également à la dimension proclamatoire et adhésive des gestes rituels respectant une certaine liturgie, voir J. Scheid, *Quand faire c'est croire : les rites sacrificiels des Romains*, Aubier, 2005. L'efficacité performative, c'est-à-dire le poids des mots, dépend de l'autorité du locuteur vis-à-vis de ses interlocuteurs (ou destinataires), voir D. Perrot, G. Rist & F. Sabelli, *op. cit.*, p. 142–143.

la discrimination à l'égard des femmes) ou aux religions (la Déclaration sur l'intolérance religieuse). Ils sont aussi disséminés dans des textes limitrophes comme la Convention des droits de l'enfant et la Déclaration des droits des peuples autochtones.

La Déclaration des droits des peuples autochtones appuie les spécificités spirituelles et non religieuses des peuples autochtones. Cette mise à distance de la religion est certainement due en partie à l'histoire traumatisante produite par les institutions religieuses catholiques sur les peuples autochtones, en particulier sur leurs enfants. Cette histoire, ponctuée de quelques éléments de reconnaissance comme l'absence de la mention divine dans la Constitution chilienne, rappelle une concurrence au sein même du système métanormatif religieux : ses déclinaisons monothéistes *vs* polythéistes. Si avec la Déclaration universelle on voit un glissement de l'objet de la foi s'appuyant sur un autre corps de textes réglementaires, on constate un renouvellement des droits humains avec le « nouveau contrat social » que constituent les Objectifs de développement durable. Dans ce sens, les Objectifs peuvent entamer une reconfiguration des droits humains en intégrant comme actrices centrales la planète Terre et les générations futures. Les Objectifs gagneraient à être analysés comme la possible émergence d'un nouveau système métanormatif qui se détache progressivement d'un certain anthropocentrisme individualiste pour développer d'autres modèles relationnels avec l'environnement.

Les groupes humains produisent des systèmes métanormatifs structurant les relations de coopération et de compétition. Ces systèmes articulent l'espèce humaine à des formes d'humanité. Ils peuvent être reconfigurés lorsqu'une adaptation est nécessaire en fonction de l'évolution du contexte. Ce faisant, ils participent de la structure de l'écosystème environnemental qui les comprend. Les relations qu'ils normalisent peuvent être d'ordre spirituel et touchent notamment la terre et l'eau. Elles peuvent intégrer une visée de responsabilisation envers les générations futures. Si, à l'époque moderne, l'idéal de l'Etat-nation structure les plus grands groupes en compétition par le biais de la formation d'une cohérence autour d'une religion civile sacralisant le contrat social et les lois et unifiant, sur le même territoire, des individus qui se distinguent d'un point de vue culturel, linguistique et/ou religieux, le danger commun d'une planète inhabitable en raison du changement environnemental rend actuellement nécessaire l'apparition d'une coopération mondiale. Dans ce sens, la production d'une interprétation commune de la tolérance, dont la pragmatique reste à définir au niveau global, pourrait s'enrichir des capacités empathiques et altruistes. Ces capacités partagées par l'humain avec d'autres espèces ou même d'autres organismes vivants permettent de prospérer malgré les stress et les perturbations liés au contexte changeant. Lorsqu'une adaptation du système métanormatif devient nécessaire, comme c'est le cas aujourd'hui, c'est une reconfiguration des relations entre existants qui peut se produire. La reconnaissance d'une telle nécessité passe par l'intégration des intérêts des générations futures et des expériences des populations aujourd'hui marginalisées. Dans ce sens, les Objectifs de développement durable, parce qu'ils accueillent un nombre sans précédent d'acteurs intérieurs et extérieurs aux Nations unies, incluent un acteur surhumain, la planète Terre, et produisent ou redéfinissent des mythes mondiaux qui cherchent à « ne laisser personne de côté », gagnent à être pensés avec les différents types de relations que peut développer l'humain avec la terre qu'il habite et dont il est issu (pour reprendre l'étymologie grecque du mot « autochtone »). Ainsi, les quatre grandes différentes ontologies et cosmologies humaines proposant des liens de continuité et discontinuité différenciés entre l'humain et les autres existants – le totémisme, l'analogisme, l'animisme et le naturalisme – pourraient être précisées pour créer des articulations entre l'espèce humaine et les humanités qui respectent les limites planétaires.

Repenser le rôle des femmes et des religions relativement à la reproduction bioculturelle est central. La distinction postnaturaliste entre une appartenance à l'espèce humaine *(Homo sapiens sapiens)* et une appartenance à une humanité particulière (ayant ses propres narrations et temporalités) renvoie au fait que la qualification même d'être humain est tributaire d'un contexte historique bioculturel particulier. Cette double appartenance articule les actions sur l'environnement à celles sur les autres existants, en passant par la gestion des naissances et des décès. Lors de changements environnementaux, une résistance à la propension autoagressive de l'espèce humaine peut se situer dans les capacités de tolérance, altruisme et empathie. L'altruisme en particulier, par sa propension à travailler les liens d'attachement, permet de repenser la reproduction des normes de violences genrées au niveau systémique et éventuellement transformer une relation structurée principalement par la compétition en une relation structurée par la coopération. Si l'humain peut transformer les relations qui le lient aux autres êtres humains, il peut potentiellement transformer les relations qui le lient à tous les existants. Ainsi, une reconfiguration fondée sur la tolérance, l'empathie et l'altruisme pourrait passer par une reconnaissance de l'appartenance humaine non seulement à l'espèce *Homo sapiens sapiens*, mais également à la classe des mammifères et, plus largement, aux règnes animal et organique.

Postface

Rédiger la postface d'un ouvrage sur la perspective d'une « mythologie onusienne » des droits humains le jour précis[368] où sont célébrés les 75 ans de la Déclaration universelle des droits de l'homme impose une mise en perspective particulière. Certes contextuelle, mais aussi conceptuelle.

Je dois dans un premier temps souligner que l'histoire de cet ouvrage n'est pas liée à la seule généalogie des droits humains dans le cadre onusien ; elle a aussi à faire avec le cadre académique de sa rédaction. Tout d'abord, l'auteure étant basée à Genève, le choix du sujet comme de son traitement ne sauraient étonner. Genève est en effet la capitale mondiale des droits humains, comme l'illustre le fait que ce n'est ni à Paris (lieu d'adoption) ni à New York (lieu du siège des Nations unies) qu'auront lieu les cérémonies commémoratives de l'adoption de la Déclaration universelle des droits de l'homme, mais bien à Genève, siège du Conseil des droits de l'homme, du Haut-Commissariat aux droits de l'homme ou du Haut-Commissariat aux réfugiés. La forme et le contenu de cet événement savamment mis en scène (j'en serai demain) résonnent clairement avec la thèse de l'ouvrage. Aurore Schwab a raison, les droits humains ont bien leurs rituels et grands-messes, rapprochant d'un culte leur évocation dans le système onusien. Est-ce pour autant une mythologie ? L'auteure s'essaie, de manière convaincante, à le démontrer. Ensuite,

[368] Sans vouloir immiscer mon propos dans le débat sur la place et le rôle du religieux dans la mythologie onusienne, je suis tout de même bien content que la date anniversaire de la Déclaration universelle des droits de l'homme soit cette année des 75 ans tombée un dimanche, ce qui a repoussé les célébrations à lundi et mardi et m'a permis d'écrire en toute sérénité cette postface.

comme toute production académique originale, celle-ci suscitera l'adhésion, la controverse ou le simple débat. La place et la prise en compte d'une ou des religion(s) dans la formulation et la mise en œuvre des droits humains, ainsi que la place et les droits des femmes dans les visions du monde véhiculées par divers récits religieux, sont et vont rester des sujets importants et controversés de ce monde globalisé. On ne peut d'ailleurs s'empêcher, en béotien, de penser à cette prophétie d'André Malraux sur le XXIe siècle.

Ce qu'il convient dans un second temps de relever de cet ouvrage, c'est l'approche intellectuelle qui a permis sa rédaction. Aurore Schwab est chercheuse au Global Studies Institute de l'Université de Genève. Lorsqu'en 2010 j'ai imaginé cette nouvelle structure au sein de l'Université, deux idées dominaient ce processus de création, lequel se matérialiserait à la rentrée académique 2013. Premièrement, dépasser le cadre géographique restreint des études européennes dont j'avais la charge. Non pas que le projet européen perde de sa pertinence ou de son intérêt ; l'intégration européenne reste, du point de vue de la gouvernance et de la théorie politique, le projet le plus ambitieux entrepris depuis la naissance des premiers Etats modernes à la fin du XVIIIe siècle ; et à ce titre un objet légitime de fascination académique. Mais parce que les raisons qui avaient présidé à la naissance de ce projet dans les années 1950 – rappelons que tout démarre autour d'une Communauté européenne du charbon et de l'acier – se retrouvent aujourd'hui subordonnées à la nécessité de faire face à des enjeux globaux ; et de manière urgente. Un tel changement d'échelle, et probablement de paradigme, ne devrait pas pour autant empêcher cette Union européenne, qui dans les négociations climatiques mondiales demande à tous le renoncement à l'usage du charbon, de se souvenir de son histoire pas si ancienne… Mais c'est un autre sujet et je m'égare… Quoiqu'on ne puisse que s'étonner qu'au puissant mouvement de globalisation économique qu'une part de la littérature académique considère comme calquée sur le marché intérieur européen – un processus de libéralisation des échanges soumis à un contrôle juridictionnel[369] – les Européens aient répondu par l'adoption d'un nouveau traité (le Traité de Lisbonne) dont l'article 2 affirme comme « valeur européenne » – et non plus universelle – le

[369] L'Union européenne pour ces auteurs (par exemple Ernst Ulrich Petersmann) est le prototype de la globalisation économique encadrée par l'Organisation mondiale du commerce, créée en 1995 à… Genève.

respect des droits de l'homme. Nous revoilà donc dans notre sujet et, telle une évidence, il apparaît qu'il ne convient donc plus d'étudier la seule Europe, ou même les relations internationales, mais les transformations sociétales qu'induit la globalisation ; laquelle ne saurait bien évidemment se limiter à sa dimension économique, comme le démontre cet ouvrage.

L'autre conviction, c'est que les disciplines académiques mobilisées depuis près d'un siècle pour étudier les relations internationales, puis l'intégration européenne dès les années 1950 – à savoir le droit, l'économie, l'histoire ou la science politique –, ne pouvaient continuer à inciter les chercheurs à conduire des investigations dissociées, parallèles, chacune selon les canons de l'une ou l'autre discipline. Certes, l'interdisciplinarité est un mantra puissant dans les agences de financement de la recherche depuis près d'un demi-siècle ; mais l'absence de structure universitaire – de faculté, de département – permettant à des chercheuses ou chercheurs indisciplinés de faire carrière, revient à laisser du point de vue académique l'interdisciplinarité sur l'étagère des vœux pieux. Créer le Global Studies Institute consistait donc à mettre en place les conditions structurelles de l'émergence d'approches académiques interdisciplinaires, en imaginant un lieu des possibles pour de telles entreprises intellectuelles.

Evidemment, créer l'espace, le lieu, le cadre académique est nécessaire ; mais pas suffisant. Encore faut-il que celui-ci soit investi. Les barrières à l'interdisciplinarité académique demeurent réelles et choisir une telle trajectoire promet, aujourd'hui encore, un parcours du combattant. Ou d'une combattante, dont Aurore Schwab constitue l'une des fières figures. En effet, prendre comme référentiel d'une analyse de la création et de la structuration de l'ONU le prisme des droits des femmes et de la liberté religieuse ne relèvera de l'évidence pour aucune discipline académique. Et vouloir insuffler une dimension mythologique dans une analyse du multilatéralisme, domaine usuellement dominé par les paradigmes rationaliste et réaliste, relève, pour les chercheurs disciplinés, d'une forme de provocation, ou tout du moins d'un décentrement excessivement audacieux de la recherche et de la pensée. L'auteure s'en explique d'emblée, invoquant l'expérience de l'*estrangement* vécue et théorisée par Carlo Ginzburg.

Cette approche originale à double focale, offrant des angles restreints mais révélateurs, c'est la marque même de ces études globales que le monde francophone ne connaît et ne pratique encore guère. Les droits des femmes ou les religions ne sont ni des objets ni des catégories des relations internationales ou du multilatéralisme. Leur place reliée (la place des femmes dans de nombreuses traditions religieuses, à commencer par la catholique, est un défi pour le narratif de l'universalité des droits de l'homme) constitue un phénomène qui nécessite l'observation et la réflexion académiques. Aborder les origines et le développement du multilatéralisme sous cet angle permet une relecture novatrice des fondations du système onusien des droits humains. Et éclaire d'un jour nouveau certains des enjeux normatifs fondamentaux de la géopolitique contemporaine. Ce sont ces excursions investigatrices qui révèlent la valeur ajoutée des études globales par rapport aux relations internationales ou aux approches disciplinaires.

Alors bien sûr, la « science positiviste » qui infuse les cénacles universitaires peinera à reconnaître un tel apport. La mythologie est certes un concept admis et étudié ; mais dans un cadre bien spécifique, bien loin de l'analyse des textes et débats onusiens. Et pourtant, ces disciplines si établies pourraient, grâce au décentrement proposé ici – ou d'autres à venir via les études globales – réfléchir sur leurs propres pratiques et dogmes… voire mythes. La généalogie textuelle qu'évoque l'auteure se place délibérément dans une perspective constructiviste qui consiste à prendre les discours et les mots au sérieux ; ce que fait avec méthode Aurore Schwab. Mais peut-être que dans les disciplines académiques établies, au sein desquelles chaque affirmation n'a pas besoin d'être un combat, l'accumulation et la répétition des formules et raisonnements suffisent à faire croire à une évidence. Ainsi l'énonciation et le respect (très relatif) des droits humains au niveau international ne sont pas seulement un processus à analyser par le biais d'un positivisme disciplinaire, dont les études et ouvrages n'ont hélas contribué que d'une manière limitée à la promotion et au respect de ces droits. D'où l'intérêt d'essayer l'utilisation des angles encore fermés de l'indiscipline.

Il aura donc fallu dix ans de combats institutionnels obstinés pour que de l'expérience du Global Studies Institute, de cet *open space*[370] au sein duquel se côtoient des chercheurs de différentes disciplines, travaillant sur différents

[370] Les locaux de l'Institut occupent trois étages d'un bâtiment d'un ancien complexe industriel sis en plein Genève. Un étage entier, avec 96 postes de travail, est réservé aux chercheuses et chercheurs et constitue un vaste *open space* au sein duquel ces individus issus de disciplines diverses se côtoient et interagissent constamment.

objets ou terrains de recherche, émerge un ouvrage en études globales. La lecture vous révélera ainsi une gerbe savamment agencée de collectes disciplinaires – on reconnaîtra dans l'ouvrage d'Aurore Schwab les apports de l'histoire, du droit, de l'anthropologie, de la science des religions, des relations internationales – nouées avec intelligence par les liens de l'interdisciplinarité. Un beau cadeau pour célébrer les 10 ans du Global Studies Institute... et les 75 ans de la Déclaration universelle des droits de l'homme.

Nicolas Levrat
Genève, le 10 décembre 2023

Bibliographie

ABÉLÈS, Marc (dir.), *Des anthropologues à l'OMC : scènes de la gouvernance mondiale*, CNRS, Paris, 2011.

ABU ODEH, Lama, « Honor killings and the construction of gender in Arab societies », *American Journal of Comparative Law* 58 (4), 2010, p. 911–952.

ACHCAR, Gilbert, « La montée des mouvements religieux ne peut être dissociée de la mutation néolibérale », *Revue internationale et stratégique* 117 (1), 2020, p. 129–135.

AGI, Marc, *René Cassin : Fantassin des droits de l'homme*, Paris, Plon, 1979.

AHLGREN, Ellinor, « Ratification, reservations, and review : Exploring the role of the CEDAW compliance mechanisms in women's rights », *Journal of Public & International Affairs*, 2021, p. 1–17.

ALLAIN, Jean-Claude, « 'Introduction'. La décolonisation. Regards sur les années 1950 », *Relations internationales* 1 (133), 2008, p. 3–6.

ANAYA, James, *Indigenous peoples in international law*, Oxford, Oxford University Press, 2004 [1996].

———, *International human rights and indigenous peoples*, Boston, Aspen Publishing, 2009.

ANDRO, Armelle & LESCLINGAND, Marie, « Les mutilations génitales féminines. Etat des lieux et des connaissances », *Population* 71 (2), 2016, p. 224–311.

ARCIDIACONO, Bruno, « Pour une généalogie de la Charte des Nations unies : La tradition directoriale », *Relations internationales* 3 (127), 2006, p. 5–23.

———, *Cinq types de paix : Une histoire des plans de pacification perpétuelle : XVII–XXᵉ siècles*, Paris, Presses universitaires de France, 2011.

Austin, John Langshaw, *How to do things with words : The William James lectures delivered at Harvard University in 1955*, Oxford, Oxford University Press, 1990 [1962].

Axelrod, Robert M., *The complexity of cooperation : Agent-based models of competition and collaboration*, Princeton, Princeton University Press, 1997.

Bacot, Guillaume, « Montesquieu et la question de la nature monarchique de la Constitution anglaise », *Revue française d'histoire des idées politiques* 1 (25), 2007, p. 3–31.

Barbu, Daniel, *Naissance de l'idolâtrie*, Liège, Presses universitaires de Lièges, 2016.

Barras, Amélie, *Faith in rights : Christian-inspired NGOs at work in the United Nations*, Stanford, Stanford University Press, 2024.

Barthes, Roland, *Mythologies*, Paris, Seuil, 1957.

Baubeau, Patrice, « La BIRD, la France et le dollar gap, 1946–1947 », *Histoire@Politique* 1 (19), 2013, p. 66–82.

Bauman, Whitney A., Bohannon, Richard R. & O'Brien, Kevin J. (eds), *Inherited land : The changing grounds of religion and ecology*, Eugene, Pickwick Publications, 2014.

Becci, Irene, Monnot, Christophe & Wernli, Boris, « Sensing 'subtle spirituality' among environmentalists : A Swiss study », *Journal for the Study of Religion, Nature, and Culture* 15 (3), 2021, p. 344–367.

Becci, Irene & Grandjean, Alexandre, « Is sacred nature gendered or queer ? Insights from a study on eco-spiritual activism in Switzerland », *Religions* 13 (1), 2022, p. 23 : https://doi.org/10.3390/rel13010023.

Belnap, Allison G., « Defamation of religions : A vague and overbroad theory that threatens basic human rights », *Brigham Young University Law Review* 2, 2010, p. 635–685.

Bent, Emily, *(Re)thinking the girl effect : A critical analysis of girls' political subjectivity and agency at the United Nations 54th session of the Commission on the Status of Women (CSW 54)*, thèse de doctorat, National University of Ireland, Galway, 2012.

Benveniste, Emile, *Vocabulaire des institutions indo-européennes*, Paris, Editions de Minuit, 1969.

Berdot, Jean-Pierre, « L'ajustement structurel dans les pays en développement. Une analyse de la faisabilité », *Revue économique* 49 (4), 1998, p. 1151–1163.

Berlin, Isaiah, *Two concepts of liberty : An inaugural lecture delivered before the University of Oxford on 31 october 1958*, Oxford, Clarendon Press, 1958.

Berman, Helene & Jiwani, Yasmin (eds), *In the best interests of the girl child : Phase II report*, Alliance of five research centres on violence, research funded by Status of Women Canada, Montreal, 2002.

Bernand, Carmen & Gruzinski, Serge, *De l'idolâtrie : Une archéologie des sciences religieuses*, Paris, Seuil, 1988.

Bidault, Mylène, « Ce que déclarer des droits culturels veut dire », *Droits fondamentaux* 7, 2008 : https://www.crdh.fr?p=5050.

Biermann, Frank & Kanie, Norichika (eds), *Governing through goals : Sustainable development goals as governance innovation*, Cambridge, Massachusetts Institute of Technology Press, 2017.

Biermann, Frank, Kanie, Norichika & Kim, Rakhyun E., « Global governance by goal-setting : The novel approach of the UN Sustainable development goals », *Current Opinion in Environmental Sustainability* 26–27, 2017, p. 26–31.

Billaud, Julie & Cowan, Jane K., « The bureaucratisation of utopia : Ethics, affects and subjectivities in international governance processes », *Social Anthropology* 28 (1), 2020, p. 6–16.

Böckler, Anne, Tusche, Anita, Schmidt, Peter, & Singer, Tania, « Distinct mental trainings differentially affect altruistically motivated, norm motivated, and self-reported prosocial behaviour », *Scientific Reports* 8 (1), 2018, p. 13560.

Bok, Sissela, « Population and ethics : Expanding the moral space », *in* Sen, Gita, Germain, Adrienne & Lincoln, C. Chen (eds), *Population policies reconsidered : Health, empowerment, and rights*, Cambridge, Harvard University Press, 1994, p. 19–25.

Borgeaud, Philippe, *Aux origines de l'histoire des religions*, Paris, Seuil, 2004.

Bossuat, Gérard, *L'Europe occidentale à l'heure américaine : Le plan Marshall et l'unité européenne (1945–1952)*, Bruxelles, Editions Complexe, 1992.

Bourg, Dominique & Roch, Philippe (éd.), *Crise écologique, crise des valeurs ? Défis pour l'anthropologie et la spiritualité*, Genève, Labor et Fides, 2010.

Brinkley, Douglas & Facey-Crowther, David R. (ed.), *The Atlantic Charter*, New York, St. Martin's Press, 1994.

Brown, Karen, « Global girl policy and the girl effect : Gendered origins and silences », *in* Levison, Deborah, Maynes, Mary Jo & Vavrus, Frances (eds), *Children and youth as subjects, objects, agents*, Cham, Palgrave Macmillan, 2021, p. 175–189.

Buisine, Andrée, « La franc-maçonnerie et les femmes anglo-saxonnes : Religion et pseudoreligion », *in* Jacques Lemaire (éd.), *Franc-maçonnerie et religions*, Bruxelles, Université de Bruxelles, 1996, p. 75–87.

Burgorgue-Larsen, Laurence & Calvès, Gwénaële (dir.), *La diffamation saisie par les juges en Europe*, Paris, Pedone, 2019.

Burman, Erica, « Beyond 'women vs. children' or 'womenandchildren' : Engendering childhood and reformulating motherhood », *International Journal of Children's Rights* 16 (2), 2008, p. 177–194.

Bussière, Eric, « La Banque de France et la réforme du système monétaire international : Entre impératifs nationaux et solidarité des banques centrales européennes (1963–1968) », *Histoire, Economie et Société* 18 (4), 1999, p. 797–814.

Bussière, Eric & Feiertag, Olivier, « Méthode, problèmes et premiers résultats d'une histoire des relations monétaires internationales au XXe siècle », *Histoire, Economie et Société* 18 (4), 1999, p. 675–680.

Camps, Gabriel, « Colombe », *in* Camps, Gabriel (dir.), Encyclopédie berbère, Leuven, Editions Peeters, 1994, p. 2050–2052.

Cardesa-Salzmann, Antonio & Cocciolo, Endrius, « Global governance, sustainability and the earth system : Critical reflections on the role of global law », *Transnational Environmental Law* 8 (3), 2019, p. 437–461.

Carr, Wylie Allen, Patterson, Michael, Yung, Laurie & Spencer, Daniel, « The faithful skeptics : Evangelical religious beliefs and perceptions of climate change », *Journal for the Study of Religion, Nature and Culture* 6 (3), 2012, p. 276–299.

CASSESE, Antonio, *International Law*, Oxford, Oxford University Press, 2005 [2001].

CENTOLA, Damon, BECKER, Joshua, BRACKBILL, Devon D. & BARONCHELLI, Andrea, « Experimental evidence for tipping points in social convention », *Science* 360 (6393), 2018, p. 1116–1119.

CHAKRABARTY, Dipesh, « The climate of history : Four theses », *Critical Inquiry* 35 (2), 2009, p. 197–222.

———, *The climate of history in a planetary age*, Chicago, University of Chicago Press, 2021.

CHAPDELAINE-FELICIATI, Clara, « Les droits de l'homme de la femme : Polysémie ou androcentrisme ? », *International Journal for the Semiotics of Law* 23 (4), 2010, p. 451–474.

CHELINI-PONT, Blandine, « La diffamation des religions : Un bras de fer international (1999–2009) », *Conscience et liberté* 71, 2010, p. 42–68.

CHO, Seo-Young, « International women's convention, democracy, and gender equality », *Social Science Quarterly* 95 (3), 2014, p. 719–739.

CIOFFI-REVILLA, Claudio, *Introduction to computational social science : Principles and applications*, Cham, Springer International Publishing, 2017 [2014].

CLING, Jean-Pierre, RAZAFINDRAKOTO, Mireille & ROUBAUD, François, « La Banque mondiale, entre transformations et résilience », *Critique Internationale* 53 (4), 2011, p. 43–65.

COMETTI, Geremia, *Réchauffement climatique et migrations forcées : le cas de Tuvalu*, Genève, Graduate Institute Publications Series, 2010.

———, *'Lorsque le brouillard a cessé de nous écouter' Changement climatique et migrations chez les Q'eros des Andes péruviennes*, Bern, Peter Lang, 2015.

CROLL, Elizabeth, *Endangered daughters. Discrimination and development in Asia*, London, Routledge, 2002 [2000].

———, « From the girl child to girls' rights », *Third World Quarterly* 27 (7), 2006, p. 1285–1297.

DACHEZ, Roger & BAUER, Alain, *La franc-maçonnerie*, Paris, Presses universitaires de France, 2013.

DALLEY, Stephanie, *Myths from Mesopotamia. Creation, the Flood, Gilgamesh, and others*, Oxford, Oxford University Press, 2000 [1989].

Davis, Amos Prosser, « International civil religion : Respecting religious : Diversity while promoting international cooperation », *Hastings International and Comparative Law Review* 34 (1), 2011, p. 87–126.

DeFries, Ruth & Nagendra, Harini, « Ecosystem management as a wicked problem », *Science* 356 (6335), 2017, p. 265–270.

Delage, Pauline, Lacombe, Delphine & Lieber, Marylène, « De la violence létale contre les femmes à la violence féminicide. Genèses et mobilisations », *Cahiers du Genre* 73 (2), 2022, p. 5–31.

Descola, Philippe, *Par-delà nature et culture*, Paris, Gallimard, 2005.

Dickhaus, Monika, « La Bundesbank et l'Europe, 1958–1973 », *Histoire, Economie et Société* 18 (4), 1999, p. 775–795.

Donnelly, Jack, « The relative universality of human rights », *Human Rights Quarterly* 29 (2), 2007, p. 281–306.

Drakidès, Philippos, *La Charte de l'Atlantique 1941. La Déclaration des Nations unies 1942. Sauvegardées par la Charte de l'ONU. Arsenal prioritaire de paix et de sécurité mondiales*, Besançon, Centre de recherche et d'information politique et sociale, 1995.

du Bois, Pierre, « Des Accords de Bretton Woods à l'Accord sur l'Union européenne des paiements (1944–1950) », *Relations internationales* 4 (124), 2005, p. 17–27.

Dullin, Sabine, « L'invention d'une frontière de guerre froide à l'ouest de l'Union soviétique (1945–1949) », *Vingtième siècle. Revue d'histoire* 2 (102), 2009, p. 49–61.

Dupouey, Jacques, « Les droits de l'homme au sein de l'ASEAN, un régime protecteur en construction », *La Revue des droits de l'homme* 14, 2018, p. 1–23.

Duroselle, Jean-Baptiste & Kaspi, André, *Histoire des relations internationales*, Paris, Armand Colin, 2012.

Eichengreen, Barry, « Le système de Bretton Woods : Paradis perdu ? », *Revue d'économie financière*, 1994, p. 263–276.

Eliade, Mircea, *Le mythe de l'éternel retour*, Paris, Gallimard, 1949.

———, *Aspects du mythe*, Paris, Gallimard, 1963.

Ellerman, David, « Inalienable rights : A litmus test for liberal theories of justice », *Law and Philosophy* 29 (5), 2010, p. 571–599.

Erner, Guillaume, *La société des victimes*, Paris, La Découverte, 2006.

Fassin, Didier & Rechtman, Richard, *L'empire du traumatisme : Enquête sur la condition de victime*, Paris, Flammarion, 2007.

Favret-Saada, Jeanne, « Les sensibilités religieuses blessées », *L'Homme* 221 (1), 2017, p. 147–166.

Fiss, Joelle & Getgen Kestenbaum, Jocelyn, *Respecting rights ? Measuring the world's blasphemy laws*, Washington, United States Commission on International Religious Freedom, 2017.

———, *Violating rights. Enforcing the world's blasphemy laws*, Washington, United States Commission on International Religious Freedom, 2020.

Fitzpatrick, Peter, *The mythology of modern law*, London, Routledge, 1992.

Flores, Jerry & Román Alfaro, Andrea, « Building the settler colonial order : Police (in)actions in response to violence against indigenous women in 'Canada' », *Gender & Society* 37 (3), 2023, p. 391–412.

Fortis, Elisabeth, « Ambiguïtés de la place de la victime dans la procédure pénale », *Archives de politique criminelle* 1 (28), 2006, p. 41–48.

Foucault, Michel, *L'archéologie du savoir*, Paris, Gallimard, 1992 [1969].

———, *L'ordre du discours : Leçon inaugurale au Collège de France prononcée le 2 décembre 1970*, Paris, Gallimard, 2010 [1970].

———, *Dits et écrits III, 1976–1979*, Paris, Gallimard, 1994.

Fraser, Arvonne S., « Becoming human : The origins and development of women's human rights », *Human Rights Quarterly* 21 (4), 1999, p. 853–906.

Freeman, A. Marsha, *Reservations to CEDAW : An analysis for UNICEF*, New York, UNICEF, 2009.

Galesic, Mirta, Olsson, Henrik, Dalege, Jonas, van der Does, Tamara & Stein, Daniel L., « Integrating social and cognitive aspects of belief dynamics : Towards a unifying framework », *Journal Royal Society Interface* 18 (176), 2021, p. 20200857.

Gargas, Pierre-André, *Contrat social, surnommé union francmaçone, entre tous les bons citoiens de la republiqe françoise, e entre la meme republiqe e toutes les nations de la terre*, Toulou, P. J. Calmen, 1797.

Gaudreault-DesBiens, Jean-François, « Les hiérarchies passagères, ou de la contingence dans l'équilibre entre droits fondamentaux », *Revue québécoise du droit constitutionnel* 4, 2012, p. 7–41.

Gauthier, François, « Primat de l'authenticité et besoin de reconnaissance. La société de consommation et la nouvelle régulation du religieux », *Studies in Religion / Sciences Religieuses* 41 (1), 2012, p. 93–111.

Geertz, Clifford, *The interpretation of cultures*, New York, Basic Books, 1973.

Ginzburg, Carlo, *A distance : neuf essais sur le point de vue en histoire*, Paris, Gallimard, 2001 [1998].

Giubilini, Alberto & Minerva, Francesca, « After-birth abortion : Why should the baby live ? », *Journal of Medical Ethics* 39 (5), 2013, p. 261–263.

Glaab, Katharina, Fuchs, Doris & Friederich, Johannes, « Religious NGOs at the UNFCCC. A specific contribution to global climate politics ? », *in* Baumgart-Ochse, Claudia & Wolf, Klaus Dieter (eds), *Religious NGOs at the United Nations*, London, Routledge, 2018, Kindle.

Gökalp, Altan, « Une minorité chîite en Anatolie : Les alêvi », *Annales* 35 (3–4), 1980, p. 749–762.

Göksan, Halil, *Towards global law of sustainable development : Learning from the Sustainable development goals*, thèse de doctorat, Université de Genève, 2019.

Goodale, Mark & Merry, Sally, *The practice of human rights : tracking law between the global and the local*, Cambridge, Cambridge University Press, 2007.

Goody, Jack, *The logic of writing and the organization of society*, Cambridge, Cambridge University Press, 1986.

Gottlieb, Roger (ed.), *The Oxford handbook of religion and ecology*, Oxford, Oxford University Press, 2009 [2006].

Grimm, Volker, Railsback, Steven F., Vincenot, Christian E., Berger, Uta, Gallagher, Cara, DeAngelis, Donald L., Edmonds, Bruce, Ge, Jiaqi, Giske, Jarl, Groeneveld, Jürgen, Johnston, Alice S. A., Milles, Alexander, Nabe-Nielsen, Jacob, Polhill, J. Gareth, Radchuk, Viktoriia, Rohwäder, Marie-Sophie, Stillman, Richard A., Thiele, Jan C., Ayllón, Daniel, « The ODD protocol for describing agent-based and other simulation models : A second update to improve clarity, replication, and structural realism », *Journal of Artificial Societies and Social Simulation* 23 (2), 2020, p. 7.

Guedj, Nicole, « Des droits pour les victimes ? », *Imaginaire & Inconscient* 1 (15), 2005, p. 11–16.

Hargrove, Eugene C. (ed.), *Religion and environmental crisis*, Athens, University of Georgia Press, 1986.

Hartog, François, *Chronos. L'Occident aux prises avec le temps*, Paris, Gallimard, 2020.

Hauteville, Anne d', « Rapport introductif. La problématique de la place de la victime dans le procès pénal », *Archives de politique criminelle* 1 (24), 2002, p. 7–13

Heidemann, Gretchen & Ferguson, Kristin M., « The girl child : A review of the empirical literature », *Affilia – Journal of Women and Social Work* 24 (2), 2009, p. 165–185.

Héritier, Françoise, *Masculin/féminin II : dissoudre la hiérarchie*, Paris, Odile Jacob, 2002.

Hersch, Jeanne, *Le droit d'être un homme : Recueil de textes*, Paris, UNESCO, 1968.

Hertig Randall, Maya, Hottelier, Michel & Lempen, Karine (éd.), *La Convention sur l'élimination de toutes les formes de discrimination à l'égard des femmes et son Protocole facultatif. Commentaire*, Zürich, Schulthess Verlag, 2019.

Holmes, David L., « From low church to anglo-catholic and back again : The saga of a middle-american parish », *Anglican and Episcopal History* 59 (4), 1990, p. 479–509.

Humphrey, John P., « The memoirs of John P. Humphrey, the first director of the United Nations division of human rights », *Human Rights Quarterly* 5 (4), 1983, p. 387–439.

Hunt, Lynn, *Inventing human rights : A history*, New York, W. W. Norton & Co., 2007.

———, « The enlightenment and the origins of toleration », *Series Burgerhart Lectures Dutch-Belgian Society for Eighteenth-Century Studies*, Amsterdam, Felix Meritis, 2011.

Ignatieff, Michael, « The attack on human rights », *Foreign Affairs* 80 (6), 2001, p. 102–116.

Irwin, Elena G., Culligan, Patricia J., Fischer-Kowalski, Marina, Law, Kara Lavender, Murtugudde, Raghu & Pfirman, Stephanie,

« Bridging barriers to advance global sustainability », *Nature Sustainability* 1 (7), 2018, p. 324–326.

Istratii, Romina & Ali, Parveen, « A scoping review on the role of religion in the experience of IPV and faith-based responses in community and counseling settings », *Journal of Psychology and Theology* 51 (2), 2023, p. 141–173.

Jacob, Margaret C., *The origins of freemasonry : facts and fictions*, Philadelphia, University of Pennsylvania Press, 2006.

Jadva, Vasanti, Imrie, Susan & Golombok, Susan, « Surrogate mothers 10 years on : A longitudinal study of psychological well-being and relationships with the parents and child », *Human Reproduction* 30 (2), 2014, p. 373–379.

Jonge, Emmanuel de, « La Déclaration universelle des droits de l'homme comme l'expression d'une vision du monde : une approche topique et génétique », *Argumentation et Analyse du Discours* 4, 2010, mis en ligne le 15 avril 2010, consulté le 7 mai 2024 : https://journals.openedition.org/aad/956.

Kanie, Norichika, Betsill, Michele M., Zondervan, Ruben, Bierman, Frank & Young, Oran R., « A charter moment : Restructuring governance for sustainability », *Public Administration and Development* 32 (3), 2012, p. 292–304.

Kant, Emmanuel, *Fondements de la métaphysique des mœurs*, Paris, Librairie Générale Française, 1993 [1785].

———, *Vers la paix perpétuelle ; que signifie s'orienter dans la pensée ? ; qu'est-ce que les Lumières ? : Et autres textes*, Paris, Flammarion, 1991.

Kasimirski Biberstein, Albin de (trad.), *Le Coran*, Paris, Flammarion, 1970.

Keller, Linda, « The impact of states parties' reservations to the Convention on the elimination of all forms of discrimination against women », *Michigan State Law Review*, 2014, p. 309–326.

Kelsen, Hans, *Reine Rechtslehre : Mit einem Anhang : Das Problem der Gerechtigkeit*, Leipzig, Deuticke, 1960 [1934].

Khan, Amjad Mahmood, « Persecution of the Ahmadiyya community in Pakistan : An analysis under international law and international relations », *Harvard Human Rights Journal* 16, 2003, p. 217–244.

———, « How anti-blasphemy laws engender terrorism », *Harvard International Law Journal Online* 56, 2015, p. 1–13.

Kilani, Mondher, *Pour un universalisme critique*, Paris, La Découverte, 2014.

Kim, Rakhyun E. & Bosselmann, Klaus, « Operationalizing sustainable development : Ecological integrity as a grundnorm of international law », *Review of European, Comparative & International Environmental Law* 24 (2), 2015, p. 194–208.

Klasen, Stephan & Wink, Claudia, « A turning point in gender bias in mortality ? An update on the number of missing women », *Population and Development Review* 28 (2), 2002, p. 285–312.

Kumar, Satish, « Nonalignment : International goals and national interests », *Asian Survey* 23 (4), 1983, p. 445–462.

La Croix, Arnaud de, *Hitler et la franc-maçonnerie*, Bruxelles, Racine, 2013.

Lacombe, Delphine, « Légiférer sur les 'violences de genre' tout en préservant l'ordre patriarcal », *Droit et société* 99, 2018, p. 287–303.

Lafleur, Claude & Carrier, Joanne, « Dieu, la théologie et la métaphysique au milieu du XIIIe siècle. Selon des textes épistémologiques artiens et thomasiens », *Revue des sciences philosophiques et théologiques* 2 (89), 2005, p. 261–294.

Lakatos, Özlem, *La fabrication des filles aux Nations unies : une autre histoire des droits de l'enfant* [titre provisoire], thèse de doctorat, Université de Genève, en cours de rédaction.

Lambert, Jean-Luc, « Christianisme orthodoxe, athéisme soviétique et pratiques 'animistes' du monde russisé », *Diogène* 1 (205), 2004, p. 22–35.

Lanhoso, Fátima & Coelho, Denis Alves, « Emergence fostered by systemic analysis – seeding innovation for sustainable development », *Sustainable Development* 29 (4), 2021, p. 768–779.

Larralde, Jean-Manuel, « La protection des religions minoritaires en droit international et européen », *Cahiers de la recherche sur les droits fondamentaux* 4, 2005, p. 157–168.

Latour, Bruno & Schultz, Nikolaj, *Mémo sur la nouvelle classe écologique. Comment faire émerger une classe écologique consciente et fière d'elle-même*, Paris, Les empêcheurs de penser en rond, 2022.

Lauren, Paul Gordon, *The evolution of international human rights : visions seen*, Philadelphia, University of Pennsylvania Press, 2011.

LEE, Man Yee Karen, « Universal human dignity : Some reflections in the Asian context », *Asian Journal of Comparative Law* 3 (1), 2008, p. 283–313.

LENAIN, Patrick, *Le FMI*, Paris, La Découverte, 2004.

LÉVI-STRAUSS, Claude, *Les structures élémentaires de la parenté*, Paris, Presses universitaires de France, 1949.

———, *Anthropologie structurale I*, Paris, Librairie Plon, 1958–1974.

LINCOLN, Bruce, *Discourse and the construction of society : comparative studies of myth, ritual, and classification*, New York, Oxford University Press, 1989.

LIU, Jianguo, DIETZ, Thomas, CARPENTER, Stephen R., ALBERTI, Marina, FOLKE, Carl, MORAN, Emilio, PELL, Alice N., DEADMAN, Peter, KRATZ, Timothy, LUBCHENCO, Jane, OSTROM, Elinor, OUYANG, Zhiyun, PROVENCHER, William, REDMAN, Charles L., SCHNEIDER, Stephen H., TAYLOR, William W., « Complexity of coupled human and natural systems », *Science* 317 (5844), 2007, p. 1513–1516.

LUARD, Evan, *A history of the United Nations*, London, Palgrave Macmillan, 1989 [1982].

MACPHERSON, Jay, « The eye and the pyramid », *in* WEISBERGER, Richard William, MCLEOD, Wallace & MORRIS, S. Brent (eds), *Freemasonry on both sides of the Atlantic : essays concerning the craft in the British Isles, Europe, the United States, and Mexico*, Boulder, East European Monographs, 2002, p. 557–582.

MAFFI, Luisa, « Biocultural diversity and sustainability », *in* PRETTY, Jules, BALL, Andrew S., BENTON, Ted, GUIVANT, Julia S., LEE, David R., ORR, David, PFEFFER, Max J. & WARD, Hugh (eds), *The SAGE handbook of environment and society*, London, Routledge, 2007, p. 267–278.

MALINOWSKI, Bronislaw, *Magic, science and religion, and other essays*, Boston, Beacon Press, 1948.

MARSHALL, Peter, « Smuts and the preamble to the UN Charter », *The Round Table : The Commonwealth Journal of International Affairs* 90 (358), 2001, p. 55–65.

MAUREL, Chloé, *Histoire des relations internationales depuis 1945*, Paris, Ellipses, 2010.

MAXENCE, Jean-Luc, *La franc-maçonnerie : histoire et dictionnaire*, Paris, R. Laffont, 2013.

McGrath, Sean, *Thinking nature : an essay in negative ecology*, Edinburgh, Edinburgh University Press, 2019.

McIntosh, C. Alison & Finkle, Jason L., « The Cairo conference on population and development : A new paradigm ? », *Population and Development Review* 21 (2), 1995, p. 223–260.

Meireis, Torsten & Rippl, Gabriele (ed.), *Cultural sustainability. Perspectives from the humanities and social sciences*, London, Routledge, 2019.

Mendonça, Júlia Scarano de, Cossette, Louise, Lapointe, Marie-Noée & Strayer, F. Francis, « Vers une analyse systémique des liens d'attachement », *Bulletin de psychologie* 495 (3), 2008, p. 257–266.

Messerli, Peter, Kim, Eun Mee, Lutz, Wolfgang, Moatti, Jean-Paul, Richardson, Katherine, Saidam, Muhammad, Smith, David, Eloundou-Enyegue, Parfait, Foli, Ernest, Glassman, Amanda, Licona, Gonzalo, Murniningtyas, Endah, Staniskis, Jurgis, Ypersele, Jean-Pascal & Furman, Eeva, « Expansion of sustainability science needed for the SDGs », *Nature Sustainability* 2, 2019, p. 1–3.

Mitoma, Glenn, « Charles H. Malik and human rights : Notes on a biography », *Biography* 33 (1), 2010, p. 222–241.

Monnot, Christophe & Rognon, Frédéric (éd.), *Eglises et écologie : une révolution à reculons*, Genève, Labor et Fides, 2020.

Montaigne, Michel de, *Essais*, Paris, Edition J. Thibaudet, 1950 [1580–1588].

Montesquieu, Charles-Louis de Secondat de, *De l'esprit des lois*, Paris, Gallimard, 1995 [1748].

Moon, Young B., « Simulation modelling for sustainability : A review of the literature », *International Journal of Sustainable Engineering* 10 (1), 2017, p. 2–19.

Moreau Defarges, Philippe, « De la SDN à l'ONU », *Pouvoirs* 2 (109), 2004, p. 15–26.

———, « Mondialisation économique et mondialisation politique depuis 1945 », *Relations internationales* 4 (124), 2005, p. 41–50.

Morris, Lynda & Grunenberg, Christoph, *Picasso, peace and freedom*, Liverpool, Tate Liverpool, 2010.

Morsink, Johannes, *The Universal Declaration of Human Rights : origins, drafting, and intent*, Philadelphia, University of Pennsylvania Press, 1999.

MUNSON, James E. B., « The Oxford movement by the end of the nineteenth century : The anglo-catholic clergy », *Church History* 44 (3), 1975, p. 382–395.

NAEF, Silvia, *Y a-t-il une 'question de l'image' en islam ?*, Paris, Téraèdre, 2015 [2004].

NAHAS, Nayla, « Liens d'attachement : Une autre perspective pour une autre culture. Etude exploratoire sur des enfants libanais », *Enfance* 2 (2), 2020, p. 193–216.

NASON-CLARK, Nancy, FISHER-TOWNSEND, Barbara, HOLTMANN, Catherine & MCMULLIN, Stephen, *Religion and intimate partner violence : Understanding the challenges and proposing solutions*, Oxford, Oxford University Press, 2017.

NEFONTAINE, Luc, *La franc-maçonnerie*, Paris, Cerf, 1990.

———, *Le protestantisme et la franc-maçonnerie. Des chemins qui se rencontrent*, Genève, Labor et Fides, 2000.

NOWAK, Martin A., « Five rules for the evolution of cooperation », *Science* 314 (5805), 2006, p. 1560–1563.

NYBORG, Karine, ANDERIES, John M., DANNENBERG, Astrid, LINDAHL, Therese, SCHILL, Caroline, SCHLÜLTER, Maja, ADGER, W. Neil, ARROW, Kenneth, BARRETT, Scott, CARPENTER, Stephen, CHAPIN III, F. Stuart, CRÉPIN, Anne-Sophie, DAILY, Gretchen, EHRLICH, Paul, FOLKE, Carl, JAGER, Wander, KAUTSKY, Nils, LEVIN, Simon A., MADSEN, Ole Jacob, POLASKY, Stephen, SCHEFFER, Marten, WALKER, Brian, WEBER, Elke U., WILEN, James, XEPAPADEAS, Anastasios & ZEEUW, Aart de, « Social norms as solutions », *Science* 354 (6308), 2016, p. 42–43.

O'BRIEN, Karen, HAYWARD, Bronwyn & BERKES, Fikret, « Rethinking social contracts : Building resilience in a changing climate », *Ecology and Society* 14 (2), 2009, p. 12–28.

OCDE, *Perspectives économiques de l'Organisation de coopération et de développement économiques,* 2008.

OSTROM, Elinor, *Gouvernance des biens communs, pour une nouvelle approche des ressources naturelles*, Louvain-la-Neuve, Editions De Boeck, 2015 [1990].

———, « Collective action and the evolution of social norms », *The Journal of Economic Perspectives* 14 (3), 2000, p. 137–158.

Panikkar, Raimundo, « La notion de droits de l'homme est-elle un concept occidental ? », *La revue du MAUSS* 13, 1999 [1982], p. 211–235.

Parmar, Sejal, « The challenge of 'defamation of religions' to freedom of expression and the international human rights system », *European Human Rights Law Review* 3, 2009, p. 353–375.

Pavia, Marie-Luce, « La place de la victime devant les tribunaux pénaux internationaux », *Archives de politique criminelle* 1 (24), 2002, p. 61–79.

Perrot, Dominique, Rist, Gilbert & Sabelli, Fabrizio, *La mythologie programmée : L'économie des croyances dans la société moderne*, Paris, Presses universitaires de France, 1992.

Peyrouse, Sébastien, « Vers une sortie de l'influence russe et du passé soviétique : Analyses des éléments de continuité en Asie centrale », *Outre-Terre* 3 (16), 2006, p. 227–243.

Phan, Hao Duy, *A selective approach to establishing a human rights mechanism in Southeast Asia : The case for a Southeast Asian Court of human rights*, Leiden, Brill, 2012.

Pirenne-Delforge, Vinciane, Barbu, Daniel, Jaillard, Dominique, Matthey, Philippe, Massa, Francesco & Schneider, Aurélie, « Entretien avec Vinciane Pirenne-Delforge », *Asdiwal. Revue genevoise d'anthropologie et d'histoire des religions* 11, 2016, p. 15–31.

Pisani, Emmanuel, « Apostasie en islam. Vers la liberté religieuse ? », *Etudes* 11, 2015, p. 67–78.

Polymenopoulou, Eleni, *La liberté de l'art face à la protection des croyances religieuses. Etude d'un conflit des valeurs au prisme du droit international*, thèse de doctorat, Université de Grenoble et Université d'Athènes, 2011.

Porset, Charles, « La franc-maçonnerie est-elle une religion ? », *in* Lemaire, Jacques (éd.), *Franc-maçonnerie et religions*, Bruxelles, Université de Bruxelles, 1996, p. 111–118.

Preston, Stephanie D. & de Waal, Frans B. M., « Empathy : Its ultimate and proximate bases », *Behavioral and Brain Sciences* 25 (1), 2002, p. 1–20.

Rand, David & Nowak, Martin A., « Human cooperation », *Trends in Cognitive Science* 17 (8), 2013, p. 413–425.

Riles, Annelise, « Infinity within the brackets », *American Ethnologist* 25 (3), 1998, p. 378–398.

RIOUX, Jean-Pierre, « Point de vue – la décolonisation, cette histoire sans fin », *Vingtième Siècle. Revue d'histoire* 4 (96), 2007, p. 225–234.

ROCKSTRÖM, Johan, STEFFEN, Will, NOONE, Kevin, PERSSON, Åsa, CHAPIN, F. Stuart, LAMBIN, Eric F., LENTON, Timothy M., SCHEFFER, Marten, FOLKE, Carl, SCHELLNHUBER, Hans Joachim, NYKVIST, Björn, WIT, Cynthia A. de, HUGHES, Terry, VAN DER LEEUW, Sander, RODHE, Henning, SÖRLIN, Sveker, SNYDER, Peter K., COSTANZA, Robert, SVEDIN, Uno, FALKENMARK, Malin, KARLBERG, Louise, CORELL, Robert W., FABRY, Victoria J., HANSEN, James, WALKER, Brian, LIVERMAN, Diana, RICHARDSON, Katherine, CRUTZEN, Paul & FOLEY, Jonathan A., « A safe operating space for humanity », *Nature* 461 (7263), 2009, p. 472–475.

RODUIT, Christophe, *Le blasphème en droit international*, Genève, Institut universitaire de hautes études internationales, 2000.

ROOSEVELT, Eleanor, *The autobiography of Eleanor Roosevelt*, New York, Da Capo Press, 1992.

ROSEN, Rachel & TWAMLEY, Katherine (eds), *Feminism and the politics of childhood : Friends or foes ?*, London, University College London Press, 2018.

ROSENAU, James N. & CZEMPIEL, Ernst-Otto (ed.), *Governance without government : Order and change in world politics*, Cambridge, Cambridge University Press, 1992.

ROSENTHAL, Peggy, « How on earth does an olive branch mean peace ? », *Peace and Change* 19 (2), 1994, p. 165–179.

ROUDIER, Lucie, LASSERRE, Frédéric & TÊTU, Pierre-Louis, « Oléoducs et gazoducs : Catalyseurs d'enjeux de pouvoir sur des territoires dans l'Ouest canadien », *Cybergeo : European Journal of Geography* 971, 2021, p. 1–24.

ROUVILLOIS, Frédéric, *Les Déclarations des droits de l'homme*, Paris, Flammarion, 2009.

RUDHARDT, Jean, « Une approche de la pensée mythique : Le mythe considéré comme un langage », *Revue suisse de philosophie* 26, 1966, p. 208–237.

———, *Notions fondamentales de la pensée religieuse et actes constitutifs du culte dans la Grèce classique*, Paris, Picard, 1992.

———, *Thémis et les Hôrai. Recherche sur les divinités grecques de la justice et de la paix*, Genève, Droz, 1999.

RYAN, David & PUNGONG, Victor (ed.), *The United States and decolonization : power and freedom*, New York, St. Martin's, 2000.

SACHS, Wolfgang, « The Sustainable development goals and *Laudato si'* : Varieties of post-development ? », *Third World Quarterly* 38 (12), 2017, p. 2573–2587.

SAKHO, Sadibou, « Ethique animique et usages de la nature : Ontologies et pratiques niominka dans le delta du Saloum au Sénégal », *in* LALÈYÊ, Issiaka-P. Latoundji (éd.), Culture et religion en Afrique au seuil du XXIe siècle : Conscience d'une renaissance ?, Dakar, Council for the Development of Social Science Research in Africa, 2015, p. 109–128.

SCALIA, Damien, « La place des victimes devant la CPI », *in* KOLB, Robert (éd.), *Droit international pénal : précis*, Bâle, Helbing Lichtenhahn Verlag, 2008, p. 311–340.

SCHEID, John, *Quand faire c'est croire : les rites sacrificiels des Romains*, Paris, Aubier, 2005.

SCHULTE-TENCKHOFF, Isabelle, *La question des peuples autochtones*, Bruxelles, Bruylant, 1997.

———, « Treaties, peoplehood, and self-determination : Understanding the language of indigenous rights », *in* PULITANO, Elvira (ed.), *Indigenous rights in the age of the UN Declaration*, Cambridge, Cambridge University Press, 2012, p. 65–86.

———, « L'interculturel en contexte … anthropologique », *in* SUTER, Patrick, BOURDESSOULE-GILLIÉRON, Nadine & FOURNIER KISS, Corinne (dir.), Genève, Mētis Presse, 2016a, p. 53–73.

———, « La Déclaration des Nations unies sur les droits des peuples autochtones : prétexte à quelques réflexions sur les usages de la diversité culturelle » *in* NÉGRI, Vincent (dir.), La diversité dans la gouvernance internationale. Perspectives culturelles, écologiques et juridiques, Bruxelles, Bruylant, 2016b, p. 33–53.

SCHUMACHER, Bernard N., « Tout être humain est-il une personne ? Controverse autour de la définition de la personne dans la discussion éthique médicale contemporaine », *Laval théologique et philosophique* 61 (1), 2005, p. 107–134.

SCHWAB, Aurore, « Des violences cosmogoniques, divines et humaines », *Asdiwal. Revue genevoise d'anthropologie et d'histoire des religions* 5, 2010, p. 161–165.

———, « La pratique du crime d'honneur : Entre mythe et réalité », *in* NAGY, Agnes A. & PRESCENDI, Francesca (éd.), Sacrifices humains : dossiers, discours, comparaisons, Turnhout, Brepols, 2013, p. 249–265.

———, « Disséminer et enrayer : Discours internationaux et locaux autour du crime d'honneur », *in* NÉGRI, Vincent & SCHULTE-TENCKHOFF, Isabelle (dir.), Mimesis. Towards International Normativity, Paris, Pedone, 2016, p. 187–210.

———, « Entre liberté de religion et liberté d'expression : Emergence de la notion onusienne de 'diffamation des religions' », *La revue du MAUSS* 49, 2017a, p. 134–147.

———, « Le crime d'honneur : Dans les marges de la hiérarchie de genre », *Criminologie* 50 (2), 2017b, p. 121–141.

———, « Féminicide : Du crime d'honneur au crime passionnel. Analyse du discours onusien sur les violences familiales et communautaires », *in* BODIOU, Lydie, CHAUVAUD, Frédéric, GAUSSOT, Ludovic, GRIHOM, Marie-José, LAUFER, Laurie & SANTOS, Beatriz (éd.), On tue une femme. Féminicide. Histoire et actualités, Paris, Hermann, 2019, p. 327–334.

———, *L'émergence de la norme internationale sur le 'crime d'honneur'. Une analyse du discours onusien dans la perspective de l'histoire des religions*, Berne, Peter Lang, 2021a.

———, « International human rights law and the defamation of religions : Can we change the subject? », *Human Rights Quarterly* 43 (4), 2021b, p. 759–780.

———, *Aux limites de l'ordre global : Blasphème, diffamation des religions et incitation à la haine religieuse*, en cours d'évaluation.

SEN, Amartya, « Missing women. Social inequality outweighs women's survival advantage in Asia and North Africa », *British Medical Journal* 304, 1992, p. 587–588.

SMET, François De, *Les droits de l'homme : Origines et aléas d'une idéologie moderne*, Paris, Cerf, 2001.

SMITH, Adam, *Recherches sur la nature et les causes de la richesse des nations*, Paris, Guillaumin et Cie, 1881 [1776].

SMITH, Jonathan Z., « Religion, religions, religious », *in* TAYLOR, Mark (ed.), Critical Terms for Religious Studies, Chicago, University of Chicago Press, 1998, p. 269–284.

———, *Magie de la comparaison, et autres essais d'histoire des religions*, Genève, Labor et Fides, 2014.

Spuler-Stegemann, Ursula, « Der Islam », *in* Grothusen, Klaus-Detlev (ed.), Türkei : Südosteuropa-Handbuch, Göttingen, Vandenhoeck & Ruprecht, 1985, IV, p. 591–612.

Steffen, William L., Sanderson, Angelina, Tyson, Peter, Jäger, Jill, Matson, Pamela, Moore, Berrien III, Oldfield, Frank, Richardson, Katherine, Schellnhuber, H. John, Turner II, Billie L. & Wasson, Robert J., *Global Change and the Earth system : a Planet under Pressure*, Berlin, Springer, 2005.

Stokes, Martin, « Ritual, identity and the state : An Alevi *(Shi'a) cem* ceremony », *in* Schulze, Kirsten E., Stokes, Martin & Campbell, Colm (eds), Nationalism, minorities and diasporas. Identities and rights in the Middle East, London, Tauris Academic Studies, 1996, p. 188–202.

Stolz, Jörg, Könemann, Judith, Schneuwly Purdie, Mallory, Englberger, Thomas & Krüggeler, Michael (éd.), *Religion et spiritualité à l'ère de l'égo*, Genève, Labor et Fides, 2015.

Stroumsa, Gedaliahu A. G., *A new science : The discovery of religion in the age of reason*, Cambridge, Harvard University Press, 2010.

Sullivan, Donna J., « Women's human rights and the 1993 world conference on human rights », *American Journal of International Law* 88 (1), 1994, p. 152–167.

Sulzer, Jeanne, « Le statut des victimes dans la justice pénale internationale émergente », *Archives de politique criminelle* 1 (28), 2006, p. 29–40.

Sun, Pinghua, *Historic achievement of a common standard*, Berlin, Springer, 2018.

Susnea, Ioan, Pecheanu, Emilia & Cocu, Adina, « Agent-based modeling and simulation in the research of environmental sustainability. A bibliography », *Present Environment and Sustainable Development* 15 (1), 2021, p. 191–210.

Switzer, Heather, Desai, Karishma & Bent, Emily, *Girls in global development : Figurations of gendered power*, New York, Berghahn Books, 2024.

Taylor, Bron Raymond, « Religion to the rescue (?) in an age of climate disruption », *Journal for the Study of Religion, Nature and Culture* 9 (1), 2015, p. 7–18.

TRUE, Jacqui, « Feminism » *in* BURCHILL, Scott, LINKLATER, Andrew, DEVETAK, Richard, DONNELLY, Jack, PATERSON, Matthew, REUS-SMIT, Christian & TRUE, Jacqui, *Theories of international relations*, New York, Palgrave Macmillan, 2005 [1996], p. 213–234.

TUCKER, Mary Evelyn, *Worldly wonder : Religions enter their ecological phase*, Chicago, Open Court Publishing, 2003.

TUGENDHAFT, Aaron, *The idols of ISIS : from Assyria to the internet*, Chicago, University of Chicago Press, 2020.

VEA, Eldbjørg, RYBERG, Morten, RICHARDSON, Katherine & HAUSCHILD, Michael, « Framework to define environmental sustainability boundaries and a review of current approaches », *Environmental Research Letters* 15, 2020, p. 103003.

VELDMAN, Robin, SZASZ, Andrew & HALUZA-DELAY, Randolph, « Introduction : Climate change and religion : A review of existing research », *Journal for the Study of Religion, Nature and Culture* 6 (3), 2012, p. 255–275.

VERDOODT, Albert, *Naissance et signification de la Déclaration universelle des droits de l'homme*, Louvain, Edition Warny, 1964.

VINEY, Geneviève, « Les différentes voies de droit proposées aux victimes », *Archives de politique criminelle* 1 (24), 2002, p. 27–40.

VIVEIROS DE CASTRO, Eduardo B., *Métaphysiques cannibales : Lignes d'anthropologie post-structurale*, Paris, Presses universitaires de France, 2009.

WALDRON, Ingrid, « Sex differences in human mortality : The role of genetic factors », *Social Science & Medicine* 17 (6), 1983a, p. 321–333.

———, « The role of genetic and biological factors in sex differences in mortality », *in* LOPEZ, Alan D. & RUZICKA, Lado T. (eds), Sex differences in mortality, Canberra, Department of Demography of Australian National University, 1983b, p. 141–164.

WARDE, Emily, « Christianity and the environment : The Lynn White controversy », *Ex Post Facto*, 2011, p. 45–62.

WARREN, Peter, *The relationship between religiousness and intimate partner violence risk and protective factors*, thèse de doctorat, University of South Carolina, 2015.

WEIJNEN, Margot P. C., LUKSZO, Zofia & FARAHANI, Samira (eds), *Shaping an inclusive energy transition*, Cham, Springer, 2021.

WEISBERGER, Richard William, MCLEOD, Wallace & MORRIS, S. Brent, *Freemasonry on both sides of the Atlantic : essays concerning the craft in the British Isles, Europe, the United States, and Mexico*, Boulder, East European Monographs, 2002.

WEISS, Thomas G., CARAYANNIS, Tatiana & JOLLY, Richard, « The 'third' United Nations », *Global Governance* 15, 2009, p. 123–142.

WEMMERS, Jo-Anne (dir.), numéro sur *Les droits des victimes dans un contexte international, Criminologie* 44 (2), 2011.

WERNLI, Didier, BÖTTCHER, Lucas, VANACKERE, Flore, KASPIAROVICH, Yuliya, MASOOD, Maria & LEVRAT, Nicolas, « Understanding and governing global systemic crises in the 21st century : A complexity perspective », *Global Policy* (00), 2023, p. 1–22.

WERTH, Nicolas, « La société et la guerre dans les espaces russe et soviétique, 1914–1946 », *Histoire, économie & société* 2 (23), 2004, p. 191–214.

WHITE, Lynn Townsend, « The historical roots of our ecologic crisis », *Science* 155 (3767), 1967, p. 1203–1207.

WILLETTS, Peter, *The non-aligned movement : the origins of a third world alliance*, London, Frances Pinter, 1978.

YOUNG, Oran R., *Grand challenges of planetary governance. Global order in turbulent times*, Chelthenham, Edward Elgar Publishing, 2021.

ZUBER, Valentine, *Le culte des droits de l'homme*, Paris, Gallimard, 2014.